山东省高等学校优秀青年创新团队发展计划、山东省十三五高水平应用型人才培养培育社会工作专业群建设项目的阶段性成果

田志梅 王玉香 ◎ 著

如何破解
社区治理难题
—— 基 于 山 东 省 的 调 查 研 究

九州出版社
JIUZHOUPRESS

图书在版编目（CIP）数据

如何破解社区治理难题：基于山东省的调查研究／
田志梅，王玉香著. -- 北京：九州出版社，2020. 7

ISBN 978-7-5108-9365-0

Ⅰ. ①如… Ⅱ. ①田… ②王… Ⅲ. ①社区管理-研
究-山东 Ⅳ. ①D669. 3

中国版本图书馆 CIP 数据核字（2020）第 140667 号

如何破解社区治理难题：基于山东省的调查研究

作　　者　田志梅　王玉香　著

出版发行　九州出版社

地　　址　北京市西城区阜外大街甲 35 号（100037）

发行电话　（010）68992190/3/5/6

网　　址　www.jiuzhoupress.com

电子信箱　jiuzhou@jiuzhoupress.com

印　　刷　北京九州迅驰传媒文化有限公司

开　　本　720 毫米×1000 毫米　16 开

印　　张　14. 75

字　　数　270 千字

版　　次　2020 年 7 月第 1 版

印　　次　2020 年 7 月第 1 次印刷

书　　号　ISBN 978-7-5108-9365-0

定　　价　58.00 元

序 重构美好生活的治理空间

人民对美好的生活的向往，就是我们的奋斗目标。这是习近平总书记在 2012 年十八届中央政治局常委中外记者见面会上讲的一句十分重要的话，它十分明确地界定了中国共产党人的初心和使命，也极为清晰地向外界释放出启动新一轮中国社会变革的信号。自中华人民共和国成立以来，中国发生了两次历史性的飞跃。第一次飞跃是中国从半殖民地半封建社会中历经革命的洗礼，实现了国家独立和民族解放，其核心是在世界舞台上站起来。第二次飞跃是中国从计划经济体制向社会主义市场经济体制转型，实现了国家繁荣富强和人民共同富裕，其核心是在世界舞台上富起来。然而，随着中国经济和社会发生革故鼎新的变化，中国特色社会主义进入新时代，社会主要矛盾越来越转变成人民对美好生活的需要与发展不平衡不充分之间的矛盾，人民对美好生活向往的内容越来越多。"我们的人民热爱生活，期盼有更好的教育、更稳定的工作、更满意的收入、更可靠的社会保障、更高水平的医疗卫生服务、更舒适的居住条件、更优美的环境，期盼着孩子们能成长得更好、工作得更好、生活得更好。"所有这些都对新时代的"中国之治"提出了新的更高的要求，如何更好地满足人民对美好生活的向往，不断增加人民的获得感、幸福感和安全感，已经成为新时代中国各项工作的中心。

在发展和完善"中国之治"的时代课题中，社会治理是国家治理的重要方面，是国家治理体系和治理能力现代化的基础工程，意义十分重大。基础不牢，地动山摇。能否在事关人民生活的社会治理层面强基固本，构建起美好生活的治理空间，对于发展和完善中国特色社会主义制度、推动国际治理体系和治理能力的现代化，具有极为重要的战略意义。党的十九届四中全会指出，坚持和完善共建共治共享的社会治理制度。"必须加强和创新社会治理，完善党委领导、政府负责、民主协商、社会协同、公众参与、法治保障、科技支撑的社会治理体系，建设人人有责、人人尽责、人人享有的社会治理共同体。"这一判断为今后较长一段时期内推进社会治理建设指明了方向，其基本逻辑是巩固和完善社会自治，在释放各方面活力的基础上，重构美好生活的治理空间。

一、以共同体为纽带的生活空间

中国是一个有着五千年文明历史的文明古国，孕育了独具特色的社会基因。在马克思关于人类社会生产方式的研究中，与欧洲以阶级分化为基础的社会不同，中国所代表的社会被马克思称为"亚细亚生产方式"，是以农村公社作为社会凝聚力的纽带。马克思于 1859 年在自己《政治经济学批判》序言中明确指出，以前的人类社会已经依次更替地经历了亚细亚的、古代的、封建的、资本主义的四种社会形态。其中，亚细亚生产方式的基本特征是国家以农村公社为基本社会组织，实行土地公有，不允许自由转让。后来随着秦汉帝国大一统体制的形成，仍然确立了"皇权不下县"的乡里制度。在古代中国，代表王权的行政权力只抵达县一级，县以下则基本上由"三老四少"的乡官乡绅维持秩序，推行教化，几千年内大致维持了稳定，没有发生根本性变化。[①]

近代以来，西学东渐，欧风美雨，民主共和之风日盛，阶级革命之说流行，中国社会发生了千年未有之大变局。尤其是土地改革以后，中国持续千年的封建伦常体系崩溃，取而代之的是基层群众自治。从"一切权力归农会"到"取缔一些反动组织和封建会道门"，中国共产党领导的基层群众自治站稳了脚跟，民众除了参与中国共产党领导的工、青、妇等群团组织之外，没有其他竞争性组织可以参与。遍布城乡的村委会、居委会成为基层群众自治的主要载体。尤其是城市的街道制度和单位制度、农村的乡镇制度和村委会制度，实现了"中国之治"革故鼎新的变化，中国社会的面貌焕然一新。尽管一度曾经有"人民公社"甚至类似巴黎公社的大民主机构"革命委员会"，但随着"文化大革命"的结束，很快就回归到了乡镇街道和村委会居委会的框架，在很长一段时期内在土地制度、户籍制度、社会保障制度等制度支撑下，保持了相对的稳定性。

改革开放以来，在中国基本制度体系没有发生根本性变革的前提下，中国社会发生了一场翻天覆地的革命性变革，表现为中国经济实现了持续快速的增长，成为当今世界第二大经济体。然而，在汹涌澎湃的经济发展浪潮下，中国人民的社会生活空间受到了两股力量的交互挤压，引发了日益严重的社会危机和道德危机。第一种力量是权力系统的挤压。随着经济领域的解制和开放，权力被置于极其庞大的社会财富旋涡中，在政治制度没有发生根本性变革的情况下，社会资源被形形色色的权力所侵蚀，权钱勾结、权色交易、监督缺位等引

---

① 路甬祥. 走进殿堂的中国古代科技史（上）[M]. 上海：上海交通大学出版社，2009：63.

发了严重的腐败，在一些地方造成了政治生态的"塌方式腐败"，严重侵蚀了中国政治权力肌体的健康，甚至引发了社会信任的沦丧和民心的挫伤，陷入了冷冰冰的权力逻辑中。第二种力量是金钱系统的挤压。从计划经济向市场经济的转变，唤醒了广大民众的利益意识，以跨国公司、国际贸易和对外投资为主要内容的全球市场加速发展，将原料、市场、货币、信息等统统卷入了利己主义冰水之中，人与人之间的关系除了赤裸裸的金钱交易关系再也没有其他了，这一趋势在全球化浪潮的推动下被进一步放大，威力也与日俱增。

在上述两种力量的冲刷下，现代社会越来越成为一种冷漠的陌生人社会。在很多哲学家看来，现代社会往往被视为由"单向度的人"组成的陌生人社会，社会成员尽管沉浸在野蛮释放的自由状态，但却备受身心焦虑和孤独的煎熬，越是生活在现代化大城市的人，越是除了经济生活之外，缺乏公共生活，整天生活在忙忙碌碌之中，无休无止的应酬，应接不暇的业务，现代社会的陌生人生活处于危机之中，一如福柯所批判的"生活在他处"，或如哈贝马斯所揭示出的"生活的殖民化"。正是因为备受此种现代生活焦虑的煎熬，才越来越萌生出对新的社会生活的渴望，渴望回归到以面对面所达成的交往共识为基础，以共同体内部的结构、信任和网络等社会资本来支撑的情感社会空间。一句话，共同体意识的兴起就是把国家和市场所抛弃、掩盖、扼杀的社会关系重新恢复起来，在包容、协商、对话和交往中重新达成社会共识，重新回到温情脉脉的生活空间。这就是共同体的魅力和温度所在。

二、积极平衡是社区治理的精髓

近代以来，受工业革命的影响，主流的哲学世界观更多强调了以专业、分工和交换为主要内容的资本主义逻辑。这一逻辑的前提假设是人是自私的，追求收益最大化。从亚当·斯密的《国富论》开始，人们看待世界更多遵循个人主义的视角，奉行自利原则、交换原则、中立原则的个体主义经济学，强调实行市场经济和民主政治，进而确立起了专化、分化、细化的发展轨道。的确，这种个体主义的逻辑推动了社会发展的进步，但由于其核心是为了维护和实现资本的利益，忽视了多样化的社会利益，直接引发了世界范围内的冲突和战争、产能过剩和贫富分化、生态危机和气候变化以及南北鸿沟等诸多失衡现象。不平衡乃至失衡是现代化的根本逻辑，现代化就是鼓励拉大社会差距，刺激和释放人们的积极性和创造性，在不平衡中赋予社会发展以强健的动力。

世界是统一的，也是多样的。统一是多样性的统一，多样是统一性的多样。无论是在自然界，还是在人类社会，受事务内部矛盾对立统一规律的制约，事物发展过程是平衡和不平衡的统一。平衡是矛盾双方在斗争中暂时的相对统一的一种表现，不平衡是矛盾双方在斗争中不均匀、不随和的一种状态。其中，事务发展之所以出现不平衡性，是因为事物有主要矛盾和非主要矛盾，矛盾的主要方面和非主要方面，这种矛盾力量的不平衡性，是矛盾特殊性的重要表现，这就是人们常说的事物发展不平衡性的原理。事物发展的不平衡性无时不有，无处不在，这是矛盾的普遍性所决定的。当今世界的一个重要挑战就是世界的失衡，它是全球化发展的必然产物。尤其是进入 21 世纪以来，随着全球化的发展，也出现了越来越严重的失衡现象，比如贫富分化、信息鸿沟、难民危机和族群冲突、气候变化和生态破坏、医疗健康鸿沟和大规模传染病肆虐等。所有这些问题和挑战，从根本上都是不平衡产生的社会弊端。

面对世界范围内日益严重的失衡，欧美发达国家普遍陷入了困惑。从在世界范围内发起反恐战争到爆发全球金融危机，从应对全球气候变化到推动 TPP、TTIP 谈判受挫，发达国家的应对方案非但没有缓解世界失衡的矛盾，反而在世界范围内引发了一系列更加严重的后果，甚至发达国家舆论中民粹主义、民族排外情绪和思潮不降反升，形形色色的退群、筑墙、毁约、排外行为，给全球化发展带来了更大的阻力。[①] 实际上，发达国家在应对世界失衡上乏善可陈的重要原因不仅在于其政策不力，更在于其哲学理念上的贫困。近代以来，经济全球化在欧美发达国家主导下，走了一条片面的现代化道路，驱动欧美国家推动全球化的核心理念都共享着一套西方文明所固有的思维方式和价值观念，比如强调"文明与野蛮""二元对立"的形而上学思维方式，追求优胜劣汰、胜者全拿的"社会达尔文主义"哲学，以及把自己看作"上帝的使者"和文明的光亮而把其他文明看作"黑暗的远方"的傲慢与偏见。所有这些理念主导下建立起来的社会秩序无不奉行弱肉强食、赢者通吃的丛林法则，是制造冲突的根源之一。当前社会治理规则是由少数社会精英主导的，人为地设置了诸多限制和障碍，使得社会大众群体在其中参与不足，没有获得平等的发展权利，成为谋求普遍发展的重要障碍。

正是针对欧美方案存在的问题，迫切需要对驱动现代化的理念进行创新。党的十八大以来，中国共产党人在继续鼓励积极性的同时，重视维护和修复社会的平衡，创造性地提出了共建共治共享的社会治理观，本质上是一种积极平衡论。具体来说，平衡论打破二元思维，确立包容思维；打破优胜劣汰、胜者全拿的哲学，确立合作共赢、开放普惠的哲学；打破利己主义的傲慢与偏见，确立利他主义的共治、共建、共享。不难看出，这一社会治理观所构建的是一个涵盖了多元行为体互动形成的治理体系。马克思在《关于费尔巴哈的提纲》

---

① 赵可金. 全球主义思潮的当代困境 [J]. 人民论坛，2018（11）.

中指出："人的本质并不是单个人所固有的抽象物，在其现实性上，它是一切社会关系的总和。"① 人的社会性原理表明，人有作为共同体维度的类的属性，表现为社区居民。社区共同体就是要把社区公民丢失了的邻里关系、社区关系重新恢复起来，让备受市场和国家关系挤压的社会空间重新温暖起来，这就是社区治理共同体的根本逻辑。

最早提出社区共同体（community）概念的是法国思想家让·雅克-卢梭，他从社会契约论角度出发，认为社会契约一旦缔结，"就意味着每个人把自己的全部权利都转让给由人民结合成的集体，因此个人服从集体的'公意'，也就是服从自己，人民则是这个政治共同体的主权者"②。所谓共同体，是指社会上那些基于主观上和客观上的共同特征（种族、观念、地位、遭遇、任务、身份等）而组成的各种层次的团体、组织，包括以血缘关系为纽带形成的氏族和部落，以婚姻关系和血缘关系为纽带形成的家庭，以共同的经济生活、居住地域、语言和文化心理素质为纽带形成的民族等。对于不同共同体的关系，马克思认为，随着物质生产方式的发展，各种共同体都会逐渐发展，随着共产主义生产方式的发展，将会使民族界限逐渐泯灭，形成世界范围的人群共同体。相比之下，社区共同体则是社会、市场和公民社会互动的网络、资源、平台和机会空间的总和，它的基本逻辑是自治和治理，是国家的权威原则、市场的效率原则和公民社会的公正原则互动过程的产物。③

三、行动是认识的先导

知行关系，是哲学中的重要问题，更是社区治理的重要哲学基础，因为美好的社会生活是干出来的，不是说出来的，行动是决定社区治理成败的关键。千百年来，中国哲学界争论的是知行的难易、轻重、先后问题。如从孔夫子到王阳明，皆崇尚知行结合，学以致用。程朱学派主张知先行后，强调知的作用，王夫之则认为行先知后，行可兼知，行高于知。近代以来，孙中山在探索民主革命的艰难进程中，慨叹"知易行难"。在西方哲学发展史中，知行关系也是一个重大问题，存在着经验论与唯理论的长期争论，自古希腊哲学以来，西方哲学受理性主义影响，一直认为思维和观察优于行动，形成了推崇"沉

---

① 中共中央马恩列斯著作编译局. 马克思恩格斯选集第一卷 [M]. 北京：人民出版社，1995：56.

② 冯国权，刘军民. 正圆中国梦 十八大以来党中央治国理政新理念新思想新战略深度解析 [M]. 北京：东方出版社，2016：102.

③ 冯国权，刘军民. 正圆中国梦 十八大以来党中央治国理政新理念新思想新战略深度解析 [M]. 北京：东方出版社，2016：103.

思"的传统。

马克思主义哲学的提出，对知行观进行了批判性的总结和澄清，赋予知行观以科学的基础。毛泽东在《实践论》中指出了辩证唯物主义的知行观，强调人们的社会实践对认识的决定性作用。"实践、认识、再实践、再认识，这样的形式，循环往复以至无穷，而实践和认识之每一次的循环的内容，都比较地进到了高一级程度。"因此，中国共产党人在领导中国革命和建设事业时，历来反对"本本主义"，而是强调"实践是检验真理的唯一标准"，这是中国不断从胜利走向新的胜利的强大思想武器，也是中国取得成功的真正秘密。从这个意义上来说，研究中国社会治理需要确立以行动为先导，从实践中探索真知。改革开放以来，邓小平同志提出了著名的"白猫黑猫论"，在很多重大问题上持有"摸着石头过河"的认识论，主张"不争论"，大胆学习国外的先进技术和管理经验。在这一哲学指导下，中国道路不是理论论证出来的，而是在实践中走出来的。尤其是在"科学技术是第一生产力"的观点指导下，中国特色社会主义道路改变了传统的知行观，不再是理性为行为立法，而是行动为认识立法，不再是政治家以学者为师，而是整个社会"以吏为师"，强调只有在实践中积极行动，才能获得新的认识。正所谓，"空谈误国，实干兴邦"。在行动哲学看来，只有通过行动，个体人们才能相互联系起来，形成一个真正的共同世界，才能真正理解真理、行动目标、人的本质、社会前途等问题。从这个意义上来说，中国式的社会治理也是在实践家在行动中走出来的，不是专家论证出来的，诚如习近平总书记所说，"敢问路在何方，路在脚下"。

田志梅女士是我的同学，20多年前，我与她一样一起投身于火热的社会实践中，作为组织部选调生到乡镇工作。当时，我到了山东省青州市黄楼镇，她到了德州市平原县王杲铺镇，一起感受着中国改革跳动的脉搏，经常一起交流基层工作的酸甜苦辣。几年后，我考到复旦大学攻读研究生，她考选到山东省民政厅基层政权处。二十年来，她一直从事乡村基层政权建设和社会治理的实际工作，积累了丰富的经验。摆在大家面前的这本《如何破解社区治理难题》，是她和王玉香教授多年从事社区治理研究和实际工作的经验总结，其价值是显而易见的。在拿到书稿的时候，我一下子就被其中的内容所吸引了，一口气把书稿就读完了，甘之如饴，深受启发。粗粗读来，本书有两个主要的特点：

一是具有极强的实践感。

在关于社区治理的研究中，一个很大的局限就是往往难以摆脱西方治理理论的影响，很多研究成果深受"学术工业化"造成的"学科意识"的局限，深陷于特殊学科的概念、理论、方法的丛林之中，难以展现中国问题的全貌和大局。由于各学科各自为战，学科之间较少交流与沟通，更缺乏合作，如果强化农村问题研究的学科意识，就会造成同一个问题由于视域、方法不同而得出的结论也不同，从而导致对问题的研究缺少共识。走出这一理论泥沼的办法是淡化学科意识，确立问题意识，增强所研究问题的"实践感"，① 从活生生的中国社会实践中寻找关乎社区治理全局的元问题，以元问题为中心形成多学科合作的学术共同体，共同致力于探索和解决中国社区治理研究中的元问题，再分层次地解决元问题之下的问题丛。这应当是中国社区治理研究的一个方向。这本著作是一本实践感极强的研究，她们开宗明义提出了"社会治理的难题"，并努力从理论、模式、实践、对策等多个角度在寻找着答案。在书中作者将社区治理置于中国社区治理现代化的宏观视野，瞄准社区治理面临的实践难题，打破学科壁垒，以实践中是否有效为根本判断标准，走出了一条社区治理研究的中国新路，其学术意义是显而易见的。②

　　二是具有极强的问题意识。

　　问题意识是研究的先导。现代化过程中的社区治理问题是一个问题丛，几乎从所有的学科均可在这一问题丛中找到自己的研究对象和研究主题。这本著作凸显了从事社区治理专业研究者与工作者的学术情怀，以探索解决方案为根本指向，几乎在每篇文章中都有她们对解决问题的对策思考。公有理，婆有理，解决问题就是真道理。对于中国这样一个超大规模的社会来说，实际的情况可能更加复杂。主要的问题在于现代化究竟对中国社区形成多大压力，中国社区究竟在多大程度上抗拒此种压力，都是难以准确衡量的。中国是一个社会主义国家，中国共产党是兼执政力量和领导力量于一体的政党，无论中国的情况有多么复杂，观察中国社区治理问题，当然是在社会主义道路和共产党领导下思考，离开了这一点，也不切合中国的国情。相反，只要抓住了这一点，也就抓住了理解中国社区治理问题及其政治战略的关键。因此，尽管选择了现代化的道路，中国注定与西方国家以及其他发展中国家所走过的道路不同。全部的问题在于要从中国的国情出发，从活生生的中国社区治理实践中确定研究问题，在中国共产党的领导下，选择最具有实践感的对策和思路，推动中国治理体系和治理能力现代化的进程。③ 从某种意义上说，田志梅同学和王玉香教授的努力是行动哲学的代表。行动哲学是实践哲学的发展，它在哲学基础上是根本一致的，都强调实践是检验真理的唯一标准，人的正确认识只有从实践中

① ［法］皮埃尔·布迪厄. 实践感［M］. 蒋梓骅，译. 南京：译林出版社，2003：41.
② 王立胜. 中国乡村学研究 第1辑［M］. 昆明：云南教育出版社，2010：102.
③ 王立胜. 中国乡村学研究 第1辑［M］. 昆明：云南教育出版社，2010：104.

来，行动哲学更强调明确的理论指导。田志梅和王玉香的社区治理研究就是中国探索发展新理论、新制度的重要行动的重要代表，值得推广和学习。

　　再次祝贺田志梅同学和王玉香教授新著的出版，衷心祝愿她们的实践之路越走越远，学术之路也青春永驻。

　　是为序。

赵可金

2019 年 11 月 20 日于清华明斋

自　序

城乡社区是社会治理的基本单元。城乡社区治理能力与治理现代化水平的提升，对满足我国人民日益增长的对美好生活的多元需要、增加人民的福祉、实现中华民族伟大复兴具有深远的现实意义。为实现党的领导下的政府治理、社会调节和居民自治的良性互动，全面提升城乡社区治理法治化、专业化、社会化、智能化水平，提升治理的精细化水平、强化组织化程度，促进城乡社区治理体系和治理能力现代化，中共中央、国务院于 2017 年 6 月 12 日出台了《关于加强和完善城乡社区治理的意见》（以下简称《意见》）。《意见》提出了加强和完善城乡社区治理的指导思想、基本原则和总体目标，明确了当前和今后一个时期的战略重点、主攻方向和推进策略，为开创新形势下城乡社区治理新局面提供了根本遵循。"打造共建共治共享的社会治理格局。加强社会治理制度建设，完善党委领导、政府负责、社会协同、公众参与、法治保障的社会治理体制，提高社会治理社会化、法治化、智能化、专业化水平。"① 要进一步"加强社区治理体系建设，推动社会治理重心向基层下移，发挥社会组织作用，实现政府治理和社会调节、居民自治良性互动。"党的十九届四中全会也明确指出，要"健全党组织领导的自治、法治、德治相结合的城乡基层治理体系，健全社区管理和服务机制，推行网格化管理和服务，发挥群团组织、社会组织作用，发挥行业协会商会自律功能，实现政府治理和社会调节、居民自治良性互动，夯实基层社会治理基础"。②

面对构建基层社会治理新格局的要求，针对如何构建社区治理体系、如何加强社区治理创新等一系列亟待解决的问题，作者基于长期对社区治理的研究思考和具体实践，探索提出以减轻社区负担为切入点、以满足居民服务需求为出发点和落脚点、以完善社区治理结构为着力点、以健全社区治理机制为关键点的社区治理路径。围绕社区人居环境如何改善、社区资源配置如何优化、社

---

① 周振超. 社会治理制度是社会长期稳定的保障 [J]. 社会治理, 2020 (3).
② 同上。

区工作事项如何厘清、社区物业服务管理如何改进、村改居社区如何规范、农村社区建设模式如何确定等制约社区发展、影响社区活力以及社会和谐稳定的现实问题，作者通过十多年的工作与研究，苦苦求索，提出有针对性的解决措施。

我们希望该书的出版能够为加强城乡社区治理提供参考和帮助，对推进社区治理体系和治理能力现代化有所裨益。若此，我们将深感荣幸。

破解社区治理难题，推进社区治理体系和治理能力现代化将是一个不断深入探索、推进的长期课题。本书只是作者从事社区建设和社区治理研究的一个阶段性成果，由于学识有限，本书对一些问题的论述还不够精准、全面，敬请读者批评指正。

最后，衷心感谢清华大学社会科学学院副院长赵可金教授在百忙之中为本书提供指导并作序。他的肯定增强了我们的信心与前行的动力，这将激励我们进一步深化社区治理课题研究，并将研究、学习和工作有机结合，积极推动基层社区治理实践的创新发展。

田志梅　王玉香

2019 年 11 月 22 日

目录

社区治理理论与模式创新

城市社区治理

农村社区治理

社区治理理论与模式创新

城乡社区发展总论

社区是社会的细胞，是社会的基本单元，是打破单位制后出现的人们日常生活的公共空间，是一种新型地缘关系的建构。近年来城乡社区取得了长足的发展，城乡社区建设的步伐不断变快，经历了从社区管理到社区治理的转变。认识社区的分类、理解社区的功能是建构社区治理体系的基础。

一、社区的界定

"社区"一词，最早是由德国社会思想家滕尼斯于1887年在其代表作和成名作《共同体与社会——纯粹社会学的基本概念》一书中提出的。我国古代汉语中并不存在"社区"这一词，当今汉语中使用的"社区"一词，是我国著名社会学家费孝通等人20世纪30年代在翻译滕尼斯著作时的一个创造。社区这一词的初始含义，是指人们生活的共同体和亲密的伙伴关系，但随着经济的发展、社会的变化、文明的进步，其内涵、外延、结构、功能及其形态都在发生不断的更新和变化，人们对社区的认识也愈益丰富和复杂。据有关统计，到目前为止，有关社区的定义多达100多种。①但无论怎样给社区定义，也无论社区的定义发生怎样的变化，社区都离不开人口、地域、组织结构和文化等四个基本要素：

（一）社区人口要素

社区人口是社区运作和变迁的主体，主要包括人口的数量与质量、人口的结构、人口的分布与流动状况等。

---

① 李学举. 民政30年：1978—2008·以民为本　为民解困　为民服务　解决民生　维护民利落实民权 [M]. 北京：中国社会出版社，2008：69.

（二）社区地域要素

包括社区的自然地理条件和人文地理条件两个方面。自然地理条件是指社区所处方位、地貌特征、自然资源、空间形状等；而人文地理条件则包括了人文景观、建筑设施等。① 一般而言，社区的地域范围不能太大，应限定在居民日常生活能够发生互动的范围之内，或者限定在日常生活服务设施、组织机构可以发挥作用的范围之内。

（三）社区组织结构要素

主要指社区内部各种社会群体、社会组织之间的构成方式及其相互关系。一般而言，在经济社会发展水平较低的阶段，由于社会分工程度不高，社区内的社会群体的种类和功能相对简单，整合社区各种资源的社会组织的种类及其功能也就相对简单。相反，经济社会发展水平越高，社会分工越细，社区内的社会群体的种类和功能也就越趋于多样化。在经济社会发展较高阶段，假如一个社区其居住环境舒适安逸、管理有序、居民对社区的认同感强，则说明该社区有着完善的社会群体、社会组织及其良性的互动关系。

（四）社区文化要素

一般包括风俗习惯、历史传统、民间规约、交际语言、生活方式、社区归属与认同感等等。

上述四个基本要素是社区形成的必要条件，相互之间存在着相互依赖、有机统一的关系。其中，地域是社区的地理环境要件，人口是社区生活的主体要件，组织是社区居民交往和整合得以实现的客观机制，而文化则是社区居民交往和整合得以实现的精神要件，四者紧密相关，缺一不可。②

2000 年 11 月 19 日，经中央政治局常委会讨论下发的《中共中央办公厅、国务院办公厅关于转发〈民政部关于在全国推进城市社区建设的意见〉的通知》（中办发【2000】23 号）指出：“社区是指聚居在一定地域范围内的人们所组成的社会生活共同体。目前城市社区的范围一般是指经过社区体制改革后作了规模调整的居民委员会辖区。”从中央下的社区定义可以看出，我们所讲的社区应该是与整个社会密切相连、以一定地域为基础的关系密切的社会生活

---

① 民政部基层政权和社区建设司. 中国农村社区发展报告 2009 [M]. 西安：西北大学出版社，2011：52.

② 清华大学公共管理学院 NGO 研究所. 中国非营利评论（第 4 卷）[M]. 北京：社会科学文献出版社，2009：63.

群体或社会生活共同体。在这个社会群体或社会生活共同体里，人们具有共同的权利义务、共同的生活空间、共同的精神纽带，感情相依、利益相连、出入相邻、守望相助、危困相扶。目前，我国除上海全市把社区规模界定在街道层面外，绝大多数地方是把社区规模界定在居民委员会的辖区层面上。

我们大家都生活在社会之中，社会是由许许多多的社区组成的一个庞大、复杂、综合的有机系统。从性质上讲，社区是社会的最基本构成单元，是社会的重要基础。社区的根本属性在于它的社会性。因此，无论是城市社区建设，还是农村社区建设，都从属于社会建设。

社区建设是社会建设的题中应有之义，它在社会建设中处于基础性的地位，是最基本、最基础、也是最重要的社会建设。社区本身就是一个小社会。俗话说，基础不牢，地动山摇。不管是社会建设，还是社会管理治理，都必须从社区这个社会基本构成单元入手，夯实打牢这个社会基础。

二、社区的类型及特点

就目前的状况看，我省社区可以分为城市社区和农村社区两大类。根据2012 年底统计，我省共有 5402 个城市社区和 17669 个规划农村社区，其中已建成农村社区 14171 个。

（一）城市社区

我省城市社区，一般分为纯城市社区和村改居社区两种类型。在全省5402 个城市社区中，纯城市社区 2791 个，占 51.7%；村改居社区 2611 个，占 48.3%。[①]

1. 纯城市社区

分为老城区社区、新建小区社区和工矿企业社区三种情况。

（1）老城区社区。指在推进城市现代化中尚未进行旧城改造地域范围内分布的城市社区。这意味着我省旧城改造的任务还很重。这类社区的普遍特点是，社区党组织和自治组织体系比较健全，管理工作比较扎实。但社会组织和物业发展相对滞后，服务设施条件较差。

（2）新建小区社区。指新城区和旧城改造开发中建设的居民小区地域内分布的城市社区。这类社区的特点是，多数社区服务设施比较齐全，物业和社会组织参与社区管理与服务，但相当一些社区党的组织和居民自治组织出现空

---

① 马辉. "村改居" 社区转型风险的诱因、类型与治理 [J]. 北方民族大学学报（哲学社会科学版），2019（3）.

白，没有实现全覆盖。

（3）工矿企业社区。指工厂、矿山、油田等企业驻地地域内的城市社区，一般是在原来家属委员会基础上经过调整演变来的。截至2012年底，全省共有79个，约占3%。① 这类社区情况不尽相同，绝大多数已归属地方管理，像资源枯竭煤炭企业职工家属居住区（院）等，2005年后都已逐步移交给地方管理；也有一些仍由企业兼管，如东营油田的职工居住区社区。在推进城市化进程中，这样的社区如何融入整个城市的管理与服务之中，发挥有效的功能作用，这是需要认真研究的课题。

2. 村改居社区

目前，存在已完成资产改制和未进行改制村改居社区两种情况。

（1）已完成改制的村改居社区。指集体资产已通过改制，实现股份制或股份合作制的村改居社区。到2012年底，我省已有801个此类社区，占村改居社区的31%。② 村改居社区是衡量我国城市化进程和水平的一个很重要的指标。一方面，村改居社区数量增加越多，就意味着城市地域范围在迅速扩大，城市人口在迅速增加，表明城市化进程越快；另一方面，既然地域已城市化（土地由集体所有制转换为国有制；或由集体所有制先通过股份制改革过渡到私有制，再通过国家征用转变为国有制）、人口已居民化，那么，村改居社区从地域上，在公共基础设施、公益设施、居民居住区、商业区等方面就应当统一纳入城市建设规划；从待遇上，在养老、医疗、教育、住房、就业等保障和社会救助等一系列方面，享受与城市居民一样的同等待遇。遗憾的是，我省绝大多数村改居社区的居民，包括已完成改制村改居社区的居民普遍没有享受到同城同待遇。这已成为城市化进程中的"夹生饭"，致使城市化的水平和质量大打折扣。

（2）未进行资产改制村改居社区。社区是指聚居在一定地域范围内的人们所组成的社会生活共同体。严格说来，在没有进行资产改制，经济成分和发展经济尚没有剥离出来之前，还不能称之为社区，因为它不是完全意义上的社会生活共同体，而是经济社会生活共同体。但许多年来，特别是改革开放以来，随着城市化和工业化的加快发展，出现大量失地、无地村庄和随之而来的失地、无地农民，其中绝大多数在没有进行资产改制，更谈不上同城同待遇的情况下，成为村改居城市社区和城市居民。到2012年底，全省未进行资产改制社区占村改居社区总数69%。这类社区明显带有农村痕迹，比如资产集体

---

① 陈惠敏. 推进集中村改居社区居民市民化对策 ［J］. 人民论坛, 2015（1）.
② 同上。

所有、工作重心是发展经济、民主建设是依据《村民委员会组织法》等。

(二) 农村社区

这是近年来出现的带有向城市社区过渡性质的一种社区类型。到 2012 年底，我省已建有农村社区 14171 个，涵盖建制村委会 5.8 万个，平均每个社区人口 3858 人。①

三、社区的功能

城乡社区是人们居住的场所，也是人们生活、活动的主要物理空间。社区建设在社会建设，尤其社会转型中的作用之所以重要，主要是由它的功能所决定的。

(一) 融合功能

社区是人们聚居生活的地方，具有融合功能，使天南海北的人、不同民族的人、甚至不同种族的人共同生活在一起，活动在一起。社区的这一功能主要体现在：第一，不排斥，而是接纳吸收。通过社区各类组织接纳吸收、组织开展经常性活动，如组织参加民主自治活动、文体活动、自愿互助等，培养增强居民的认同感和归属感；第二，不歧视，而是一视同仁。通过实现社区资源共享，社区待遇和服务管理均等化，来达到一视同仁，公平公正，让人们有归属感和依赖感。当前，随着城市化进程加快，大量农村人口涌入城市，定居在城市社区。并且随着改革的日益深入，很多影响和制约社区融合功能作用发挥的因素已经或正在逐步扫除，比如，户籍制度、保障制度、就业制度等。社区的融合功能必将越来越发挥出应有的作用。

(二) 生活保障功能

社区的生活保障功能体现在两方面：一是满足居民日常基本生活需要功能，让人们有方便、舒适感。一个是水电暖气、垃圾污水处理等基本公共公益基础设施配置情况；再一个是吃穿用、医疗、教育、交通、入托、文体活动等基本生活条件。社区内或附近要有买菜和日常生活用品的菜场和日用品商店，幼儿、老年人照料的托儿所、托老所之类，孩子学习的中小学校，出门或上班交通，打针吃药的诊所，水电等各种缴费和存款取款等服务，文体活动场所等

---

① 储诚，潘金珠，夏美武."村改居"社区邻避冲突的治理——以江苏南通十总居社区为例[J].江海学刊，2014：89.

等。二是保障居民基本生活功能。这是社会发展进步以来，社会保障体系建立健全后的功能辐射和微观体现。我国社会建设所构筑的社会保障和安全制度框架体系和网络，是通过一个个社区——这样的小社会作为重要依托来得以覆盖和惠及百姓群众的。如养老保障、医疗保险、最低生活保障、边缘家庭临时救济、医疗救助、住房救助、教育救助等与人们生活相关的保障、救助、福利等都要通过社区服务与管理落实到具体人头上，这就使得社区具有较强的生活保障功能，成为居民的温馨家园，让他们有依赖感。① 在当前形势下，社区正日益成为保障民生、改善民生的重要依托。随着我国整个社会保障制度体系的健全完善和规范，社区的这一功能作用将进一步增强。社区这项功能作用发挥的重点应始终放在贫困家庭、残疾人、病灾户、孤寡老人等弱势群体方面，要让他们时刻感受到党领导下的社会主义大家庭的温暖和幸福。

（三）维稳功能

社会有两种机制，一是动力机制，一个社会总是要向前发展的，尽管发展可能有快有慢，但总是向前进，这主要是生产力和围绕生产力所形成的社会动力机制来推动的。目前我国社会主义市场经济体制机制的健全完善，对我国社会的发展，特别是工业化、农业现代化和城市化发展起到巨大的动力机制和推动作用。二是稳定机制。一个社会还必须有维持其向前发展的稳定机制。这主要是由适应生产力发展的生产关系及其所建立的维稳机制。随着改革开放深入，除公检法司等国家机器和强力部门的作用外，社会的稳定机制越来越多地需要通过社区维稳作用的发挥来得以实现。

当前，社区日益成为各种利益关系的交汇点，各种社会矛盾的集聚点，所以，维护社会稳定的根基也就扎在了社区。社区通过大量的日常性的深入细致的工作，如治安巡逻、纠纷调解、流动人口管理、群众信访、矛盾排查、重点对象盯防监控、及时反映群众诉求和意见、走访慰问等来化解和消除不安全不稳定因素和各类矛盾苗头，发挥稳压器和安全阀的作用，使社区成为居民的安全港湾，让居民有安全感。随着改革开放的深化和社会转型、社会结构调整进程的加快，社区的这一功能作用只能加强，不能削弱。这就需要我们根据改革开放和市场经济发展的新形势、社会转型中出现的新情况、新问题，认真探索有效维护广大居民群众权益、化解社会矛盾和纠纷的新途径、新方法，在社区形成科学有效的利益协调、诉求表达、矛盾调处和权益保障的各项机制，真正

① 刘旭，唐华俊，尹昌斌. 农业发展方式转变与美丽乡村建设战略研究［M］. 北京：科学出版社，2018：63.

促进社区和谐稳定，使社区真正成为我国社会的稳定基石。

（四）服务功能

服务功能是社区的最核心功能。在社区建设中，我们始终把社区服务摆在突出位置来抓。因为社区既是一个小社会，也是一个大家庭。一方面，社会向着服务型社会转变，社区作为社会基本单元，要成为服务型小社会；另一方面，家庭小型化，老年人服务社会化等发展趋势加快，原来的家庭服务功能更多地转嫁给社会，社区这个小社会就成为居民大家庭。它要放大家庭的服务功能，按照社区居民实际需求提供多样化服务，方便居民生活，满足居民需求，让居民有家的认同感、归属感和舒适感。社区的这一功能，随着社区服务领域不断扩展、服务内容不断充实、服务方式不断丰富、服务体系不断完善，是一个日益增强趋势。

（五）管理功能

随着社区的全面建立，它正在逐步成为我国城乡社会管理的最基层和最基础平台。第一，社会管理的对象集中在社区。社会是伴随着人类的出现而产生的，只有人类才有社会。社会管理主要是人的管理，人是社会管理的最主要对象（当然，也还有公共公益设施和财产的管理）。就城镇来说，虽然人们从业在不同行业、不同单位、不同地方，但他们却居住生活在社区。第二，社会管理的重心在社区，比如城管、环卫、计生、治安、流动人口管理等诸多社会管理工作的重心都在社区。第三，社会管理的依靠力量在社区，社区两委党员干部既热心社区工作，又地熟、人熟、情况熟，是社会管理主要依靠力量。第四，社会管理的衔接点在社区。通过社区建设，进一步加强社区党的建设，实现党对社区的坚强领导，巩固党在基层的执政基础，加强和改善党在基层的执政能力；通过社区建设，理顺街道（乡镇）与社区居委会工作关系，实现政府行政管理与社区居民自我管理、依法行政和依法自治的有效衔接和良性互动。要通过不断强化社区管理功能，最大限度地激发社区活力，最大限度地增加社区和谐。而且要转变管理方式，改变管理手段，更多地通过服务来达到管理，寓管理于服务之中；更多地把行政管理转化为自我管理，在自治中达到管理的目的；更多地把法律手段转化为说服教育和民主调解，从而实行更加柔性化、人性化的管理。

（六）文化教育功能

我们建设城乡社区，有一项很重要的使命、很关键的任务，就是通过群众喜闻乐见的形式，加强思想文化教育，逐步提高广大社区居民政治思想道德和科学文化素质。坚持用马克思主义中国化最新成果武装社区党员，教育社区居民，坚定新时代中国特色社会主义信念；大力弘扬以爱国主义为核心的民族精神和以改革创新为核心的时代精神，增强社区居民的民族自尊心、自信心和自豪感；坚持用社会主义荣辱观引领社区风尚，增强广大社区居民的社会公德、职业道德、家庭美德和个人品德；加强科普知识和历史文化知识教育，在社区形成积极向上的精神追求和健康文明的生活方式。总之，要让社会主义主流文化，牢牢占领社区，让居民在健康向上的文化氛围和环境中，愉快地生活。当然，我们也不排斥其他健康的非主流文化。社区的这种文化教育功能是社区建设的灵魂所在。党的十七届六中全会通过了加强社会文化建设的决定，也彰显了社区文化教育功能的极端重要性和强化这种功能的迫切性。我们搞社区建设，必须把强化社区文化教育功能作为一项根本性任务和工作紧紧地、牢牢地抓在手上。

（七）娱乐功能

社区不仅是人们生活的场所，也是人们休闲娱乐的地方。特别是现在，人们生活水平都普遍提高了，居民群众的兴趣也广泛了，文化、体育、娱乐等爱好和需求也就多起来。大家愿意下下棋、打打扑克、看看书、跳跳舞、扭扭秧歌、唱唱戏等。社区应当提供必要的场所和场地，要积极组织，定期不定期地开展文体娱乐活动，让居民乐在社区。当然，也可以通过成立社会组织、志愿者队伍等把娱乐活动搞得有声有色，把社区建设成居民的乐园。现在很多社区，在社区文体活动和娱乐活动方面普遍搞得很生动、很活泼，形成一种欢快、喜悦的娱乐氛围。这反映出广大社区居民的心情好、精气神好的良好生活和精神状态。

（八）信息传递功能

上情下达、下情上诉，传达上级有关文件政策精神，反映群众各种意愿和诉求，表达社情民意，都离不开社区这个平台。这是社区的一项必不可少的功能，也是今后应当加以拓宽的社会信息重要来源渠道和信息集散地。

（九）监督功能

社会监督是我国各种监督中的一种。社会监督的一种实现形式就是社区监督。任何人，不管是贫是富，不论是官是民，他都生活在社区，社区的监督是最直接、最真实的监督。政府出台政策、城建城管项目、干部选拔任用，都应当通过一定的形式，比如听证会、座谈会、调研等听听社区居民的意见和反映。社区的这一功能是逐步增强的趋势。

（十）自治功能

自治功能是我国社区的基本政治功能和社会功能，也是社区建设应遵循和坚持的发展方向。不断增强社区自治功能，健全完善居民参与和居民自治这种社会治理结构，也是强化城市基层社会管理的客观要求和重要内容。多年来，我们一直指导社区组织广大居民依法有序地参与城市社区建设和社区管理，强化社区自治功能，充分发挥广大居民和社区成员单位在社区建设和民主自治中的主体作用。通过完善社区居民会议和居民代表会议等制度，实现民主决策、民主管理；通过完善《社区自治章程》或《社区居民公约》，实现自我管理、自我约束；通过修订《选举办法》完善程序，依法实现民主选举、直接选举；通过完善居务公开制度，实现民主监督；为强化社区自治功能提供制度保证。① 这就是我们平常讲的通过"四个民主"和"四自"来充分发挥社区居民的主体作用，推进社区民主自治建设。

四、城市社区建设

城市社区建设工作和任务非常之多，比如：社区场所、组织、队伍、自治、管理、救助、民主、文化、教育、卫生、治安、民事调解、体育、娱乐、环保等几十大项工作，每个大项又包括很多小项。下面，重点谈谈六个方面问题：

（一）社区规模设置问题

社区建设是适应现代城市社会建设而进行的一次社会基础、社会基层构造的调整，也是我国城市基层社会管理和服务体制机制的一次变革。

这就要求我们，从适应现代城市基层管理和服务以及市场经济发展的需要出发，根据一定的人口规模、地域范围、文化认同等社区构成要素和便于民主自治、便于服务管理、便于充分整合社区资源的原则，在原来社会基本构成单位——居委会的基础上，进行适度、适当的规模调整，对原有的家委会也进行全面改制，合并或重组，规划建立城市社区。计划经济时期，原来的单位既是生产（或工作）单位，也是生活单位，无法进行网格和方块式的社区切割。

---

① 李善峰，侯小伏，毕伟玉. 山东社会蓝皮书 2012 年：加强与创新社会管理 [M]. 济南：山东人民出版社，2011：76.

改革开放和市场经济体制建立后，单位办社会格局彻底打破，社会被还原为完整社会，就使得这种社会构造的打造和社会基础的调整成为可能。在城市社区规模设置上，需要把握两点：

1. 人口规模要适度

现代城市居住高楼化、人口密度大，作为现代城市的社会基础和社会服务管理平台载体，城市社区的人口规划应当大点，小了容易造成社会基础多而分散，不利于管理服务平台和载体搭建，也不利于整合资源。一般掌握在一万人左右为宜。山东省的文件规定是 3000 户左右①。上海把社区定位在街道，从他们的情况看也是有一定道理。

2. 地域半径要适当

这主要是考虑到给居民提供服务和管理起来方便、快捷的问题。山东省城市社区建设 1996 年发端于青岛市南区、潍坊市奎文区。全面推进是从 1997 年开始。在社区设置上，省政府文件规定，人口规模一般掌握在地域服务半径在 2 公里左右。全省通过适当调整、合理设置，共建 5402 个城市社区，平均每个城市社区人口为 5500 人左右，大的有 2 万人左右的社区。② 城市社区的全面规划设立，为城市现代化建设和城市社会建设及社会管理服务创新奠定了坚实的基础。

（二）社区组织体系建设问题

社区规划设置后，首先要解决的事情，就是配置健全以社区党组织为核心、群众自治组织为主体、社会各方广泛参与的社区组织体系。社会越发展越进步，社会的组织体系就越系统化、精细化。我们推进城市社区建设，是在打造现代城市社会基础，必须充分考虑到城市社会各种组织、各种社会主体的状况，通过组织体系网络建设，把他们都整合到社区平台，引导社区多元主体在社区建设、管理和服务上发挥积极作用。

1. 社区党的组织建设

我们根据社会建设，特别是社会发展需要，调整社会最基本构成单元，即新的社会基础——社区，其中一个重要目的，就是更好地巩固和加强党的执政基础，增强党在社会基层的执政能力。党的领导是贯穿整个社区建设的一条政治主线。一方面，要根据辖区党员的数量和工作需要，按照"一居一支部"的原则，健全与社区自治组织体系相配套的社区党的组织体系（社区居委会

① 詹成付. 社区建设工作进展报告 [M]. 北京：中国社会出版社，2005：36.

② 李正茂. 对国家治理能力现代化内涵及其主要构成的探讨 [J]. 商，2015（2）

党委、党总支、党支部、党小组）。另一方面，在社区范围内，根据纵向与横向各类新经济组织、新社会组织、业主委员会、物业、驻区单位、流动人口相对集中点等建立不同形式的党组织，加快建立健全开发区、新建住宅区、村改居社区党组织，要建立"横向到边、纵向到底"的网格化的社区党的组织体系。

2. 社区自治组织建设

从社会政治制度和民主制度的角度讲，居民自治制度是我国最基本的社会政治制度，它的法律依据是宪法和居委会组织法。社区作为城市社会构成基础和管理服务平台，也是城市社会最基层、最基本的自治单位和自治平台。要依法建立健全社区居委会组织体系建设。依法设立社区居委会，民主选举产生社区居委会班子，合理划分社区居民小组，选齐配强居民小组长、楼院门栋长、居民代表，形成社区居委会及其下属委员会、居民小组、楼院、门栋上下贯通、左右联动的基层群众自治组织体系。

3. 社会组织建设

调整城市社会基础，推进城市社区建设，需要调动社会上上下下积极性，整合方方面面人力、物力、财力等资源，实施更加得力、更加有效的社会管理和服务。各类社会组织，概括讲，是随着市场经济发展和社会转型而产生的社会发展的积极力量，他们也是推进社区建设和社区服务的主体和生力军。我们在社区建设中应当大力培育和发展适应经济社会发展需要的社会组织，充分发挥他们在社区建设中的作用，让他们承接社会化服务与管理，方便丰富活跃居民物质文化生活，满足人们日益多样化、个性化的现实需求。

（三）社区基础建设问题

开展社区建设，要从社区基础建设入手，为实施社区服务与管理提供必要的条件。多年来，我们在指导全省城市社区建设中，坚持从解决"三有"问题入手，取得了一定实效。

1. 解决好社区居委会办公服务用房

这是社区建设的一项最基础工作，总得有地方办事。省两办最近下发的《关于加强和改进城市社区居委会工作意见》（鲁办发［2012］22号）文件规定，社区居委会工作用房由当地政府统筹解决。新建住宅小区和旧城区连片改造居民区的社区居委会办公服务用房，不低于300平方米建设标准。老城区、已建成小区居委会的工作用房，由县市区人民政府负责建设，也可从其他社区设施中调剂置换，或以购买、租借等方式解决。另外，就是室外文体和娱乐活动场所，这个很必要，社区作为居民居住的地方，出来活动活动总得有个地方，有个空闲地带。2006 年，全省 26.5% 的社区没有办公用房，26.7% 的社区没有综合服务用房。① 2007 年，省里一次性下拨 6680 万元，重点支持落后地区城市社区基础设施建设，各地普遍加大对社区基础设施建设的投入。② 到 2010 年底，全省 98% 的城市社区解决了办公和服务用房问题，社区办公服务用房平均面积已由 2006 年的 243.8 平方米增加到 452.9 平方米。③ 泰安市将社区办公服务用房建设作为社区建设的一个重点来抓，155 个社区办公服务用房全部达到省政府 2006 年文件要求标准，其中办公服务用房 1000 平方米以上的社区有 46 个，占 30%。④ 德州市德城区连续三年开展"社区基础设施建设年"活动，建设 2000 平方米以上的社区文化广场 15 处，59 个社区办公服务用房全部达标。⑤ 其实，社区作为现代城市规划的居民居住区，本来就应纳入规划并得到很好落实。遗憾的是，由于各种原因，我省在这方面始终没有解决好。

2. 社区居委会工作经费和社区居委会人员和其他社区工作者报酬补贴问题

这是基本的经费保障和生活保障。俗语说得好，巧妇难为无米之炊。做饭得有米，办事得有钱。特别是市场经济干啥不花钱。再就是居委会成员除讲奉献外，现阶段工作毕竟还是绝大多数人的谋生手段，总要解决好工作报酬和生活补贴问题，才能使大家解除后顾之忧，全身心投入工作。无论是经费还是报酬都应当按一定参数建立正常的自然增长机制。经过这几年努力，全省总体上落实得比较好。到 2012 年底，全省城市社区年平均办公经费由 2006 年的 3112 元提高到 6 万余元，增长 19.3 倍。⑥ 居委会成员平均月生活补贴由 2006 年 317.4 元提高到 1216.3 元，增长 3.9 倍。⑦ 济南市社区居委会成员生活补贴标准由 2006 年每人每月 800 元提高到 2491 元，并建立自然增长机制。⑧ 2010 年青岛市大幅提高财政对社区办公和服务经费的补助，社区工作专项经费每年每百户达 1.2 万元。⑨

---

① 民政部办公厅，民政部政策研究中心．民政政策理论研究优秀论文集 2010（上）［M］．北京：中国社会出版社，2011：113.

② 同上。

③ 老旧城区居委不能小于 150m² ［N］．齐鲁晚报，2013-10-16.

④ 李善峰，侯小伏，毕伟玉．山东社会蓝皮书 2012 年：加强与创新社会管理［M］．济南：山东人民出版社，2011：115.

⑤ 同上。

⑥ 张国琛．创新思路 积极作为 努力提升全省民政事业发展水平［J］．山东政报，2010（2）.

⑦ 济南：小社区实现大治［N］．济南日报，2011-10-28.

⑧ 张国琛．创新思路 积极作为 努力提升全省民政事业发展水平［J］．山东政报，2010（2）.

⑨ 济南：小社区实现大治［N］．济南日报，2011-10-28.

3. 社区工作者队伍建设

主要包括社区两委成员、社区专职工作者和社区志愿者三方面人员，这是社区建设的基本骨干力量。

（1）社区两委的充实与加强。各地积极从机关干部、企事业单位职工、大中专毕业生和复员转业军人中选聘热爱社区工作的优秀人才，充实、加强社区两委班子。各地按照省委、省政府关于一社区一名大学生工作要求，在两委班子里普遍配备了大学生。

（2）设立专职工作者。从国外的经验看，社会工作者队伍专业化、职业化将是必然的发展方向，政府花钱购买公共服务、社会服务。很多地方探索面向社会公开招聘具备专业知识的人才进入社区工作者队伍，通过培训，持证上岗，纳入专业人才队伍管理。

（3）组织建立社区志愿者队伍。全省志愿者队伍发展迅速，截至 2012 年底全省社区志愿组织 1 万多个，志愿者队伍发展到 45 万人。① 泰安市在全市推出"菜单式"社区志愿者服务活动，内容丰富、形式新颖、彰显品牌特色和个性化特点。

（四）社区服务问题

在我国社会向工业社会、城镇社会过度的过程中，整个社会也正在由管理型向服务型转变，我们的政府正在向以人民满意为基本目标的服务型政府转变。服务型社会和服务型政府最终都要通过一个个服务型社区的建设来实现。基于这一认识，我省始终坚持把社区服务作为社区建设的中心工作和任务来抓。坚持以人为本、服务为先的理念，努力建设以公共服务为主体、以社会化市场化便民服务和志愿互助服务为两翼的三位一体的社区服务体系。

1. 政府职能转移

政府公共服务项目、公共产品要从政府机关拿出来，放到社区服务中心，方便群众办事，如社会保障、社会救助、社会福利、医疗卫生、计划生育、社会治安、科技教育、文化体育、法律援助等公共服务项目和产品，直接放在社区服务大厅，就近方便群众，这也是政府转变职能，由管理型向服务型转变的一个具体体现，这种公共服务应当通过政府购买服务项目的方式来实现，比如购买公益岗位、招聘社工等。从目前情况看，在公共服务方面，还应继续扩展服务领域和内容，把能放下来的、群众又需要的如交通、城建、发改、金融等放到社区服务中心来。这里有个政府机关部门权力下放、管理服务重心下沉等

---

① 郭学贤. 城市社区建设与管理 [M]. 北京：北京大学出版社，2010：103.

问题，也有个观念转变、作风转变、工作方式、方法转变的问题，但不是工作性质特殊的问题。

2. 社会化服务增强

社会水电暖燃气电话电视宽带等缴费代办、衣食住行用玩等便民的社会化市场化生活服务要覆盖社区，满足居民日益多样化、个性化的物质文化需求的服务项目要不断丰富、充实起来。这主要是通过市场化的商业单位和各类组织的社会化便民服务来实现、来运作，党委政府有责任、有义务进行必要的引导和扶持。

3. 发展志愿互助性的服务

社区居民来自不同单位，有不同身份，不同特长，可以各自发挥自己特长，相互帮助，志愿服务。这个服务的主体和服务对象是社区居民本身之间的互相转换，这方面的服务未来有很大的发展空间，也是大有作为的一个服务领域。

开展社区服务，要针对不同群体、不同需求、实施不同的服务。如针对"白发浪潮"老龄化，有物质方面的托老照料服务，也有精神抚慰服务，十二五规划期间这是社区建设的一项重点；针对家庭小型化、家庭服务社会化，有围绕满足日常家庭生活需要的各式各样的服务；有针对残疾人的康复、就业等服务；有针对孩子的托儿所、小饭桌、代接送、代照料等服务；有针对心理疾病、劳教人员等特殊群体的心理咨询、心理矫治服务等等。总之，居民群众有什么服务需求，我们就满足什么服务。可以说，社区服务是社区建设的永恒主题。目前，我省绝大多数城市社区设立了"一站式"服务大厅，实现了集行政管理、社会事务、便民服务为一体的"一门式办公、一站式服务"。全省有城市社区服务中心（站）6286个，社区卫生室（站）5260个、社区警务室4394个、社区文体活动室4961个、社区图书室4712个。[①] 全省城市社区初步形成了政府公共服务、市场化服务和居民自助互助服务相结合，服务主体多元化的社区服务体系。同时，县（市、区）、乡镇（街道）也普遍建立社区综合服务中心或社会事务服务中心，政府职能部门的公共服务项目和产品全部进入服务中心，全省初步形成覆盖全民的社区公共服务体系。

（五）村改居转型问题

随着城镇化的发展，出现了很多村改居的现实问题，如何破解这些问题，

---

① 张後，侯小伏，龚宗俊，张舒平. 山东省城乡接合部社区建设调查 [J]. 中国行政管理，2010 (2).

顺利实施"村改居"社区转型，更好地服务于当地居民的需要，推进其规范化建设意义十分重大。

1. 村改居转型的意义

（1）实施村改居转型，有利于推进城市化发展进程。近年来，我省城市化步伐不断加快，2011 年城镇化率达到 50.95%，2012 年达到 51.98%，按照《山东省"十二五"城镇体系建设规划》，预计到 2020 年底，全省城镇化水平将达到 60%左右。[1] 这就预示着，将有大量的农村人口向城市转移。而这种转移无非是两种方式：一是大量农民（其中好多家属跟随）加入流动人口行列，脱离土地和农业进城谋生，就是所谓"农民工"涌入城市；二是"城中村"和城郊接合部村庄就地变成城市社区，村民就地转变为城市居民。目前，全省现有"村改居"社区 2611 个，占城市社区总数的 48.3%。这表明我省的城市化进程在很大程度上是靠城镇规模膨胀和拓展来推动的，"村改居"社区建设是加快推进城市化建设的重要途径。[2] 但是应该看到，还有制约因素，阻碍了我省"村改居"社区的城市化进程。2011 年底，全省有 69%"村改居"社区资产还保留着农村集体所有制，90%左右的"村改居"社区还沿用《村民委员会组织法》开展工作，多数"村改居"社区管理体制模式、居民生活习惯、思想观念依然停留在改居前的状态，诸如此类明显的农村痕迹依然存在，致使"村改居"社区还处于"夹生饭"状态。[3] "城中村"和城郊接合部作为城市发展的空间和建设的主战场，是城乡经济社会发展一体化的现实切入点。只有加快推进"村改居"社区规范化建设，尤其是去"农村化"，才能加快"村改居"社区的城市化进程，

（2）实施村改居转型，有利于提升城市化水平。截至 2012 年底，我省 2611 个"村改居"社区中，有 80%多的居民没有享受到城市居民养老、医疗、就业、救助等方面的同等待遇，有 66%的社区居委会干部没有享受到城市社区居委会干部的同等待遇，很多"村改居"社区所在地域的公共、公益基础设施建设，没有真正纳入城市建设规划和实施范围，而是当地社区自己在搞基础建设。[4] 这些都影响到社会公平，也影响到城市化质量和水平的提升。所以，迫切需要通过"村改居"社区规范化建设，推动政府公共服务和公益、

---

① 于建伟，黄观鸿，唐鸣，祁中山．中国基层群众自治制度［M］．北京：中国民主法制出版社，2017：105.

② 同上。

③ 于建伟，黄观鸿，唐鸣，祁中山．中国基层群众自治制度［M］．北京：中国民主法制出版社，2017：108.

④ 同上。

公共基础设施建设向"村改居"社区覆盖,让"村改居"社区居民在发展经济、公共服务、基础设施配套等方面,享有更多社会公共资源,不断改善生活条件,在养老、医疗、救助、住房、就业等公共服务方面享受到与市民同等的待遇。

(3)实施村改居转型,有利于加强和创新城市基层社会管理。城市社区是居民生活的基本场所,也是基层社会管理和服务的综合载体和平台,更是社会稳定的基石。加强社会建设、创新社会管理的基础在社区,切入点在社区。只有加强社区管理能力建设,创新社区管理机制,才能做到科学有效的社会管理,切实维护社会稳定。但是,值得注意的是,作为城市边缘地带的"村改居"社区,是城市经济、社会、资源、环境问题最集中、矛盾最突出的地域,给社会管理带来诸多问题。目前,多数"村改居"社区由于城乡二元体制和结构的影响,并没有完全融入城市管理体系,导致城市管理上存在很多漏洞和弊端。这就迫切需要通过"村改居"社区规范化建设,消除二元管理体制机制,将"村改居"社区统一纳入城市管理体系范畴,按照城市社区的管理机制和模式进行建设,实施有效的社会管理。

2. 村改居的主要工作

在实施"村改居"社区转型、推动其规范化建设方面,重点要做好以下几项工作:

(1)推动集体资产改制。社区是个社会生活共同体。"村改居"社区如果不进行资产改制,就始终是个经济社会生活共同体。"村改居"社区规范化建设试点必须首先解决经济成分从社区剥离问题。要认真组织开展"村改居"社区集体资产改制工作。区分资产类型,对经营性资产、非经营性资产和资源性资产进行清产核资,分别登记造册并公示。通过召开村党员会议、村民代表会议、村民会议等民主程序进行决策,实行因村制宜,制定出切实可行的改制方案。对于村经营性资产数额较大、效益较好的"村改居"社区,可以实施股份制改革,将经营性资产量化到人,组建股份制公司;对于集体经营性资产数量较少、资不抵债,或暂不具备股份制改制条件的"村改居"社区,可以成立资产管理中心或经济合作社,通过发展商贸、劳务、租赁经济,逐步偿还债务,然后再进行股份制改革。资产划分、利益分配涉及的敏感问题多、群众关注度高,是集体资产改制的关键环节。对于这些重点环节,要一定广泛而充分地听取、征求社区居民意见,采取全民公决或居民会议方式进行表决,确定股益分配方案,将集体资产确权到人,积极稳妥地推进集体资产改制。股份制公司要严格按《公司法》规范运作,管理机构单独设立,做到社区自治组织和经济组织分离,互不隶属。通过改制,实现"经社分离""居企分开",真正使社区成为社会生活共同体。这次换届选举"村改居"上访量最多，究其缘由，就是经济因素作祟的结果。

（2）推动体制机制转轨。既然是城市社区，"村改居"社区就应当纳入城市社区建设和城市社区管理体制机制工作轨道上来。

一是对"村改居"社区的人口和地域规模进行适当调整，甚至重新规划设置。省政府文件要求，城市社区人口规模一般应在3000户左右。全省目前城市社区人口平均在5500人左右。"村改居"社区的地域范围，一般是由原先农业生产、农民居住分布状况自然形成的，人口规模普遍偏小。纳入城市管理后，应当从适应现代城市管理和服务的实际需要出发，按照便于民主自治、便于服务管理、便于充分整合社区资源的原则，打破原有地域界线，对"村改居"社区的人口和地域规模进行适当调整，甚至可以重新规划设置。

二是适用法律要转换到《居民委员会组织法》的法律轨道上来。要依照《居民委员会组织法》，开展"村改居"社区的民主选举、民主决策、民主管理、民主监督等基层民主自治活动。应当依法对"村改居"社区的组织设置、人员构成进行调整、充实，加强组织和队伍建设。对现行的居民会议、居民代表会议、甚至全民公决等民主决策制度，居民自治章程、居民公约、红白理事会等民主管理制度，居务公开、民主理财、民主评议等民主监督制度，依法重新梳理，重新修订和完善。确保"村改居"社区彻底实现由村民自治向居民自治的转变。

三是体制机制要转变到城市社区的管理服务体制机制上来。无论在管理方面，还是在服务方面，"村改居"社区一定要彻底砸碎二元体制和结构，摒弃原有的农村体制机制和模式，向城市社区体制机制和模式过渡和转变。特别是针对现代城市社会生活节奏快、人口流动性强、社会治安隐患多、突发性事件易发生等特点，要尽快建立健全日常管理与应急管理、属地管理与动态管理相结合的社区管理体制机制。同时，根据目前社区出现的业主委员会、物业公司、社区服务站、各类新兴社会组织等实际情况，研究探索建立由社区党组织、社区居委会、驻区单位、业主委员会、物业公司、新社会组织等多元主体参与的社区共治共建的工作机制和模式。

（3）推动同城同待遇。在资产改制基础上，要把"村改居"社区在地域上统一纳入城市整体建设发展规划，统筹考虑区域功能定位（如居住区、商贸区、文化娱乐区、旅游度假区等）和公共基础设施和公益基础设施布局。政府是城市建设的责任主体，应由政府及相关部门统一规划并组织实施，不能再由社区自己去干。要按照中央两办《关于加强和改进城市社区居民委员会建设工作的意见》（中办发［2010］27号）和我省《关于加强和改进社区工作的意见》（鲁政发〔2006〕94 号）文件要求，把"村改居"社区办公服务场所、工作经费和工作人员报酬等事项统一纳入城市社区建设大盘子，由市、区（市）两级政府统筹予以解决和落实，享受与其他城市社区同等待遇。① 各地在试点推进过程中，本着公平原则，量力而行地推进城市居民同城同待遇工作，逐步把城市养老保险、医疗保险、住房保障、社会救助、社会就业、优待抚恤等各项保障政策向"村改居"社区居民全面覆盖，落实城市居民待遇，实现居民公共服务均等化。当然，从有利于维护"村改居"社区居民正当利益和平稳过渡考虑，原来农村计划生育及相关惠民政策，可以在一定时间内保持不变。

（4）推动工作重心转移。要积极引导"村改居"社区转移工作重心，把社区服务和社区管理摆在更加突出位置，认真抓在手上。前边已讲到社区管理，这里就不赘言，重点讲讲社区服务。由于多方面原因，许多"村改居"社区在社区服务上普遍有些欠账，因此更要很好抓一抓。具体表现为：

一是进一步搞好社区办公服务用房和活动场所建设。省里文件规定，老城区办公服务用房不低于 150 平方米，新城区社区不低于 300 平方米。省级示范社区不低于 500 平方米。② "村改居"社区在用地方面比较有优势，应当在原有基础上，进一步把社区办公服务用房和居民户外文体娱乐活动场所建得面积更大些，设施更好些。

二是进一步搞好社区服务窗口和平台设置。奎文区是按照"三室三站三中心一校一廊一场所"标准，搭建社区服务窗口和平台；济宁市中区是建立统一风格样式的一站式社区服务中心（站），设置了老年活动室、社区卫生室、社区警务室和文化娱乐室等服务窗口和平台。在这方面，各地可以互相学习借鉴。总的想法，就是窗口和平台的设置要有利于更多的政府公共服务项目和产品进社区，有利于吸引更多的市场化的便民服务项目进社区，有利于更好地开展社区互助性的志愿服务。

三是进一步搞好社区服务体系建设。要在社区构建以公共服务为主体、以社会化市场化便民服务和志愿互助服务为两翼的三位一体的服务体系。开展日常性、经常性社区服务，方便社区居民群众生活。社区服务的内容要不断充实，服务领域要不断拓展，服务体系要不断完善，以便不断满足广大社区居民日益增长的多样化、多元化的服务需求。

---

① 李莉. 让社区更美好　让居民更幸福 [N]. 德州日报，2014-1-16.

② 于建伟，黄观鸿，唐鸣，祁中山. 中国基层群众自治制度 [M]. 北京：中国民主法制出版社，2017：114.

3. 村改居工作需要注意的问题

需要强调的是，今后，在村改居工作上应进一步把好关。

（1）明确村改居应具备的基本条件。关于这一点，国家法律政策没有任何规定。我省研究认为，村委会要变更为居委会，起码应具备四个基本条件：一是拟撤销的村民委员会，位于城市规划确定的城镇建设用地范围之内；二是该村民委员会农民集体所有的土地，已被依法征收完毕或虽未征收完毕，但人均耕地已无法满足农民生产生活基本需要；三是该村民委员会所辖区域内，三分之二以上具有劳动能力的适龄农民已经转移到非农业生产领域，不再依靠农业生产作为自己主要生活来源；四是农村集体资产、债权债务得到妥善处置，完成资产改制，产权关系明确的。

（2）把握村改居工作程序。要坚持先改制后改居，先对村集体资产进行股份制改造，产权量化到人，然后再按法定程序改居。进行资产改制前，不能进入村改居工作程序。关于村改居的法律程序，各地要按照《村民委员会组织法》第八条进行操作。即村民委员会的设立、撤销、范围调整，由乡、民族乡、镇的人民政府提出，经村民会议讨论同意后，报县级人民政府批准。这里要把握好谁提出、谁同意、谁批准三个环节，而且一旦村改居后，整个工作就必须走上《居民委员会组织法》的法律轨道。

（六）社区治理与创新问题

社区治理与创新，要研究的领域和探索的问题很多。当前，值得思考和研究的主要有以下几点：

1. 社区居委会与街道办事处关系问题

这本来不是什么新问题，但在政府转变职能，建立服务型政府，特别是逐步向小政府、大社会发展，创新社会治理等新形势下，它又变成迫切研究探索的问题。这一工作关系涉及行政管理与自我管理、依法行政与依法自治的有效衔接和良性互动问题，社区与街道之间怎么衔接好，协调互动好。这既是理顺工作关系问题，也是社区管理服务体制机制的根本问题。就社区居委会与街道办事处工作关系而言，可以分两个方面：

（1）街道办事处对社区居委会指导与被指导关系。这需要充分发挥基层党委和政府的主导作用，自觉理顺街道办事处与社区居委会关系，尊重社区居委会自治性质和社区居民主体地位。主动实现"四个转变"：从工作理念上，要实现从管理理念为主向以服务理念为主转变；从工作指导上，要实现从微观直接管理向宏观间接管理转变；从工作方法上，从以行政管理方法为主向以法律、经济、自治、服务等方法为主转变；从工作职能上，要逐步实现由管理型向服务型转变；真正还社区居委会的自治面貌和居民的自治主体地位。属于自治范围内的事情，能够使用自治手段的事情，街道办事处找好依法行政与依法自治的结合点，放手让社区组织居民通过民主自治去解决，去落实，实现行政管理与自我管理的有效衔接和良性互动．比如拆迁工作，虽然属于政府工作，但能不能把它由行政行为变为自治行为？或者说变行政手段为自治手段。这个在一些地方就有成功的范例。

（2）社区居委会对街道办事处协助与被协助关系。社区作为城市社会基础和服务管理平台，本身就承担着相应的管理和服务等社会职责。在这方面，需要明确划分和界定社区协助的职责范围和具体协办事项。同时，属于政府公共服务项目和公共产品进社区的事项，按照责权利一致的原则，建立权随责走、费随事转的工作机制，实行政府购买服务；属于临时需要社区协助办理的其他事项，通过建立社区准入制度，实行协商办法，采取费随事转。解决好社区行政化倾向问题。

2. 社区网格化管理模式问题

现代城市社会比较突出的现象，是社会转型期人口流动性大、生活节奏快、突发性事件多。迫切需要城市管理与服务要适应这一新情况、新特点。目前，就我所掌握的情况，我省一些地方，如济南市、青岛市、淄博市、潍坊市、东营市、泰安市等地的一些区、街道都在进行这方面的尝试。还有威海市，市委、市政府专门召开加强城市精细化管理会议，并且在环翠区的部分街道试点城区网格化管理模式。以东营区文汇街道办事处为例，他们运用网格理念和现代信息技术，综合考虑人、地、事、物、组织，以综治维稳为重点，全面构建网格化社区服务管理模式，由街道统管、网格无缝覆盖、信息联通共享、问题就地解决，小事不出社区、大事不出街道，矛盾不上交，实现全社会参与、全方位覆盖、全天候运行、全区域管理。具体做法是，把社区划分成若干个网格，每个网格配备管理员（社区工作人员）、协管员（聘用人员）和督导员（街道人员）各一人，各负其责，同时发挥楼栋长作用，负责网格内矛盾调解、出租房屋流动人口管理、矫正帮教、治安防控、城市管理综合执法等。在城市管理服务中，发挥出很大作用，效果非常明显。这一做法是值得肯定和鼓励的一种创新，因为它适应现代城市社会的特点，把日常服务管理与应急服务管理、属地服务管理与动态服务管理有机结合起来。

不过，有两个问题需要把握好：

一是作为社区管理服务模式，要研究向社会服务和管理的整体覆盖，不能只着眼于维稳；二是街道和社区联动中，职责与职能容易混淆，行政管理如何与社区自我管理、依法行政如何与依法自治有效衔接互动，需要认真解决好。

3. 社区服务信息化问题

我国社会在向信息化社会迈进，作为社区要首当其冲，率先实现信息化。这也是提高社区管理和服务水平，全面提升社区品位和质量的一个根本途径和手段。多年来，我省持续推进社区综合服务信息系统建设，实施了"互联网+社区"工程，采取"OTO"线上线下相结合的服务模式，整合社区各类服务资源，广泛吸纳社区社会组织、社区志愿服务队伍、社区服务企业等，引导驻社区单位积极参与，促进社区公共服务、便民利民服务、志愿互助服务的有机融合和系统集成。加强多种网络接入手段间的结合和转换，大力发展各类信息服务载体和信息服务终端，通过网络、热线电话、手机APP等多种渠道为社区居民提供"一网式""一线式""一键式"综合服务，涌现了很多好的经验做法。如德州、临沂两市将社区公共服务综合信息平台建设作为基层社会治理和服务的创新工程，加强组织领导，注重统筹规划，健全制度标准，有序推进各项工作，取得了明显成效。两市的探索实践各有亮点，特色鲜明。一是理念先进。信息化不仅是技术创新，更是管理革新。德州和临沂通过综合信息平台建设，实现让数据多跑路，让群众少跑腿，推动政务服务向基层延伸，促进了基层政府向服务型政府转型。二是定位准确。社区公共服务综合信息平台主要提供四项功能，包括社区公共服务的办事服务功能、管理服务功能；"前台一口受理、后台分工协同"的流程服务功能；资源共享和整合服务功能；多样化的延伸服务功能。两市都抓住了社区公共服务综合信息平台核心功能推进建设，定位较为准确，功能相对完善。三是手段丰富。德州、临沂两市采取窗口服务、电话服务和网络服务等多种形式，完善一站式受理业务系统、服务热线呼叫系统、移动办公APP系统等，有效运用信息对接共享、电子印章、电子证明、电子化材料流转、大数据沉淀等技术，以技术革新推动了服务创新，满足了社区居民多样化服务需求。[①] 四是效果明显。信息化不仅满足了政务改革的需求，更体现了服务群众的导向。德州和临沂社区公共服务综合信息平台建设在缓解群众"办事难"、提升社区服务效能、满足居民群众服务需求等方面初见成效，成为认可度高、深受欢迎的民心工程，值得各地学习和借鉴。

五、农村社区建设

农村社区建设作为伴随城市化、工业化发展而出现的新生事物，我们一直是处于边实践边探索、边研究边指导的工作状态中。

---

① 张兆端. 智慧公安 大数据时代的警务模式 [M]. 北京：中国人民公安大学出版社，2015：71.

（一）农村社区建设的基本内容

党的十七大明确提出："把城乡社区建设成为管理有序、服务完善、文明祥和的社会生活共同体。"这是对城乡社区建设内容的高度概括，也是我国城乡社区建设的长期工作目标和任务。据此，我们认为，我国的农村社区建设就整体而言，主要内容可归纳为"六方面三条线"。

1. 六方面

（1）规划设置社区。根据一定的地域范围和人口规模，合理划分和设置社区。通过对社会基础重新进行规划调整，建立适应工业社会需要的新的社会基础和社会构成单元。

（2）建立社区组织。通过建立健全以党支部为核心、以村委会为主体、以社区社会组织和社区志愿者队伍为基本构成的社区组织体系，实施有效的社会服务与社会管理，特别是社区的自我管理、自我服务、自我教育。

（3）开展社区服务。通过办公用房建设，建立和完善以社区服务中心为依托、以政府公共服务为主体、以社区自助互助服务和市场化服务为两翼的农村社区服务网络体系，搭建社会基层服务和管理平台及载体。[①]

（4）创新完善社区管理体制。通过探索创新，打破原来一般意义上的农村村委会的管理服务体制机制，实现向社区管理服务体制机制的转换和创新。

（5）健全强化社区功能。通过民主自治途径，逐步健全和强化农村社区各项功能，充分发挥出作为我国社会新的社会基础和社会构成最基本单元的功能和作用。

（6）推进城乡社区一体化。通过推进公益基础设施和公共基础设施向农村社区覆盖，改变和改善农村社区居民居住条件，绿化美化环境，实现农村社区和城市社区一体化。

2. 三条线

在上述六个方面建设的基础上，要实现无形的"三条线"的衔接与互动：

（1）第一条线。乡镇党委、政府的行政管理与社区自我管理、依法行政和依法自治的有效衔接与良性互动，通过这条线不断加强和改善党对农村的领导，强化党的执政能力和政府对农村基层的社会管理能力，强化村民自治和基层民主建设，做到管理有序。

（2）第二条线。政府公共服务与社区自我服务的有效衔接与良性互动，突破城乡二元结构，实现政府公共服务城乡一体化和均等化，做到服务完善。

---

① 孙婷婷. 争当全省加强社会建设排头兵［N］. 信息时报，2011-7-16.

（3）第三条线。党和政府对农民的教育与社区自我教育的有效衔接和互动，引导、教育农民树立和增强社区意识，提高科学文化和思想道德素质，移风易俗，最终转变为社区居民，做到文明祥和。可以形象地说：过去是编筐，什么都往居委会筐里装，总有装不下的时候，体现的是拾遗补阙的作用；现在是织网，社区有保障网、服务网、管理网，并且都有接头，什么都能兜得住，体现的社区的功能。

（二）当前农村社区建设的主要任务

具体工作有以下几项：

1. 科学合理制定农村社区建设布局规划

农村社区建设规划是当地经济社会一体化的未来发展的基本蓝图，是当地工业化、城镇化和农业现代化的基本发展远景，也是迎接工业社会到来的社会基础和社会最基本构成单元的一次大调整、大建设规划。在制定时要把握住三点：

（1）要做到 3 个结合。作为长远大计，农村社区建设规划必须纳入当地经济社会发展的大局中去，纳入当地城乡经济社会发展一体化大局中去，与当地城镇化建设规划、工业化建设规划和农业现代化产业发展规划有机结合起来，通盘考虑，统筹规划，因为它本身就是城市化、工业化的产物。城中村、城郊接合部村、工业园区占地村、压煤村、新农村建设旧村改造村等，在规划时可以按城市社区建设进行合理布局规划；其他分布在广袤农村的按农村社区规划。

（2）以人口规模为根本依据。民政部《关于开展农村社区建设实验全覆盖创建活动的通知》（民发〔2009〕27 号）中，提出"社区服务设施辐射半径一般不超过 2—3 公里，社区居民步行前往一般不超过 20 分钟"。我们认为各地人口密度差别很大，不宜在地域半径方面作统一硬性规定和要求。但我们强调农村社区设置时，要以人口数量规模为依据，人口数量不能太少。理由在于：

第一，农村社区一旦规划确定下来，服务设施、服务项目和公共基础设施就要向社区集中和投入，并且要保持正常运转。这涉及农村社区的规模与建设和运行等服务成本问题，如果规模过小，会造成资源和投入分散、浪费，增加建设成本和运行成本；[1]

---

[1] 民政部办公厅，民政部政策研究中心. 民政政策理论研究优秀论文集（2009）（下）[M]. 北京：中国社会出版社，2010：63.

第二，在推进农村社区建设中，需要大力引导市场化服务，而市场化服务是讲求效益的。这就涉及社区规模与市场效益问题。如果社区规模过小，市场机制就不能正常运转，市场化服务见不到效益，就办不下去。我们必须看到，农村社区建设不单单是在进行农村社会建设，还有个通过发展市场化服务培育二、三产业发展，为当地经济发展增加新的生长点和增长点的客观效应。这对当前我国扩大内需，促进党中央和国务院关于保发展、保民生、保稳定、保中央各项方针政策落实的要求至关重要。同时，我国正处于经济社会转型期，市场机制在农村的发展还处于相对落后状态，通过推进农村社区建设，可以使市场机制在广大农村延伸覆盖，更加健全完善。

第三，建农村社区，意味着为辖区农民的现在和将来选择新的定居地点和场所。从发展的趋势看，随着农村土地承包经营权流转市场推行开来，绝大多数农民势必离开土地去从事其他产业工作，最终到底能有多少人家定居在农村社区是个不确定因素。我们现在是在我省工业率50.5%的情况下，搞农村社区建设，按照我省城镇化建设规划要求，全省到2020年城镇化率达到60%以上，意味着还有一定数量的农民到那时要从农业、农村转移出来，流进城镇。[1] 如果规模过小，将来就会再现韩国"新村运动"人去楼空的情形。农村社区设置时，人口规模要作为根本依据，不可太小。

（3）注重生态社区规划。美国和欧洲的工业化发展经验和教训，给我们很多启示，其中一条就是城镇化不能以牺牲自然环境和生态为基本代价。一说建社区，就是水泥路、柏油街、高楼化，把小桥流水、石巷柳岸、绿荫小道统统破坏干净。这是极不可取的，一定要注意生态环境的保护，一定要注重建设生态社区。

各地可以按照自然文化资源、居民生活习惯、统筹城乡发展、聚住人口适度、资源配置合理、功能相对齐全、服务半径合理等原则，以县（市、区）为单位，结合县域村镇体系规划和农村住房建设规划，制定当地农村社区建设布局规划和年度实施计划。在每个社区的具体规划上，要求按居住区、服务区、商业区、产业区等进行功能设计。村庄规模较大的，以"一村一社区"形式组织社区建设；村庄规模较小、村庄密度较大或生产生活方式相近的地区，可按"多村一社区"形式组织社区建设。逐步通过合村并居，集中居住建设社区。潍坊、滨州等地一些有较强经济实力的企业集团，建设服务企业职工和社区居民的企业型社区，这也是一条路子。

---

① 王志涛，苏经宇，刘朝峰．城乡建设防灾减灾面临的挑战与对策［J］．城市规划，2013：36.

2. 完善社区办公服务基础设施

这是农村社区建设的一项最基础工作和最基本的任务，无论是服务还是管理，总得有地方办事。在解决办公服务用房问题上，需要强调3点：

（1）因地制宜。我们做事情一定要从实际出发。有条件建新的就建，新建有困难的，可以利用社区内闲置的办公用房、敬老院、学校等场所建社区服务中心；并不是说场所建得越新越好，关键是看能不能把服务真正开展起来。

（2）整合资源。要整合社区内原有的资源，要把社区内原有的服务项目，如卫生室、幼儿园、小商店、理发店等各类便民服务、市场化服务项目整合到社区服务体系中来；要把社区内原有的各类民间组织、自愿组织等纳入社区组织体系建设中来。同时，要整合当前新农村建设、城乡一体化建设等各类各项涉农资源。目前，中央、省市各级政府各级部门涉农项目多达几十项，特别是在当前更加关注改善民生的大背景下，各级政府及部门涉农投入力度进一步加大，我们要做好整合涉农资源的文章。结合新农村建设，抓好社区村庄综合整治，搞好社区道路、水电、通讯和污水垃圾处理等基本生产生活设施建设，净化、绿化、美化社区环境。结合村级组织场所建设、广播电视村村通工程、乡镇综合文化站和村文化室工程、文化信息资源共享工程、农村党员干部现代远程教育、农家书屋等项目，建立健全农村社区文化设施；结合农村义务教育、村级卫生室、农村警务、邮政建设、供销超市、社会福利事业建设等项目，建立健全农村基本公共服务设施；结合农村安全饮水工程建设、乡村公路建设、农村能源建设、农村清洁工程等项目，解决社区饮水、行路、能源、垃圾处理等设施。

（3）用足用活涉农政策。当前，党中央、国务院关于支持、扶持农村、农业、农民的惠农政策很多，而且有些政策扶持力度非常大。如果在推进农村社区建设中能把这些政策用足用活，事必将起到很重要助推作用，产生意想不到的效果。

3. 大力开展社区服务

我国社会正在向工业社会过度，整个社会也正在由管理型向服务型转变，我们的政府正在向以人民满意为基本目标的服务型政府转变。服务型社会和服务型政府最终都要靠一个个服务型社区来实现，来体现。城市社区是如此，农村社区建设更是如此，当务之急是要实现城乡政府公共服务均等化。基于这一点，全省各地在推进农村社区建设中，普遍把社区服务作为社区建设的中心工作来抓，努力建设公共服务为主体、社会化市场化服务和志愿互助服务为两翼的三位一体的社区服务体系。首先是政府公共服务项目、公共产品要从机关政府拿出来，放到社区服务中心，方便群众办事，如社会保障、社会救助、社会福利、医疗卫生、计划生育、社会治安、科技教育、文化体育、法律援助等公共服务项目和产品，直接放在社区服务大厅，就近方便群众。这也是体现政府转变职能，由管理型向服务型转变的一个重要体现，这种公共服务应当通过政府购买服务项目的方式来实现。但从已开展社区服务的地方的情况看，大多是乡镇机关或事业单位人员及社区的人员具体承办。这在目前乡镇机关事业单位人员较多的情况下是可以的，但从发展方向上讲，最终需要走购买服务的路子。第二，水电暖燃气电话电视宽带等缴费代办、衣食住行用玩等便民、托幼养老等社会化市场化生活服务要覆盖社区，满足居民日益多样化、个性化的物质文化需求。这可以通过市场化商业单位和各类社会组织的便民服务来实现、来运作。很多地方成立了蔬菜协会、养殖协会、合作社等各类经济组织，以及秧歌队、演唱团体等文体类社会组织。这方面需要大力引导、培育和发展。第三，就是志愿互助性的服务。农村有邻里互帮互助的好传统，这在农村社区建设中，应当积极倡导，把它由群众自发性行为变成一种自觉的社会风尚，使之逐步成为农村社区服务和社区建设的一支骨干队伍和力量。

4. 创新社区管理体制

前面讲过，农村社区建设也是我国农村社会基层管理体制的一次大调整、大创新，大变革，因为它打破了原有的村的管理体制。特别是我省由于村庄数量多、人口少、规模小。据不完全统计，截至 2012 年底，全国 60 多万个建制村，我省 8.1 万个，约占 13.5%，各地在规划和推进农村社区时，主要采取多村一社区模式。[①] 从规划情况看，除 6281 个建制村实行一村一社区模式外，其余 64155 个村规划建设 11388 社区，平均 5.08 个村一个社区。[②] 这就需要研究、探索、创新，逐步建立健全适应社区发展要求的管理体制机制和模式、实现农村管理体制机制由村向社区的转换和转变。从我省的情况看，在社区层面的组织建设上，多采取党组织领导下的管理协调委员会的办法。随着农村社区工作的不断深入，各地又在社区组织机构设置等方面进行了探索和创新。德州市在全省率先实行建制村合并，按照合村子、选班子、建社区的"三步走"计划，全市由原来的 8319 个行政村合并为 3339 个建制村（或称农村社区）。合并中，坚持"五不变一不降低"政策：即原行政村、组的土地承包关系不变；原行政村的各项承包、租赁合同及合理优惠政策不变；原村级资产、债权债务不变；原自然村村名不变；原行政村村民的福利待遇不变；原退休干部的

---

① 李善峰，侯小伏，毕伟玉. 山东社会蓝皮书 2012 年：加强与创新社会管理 [M]. 济南：山东人民出版社，2011：105.

② 聂炳华. 山东社会发展改革研究 [M]. 济南：山东人民出版社，2015：124.

生活补贴标准不降低。严格按照《中华人民共和国村民委员会组织法》等相关法律法规组织实施，特别是原建制村及村委会的撤销、社区村委会选举等环节，严格依照法定程序开展工作。诸城市在 2009 年实现全覆盖基础上，2010年对社区范围内的组织资源进行了整合，取消了 208 个社区管理协调机构。按照法定程序将社区内的建制村合并为一个建制村或居，撤销了 1249 个村的建制，以 208 个社区为法定基本建制单位。根据所处地理位置等因素，在 67 个社区设立居委会，按照《居委会组织法》开展工作；其他 141 个社区设立村委会，依据《中华人民共和国村民委员会组织法》开展工作，从而理顺了社区组织管理体制和运行机制的关系。潍坊市奎文区把村改居社区作为推进城乡经济社会一体化的直接切入点，结合当地城市化建设，实行全面同城同待遇配套改革，率先从根本上实现了城乡经济社会一体化；昌乐县围绕把农村社区建设成为社会生活共同体的目标，进行农村经济股份制改革试点，由经济组织承接经济活动。把经济成分逐步从社区剥离开来。

5. 稳妥推进集中居住型农村社区建设

随着农村危房改造、旧村改造政策，特别是城乡建设用地增减挂钩政策的实施，很多地方在充分尊重群众意愿基础上，大力推进集中居住型农村社区建设。在一些城郊接合部，按照规划，通过市场化运作的办法，利用土地价差，把群众原有房屋和新建住房分别作价，实行多退少补的办法；在工业园区用地搬迁村庄、压煤搬迁村庄、大项目用地搬迁村庄，通过搬迁补助、多退少补的办法；在二三产业发展村庄、经济发达村庄等有条件地区，通过集体自筹资金；在原村庄占地面积大、空闲地多的地区，通过建设用地增减挂钩的办法等等情况不一，积极推进集中居住型农村社区建设。采取统一规划、统一标准、统一施工、统一安置的方法，让农民群众不拿钱或少拿钱就住上新房，一步到位建成集中居住型农村社区。全省规划的 17669 个农村社区中，集中居住型农村社区 6860 个，占全省农村社区规划总数的 38.8%。[①]

集中居住型农村社区在推进过程中应注意把握两点：一是要充分尊重群众意愿，按民主程序办事；二是要注意切实维护保障好农民群众的切身利益，把好事办好。由于集中居住，使农民原有的宅基地、自留地被拆迁或征用，这些土地可能被用于建设用地、工业用地或城市开发，一定要杜绝对农民购新房的补偿不合理，或补偿标准太低，损害农民利益的现象发生。在集中居住建设新型社区的过程中，要不断完善与之相适应、能够可持续发展的养老、医疗、失

---

① 李善峰，侯小伏，毕伟玉. 山东社会蓝皮书2012年：加强与创新社会管理 [M]. 济南：山东人民出版社，2011：110.

业等社会保障机制，解决农民的后顾之忧，让失地农民享受城市居民的同等社保待遇，能够过上像城市人一样的生活。使农民集中居住型社区建设真正成为建设社会主义新农村、推进城乡经济社会发展一体化的一项惠民、利民工程。

六、形势与任务

总的看，当前，城乡社区建设面临的形势比较喜人。一方面，随着我国经济社会的发展，城乡一体化和城市化、工业化进程不断加快，农业现代化也在大力推进，特别是社会建设和社会管理的创新与加强，为我们城乡社区建设带来了难得的发展机遇期；另一方面，各级党政领导对城乡社区建设越来越重视，社会建设和社会治理创新的投入也在不断加大，尤其新农村建设中涉农资金和项目较多，社区建设面临着大好外部政治环境和经济环境。只要我们抓住机遇，开拓进取、乘势而上，就一定会在社会建设和社会治理创新中取得好成绩。但从现实工作情况看，形势不容乐观。

（一）政府职能转移的力度不断增强

随着政府职能转变，服务型社会建设的推进，多元互动治理结构的小政府、大社会是未来的必然社会格局，城市社区如何适应这一发展形势需要，不断创新服务与管理，全面提高服务水平和管理档次，提升社区品位和广大居民幸福指数，这是迫切需要研究的重大课题。

（二）村改居社区规范化建设大势所趋

村改居社区规范化建设，必须得破题，不然已严重影响和制约城市化的进度和质量，也影响到城市社区建设的整体发展，但牵扯到方方面面的政策出台和大量的经费投入。没有党委政府统一组织领导，单凭民政部门是推不动的。

（三）农村服务型社区建设任重道远

农村社区建设，一直以来工作发展很不平衡，主要表现为各地进展情况不一，大部分市、县（市、区）能够按省里要求积极推进农村社区建设，也确有一些地方由于多方面原因，社区建设工作进展十分缓慢，工作缺乏主动性。农村社区建设覆盖面较小，与省政府要求相差甚远。每年除少量的福彩公益金外，省级财政对农村社区建设投入很少，民政缺乏工作手段。

马克思曾经指出：如果我们选择了最能为人类幸福而劳动的职业，那么，重担就不能把我们所压倒，因为这是为人类而献身。那时，我们所感到的就不是可怜的、有限的、自私的乐趣，我们的幸福将属于千百万人。我们的事业是默默的，但她将永恒地存在，并发挥作用。面对我们的骨灰，高尚的人们将洒下热泪。城乡社区建设任重道远，而社区工作是造福社区百姓的职业，尽管会面临很多的挑战，但只要在行进中克服困难，就能汲取成长的勇气与动力，会感受到由衷的幸福感与获得感。可以说，我们的事业是默默的，但她将永恒地存在，并长久发挥作用。

推进和谐社区建设的若干要求

推进社区建设，是完善社会管理，增强服务社会功能的重要方面，对构建社会主义和谐社会具有重要意义。党的十六届六中全会讨论通过的《中共中央关于构建社会主义和谐社会若干重大问题的决定》，完整科学地阐述了关于社区建设的方针政策，这在历次中央全会文献中还是第一次。党的十七大报告中进一步指出，要健全基层党组织领导的充满活力的基层群众自治制度，扩大基层群众自治范围，完善民主管理制度，把城乡社区建设成为管理有序、服务完善、文明祥和的社会生活共同体。这一切充分说明了中央对推进社区建设的高度重视，也充分表明了这项工作在构建社会主义和谐社会中的重要地位和作用。

一、山东省社区发展状况

山东省社区建设开始于 1997 年，发端于青岛市南区、潍坊奎文区等地。1999 年省委、省政府在青岛召开了全省加强城市基层基础工作暨社区建设经验交流会议，出台了关于加强城市社区建设的意见，正式拉开了社区建设的序幕。2000 年，中办、国办转发《民政部关于在全国推进城市社区建设的意见》后，全省社区建设掀起了新高潮。在大中城市，推广了青岛市以社区服务为龙头，开展社区建设的经验；在县级小城市，推广了莱州市、青州市进行街、居配套改革，变乡镇型管理为城市化管理的经验；在街道层面，推广了槐荫区西市场街道、历下区东关街道建立社区共建体制、转变政府职能的经验。最近几年，又总结推广了莱芜市进行"村改居"、东营区建立社区服务信息网络和德城区加强社区办公和服务设施建设的经验，2007 年总结推广了泰山区加强领导，强化措施，着重抓好社区硬件建设，健全完善社区队伍体系，建立社区建设资金投入机制，彻底解决"有地方办事""有人办事"和"有钱办事"问题的经验；努力打造社区党建、文化、服务品牌，提升社区建设水平的经验。以上措施使我省逐渐形成了以社区服务为龙头，以社区组织和设施建设为重点，以完善社区功能为目标，以推进社区文化、卫生、教育、治安、就业、保障等各项事业发展为主要内容的社区建设格局。① 多年来，经过积极探索、试点总结、全面推进、示范深化等几个阶段，全省的社区建设呈现出快速推进的局面，社区建设在许多方面走在全国前列，为今后社区建设的开展奠定了良好基础。

经过多年的努力，我省社区建设工作已经取得了可喜成绩，为满足居民群众生活需求，加强社会管理，维护社会稳定，发展基层民主，促进社会进步，发挥了积极作用。但也必须清醒地看到，我省社区建设还存在许多问题亟待解决，特别是在构建社会主义和谐社会的新要求、新形势下，面临着新的、更高的挑战，城市社区建设还有一些不够适应的方面，还需要我们从事社区建设的人员共同努力，推进我省的社区建设发展。

二、以建设和谐社区为目标继续推进社区建设

党的十六届六中全会和十七大把进一步推进社区建设，作为完善社会管理和社会服务的重要内容，作为构建和谐社会的重要课题，郑重地摆在了全党面前。2006 年 10 月 11 日，胡锦涛总书记在党的十六届六中全会第二次全体会议的讲话中，把社区建设作为社会管理体制改革和创新的重要内容之一，提出了明确要求。他指出："要适应社会发展要求，根据构建社会主义和谐社会的需要，继续推进经济体制、政治体制、文化体制改革和创新，尤其要不失时机地推进社会体制改革和创新，努力在保障人民权益、促进经济社会协调发展、强化政府社会管理和公共服务职能、推进社区建设、健全社会组织、完善人民内部矛盾处理机制、加强社会治安防控体系等方面取得新的进展。"② 2006 年 11 月 23 日，温家宝总理在接见第十二次全国民政会议代表的讲话时，把加强城市社区工作作为民政部门要做好的五项重要工作之一予以强调。他指出："我们把社区叫作整个社会特别是城市的细胞。城市社区工作做好了，就能为群众提供生活、医疗、文化、体育、就业、学习等方面的服务，群众有困难就可以找社区。我们有许多办得很好的社区，出了很多有名的'小巷总理'，他们应该受到尊重。但是目前全国社区发展也不平衡，很多工作需要继续加强。"③

根据党的十六届六中全会和十七大精神和中央领导的指示精神，我们认

① 苏庆伟，张军咏，赵勇. 和谐山东 [M]. 济南：山东人民出版社，2008：68.
② 李学举. 民政 30 年：1978—2008·以人为本　为民解困　为民服务　解决民生　维护民利落实民权 [M]. 北京：中国社会出版社，2008：89.
③ 同上。

为，当前和今后一个时期进一步做好社区建设工作的总体思路是：以邓小平理论和"三个代表"重要思想为指导，全面贯彻落实科学发展观，按照构建社会主义和谐社会的总要求，努力把城乡社区建设成为管理有序、服务完善、文明祥和的社会生活共同体，使城乡社区在推进基层民主政治建设上发挥示范作用，在提高居民群众生活水平和生活质量上发挥服务作用，在维护社会稳定为居民群众创造安居乐业环境上发挥促进作用，在密切党和政府同人民群众关系上发挥桥梁作用，为构建社会主义和谐社会提供坚实基础。

建设和谐社区要努力实现以下六项目标要求：

第一，居民自治。社区居民依法享受权利、履行义务，在城乡基层经济、政治、文化、社会等事务中切实当家作主，形成基层党组织领导的充满活力的居民群众性自治机制。

第二，管理有序。社区各种管理组织健全，管理职责明确，管理机制完善，运转有效。

第三，服务完善。社区公共服务布局合理，群众性自助服务和互助服务形成制度，社区民间服务组织健康、活跃，社区服务业兴旺发达，居民群众生活舒适方便。

第四，治安良好。社区发案少、生产生活秩序好、居民群众安全感强。

第五，环境优美。人居环境干净整洁，垃圾分类、污水处理、噪声控制、能源利用等符合环保要求，居民具有节约、环保、卫生的良好习惯。

第六，文明祥和。社会主义荣辱观得以树立，健康、科学、文明的生活方式得以践行，家庭和谐幸福，邻里团结互助，人际关系融洽。

建设和谐社区，是长期的历史任务，贯穿于构建社会主义和谐社会的全过程，当前及今后一个时期要着力推进以下工作：

1. 完善居民自治，保证居民群众依法直接行使民主权利

社区居民自治是我们基层民主的重要方面，是和谐社区的重要标志。只有切实完善社区居民自治，保证广大居民群众在基层社会事务管理中当好家、做好主，才能充分调动社区居民群众参与社会事务管理、建设和谐社区的积极性。要适应城乡社会结构、利益格局的发展变化，不断丰富基层民主的内容和形式，健全基层民主管理制度，发挥社会自治功能，增强居民群众民主法治素质。一是要扩大城市居民委员会直接选举的覆盖面，完善农村村委会直接选举制度，规范居民代表、居民小组长推选程序，预防和纠正基层组织换届选举中的"贿选"等违法违纪行为。二是要建立健全城乡社区居民会议或居民代表会议、居（村）民委员会向居（村）民会议报告工作、居务公开、民主听证会、社区成员协商议事等制度，促进基层民主的制度化、规范化、程序化。要

适应城镇化、就业多样化的趋势，探索流动人口参与居住地社区居民自治的有效途径。按照培育与监督并重的方针，发展城乡社区民间组织，扩大居民群众有序的政治参与。三是要完善相关法律法规，加强民主法制教育，引导城乡居民群众依法享受权利，切实履行义务，在实践中学会正确行使民主权利。

2. 加快社区管理体制改革，提高基层治理水平

社区管理是社区正常运行的重要基础，是建设和谐社区的重要保障。这里要把握好以下几个环节：一是要健全以基层党组织为核心的城乡社区组织体系，支持居（村）委会协助政府做好社会管理工作，发挥驻区单位、社区群团组织和民间组织、物业管理机构、专业合作经济组织在社区管理中的积极作用，实现政府行政管理和社区自我管理的有效衔接、政府依法行政和居民依法自治的良性互动。① 二是要推进街道管理体制创新和乡镇综合管理体制改革，切实履行政府在社区管理方面的责任，建立健全利益协调机制、诉求表达机制、矛盾调处机制、权益保障机制和自然灾害、事故灾难、公共卫生事件、社会安全事件应急管理体制机制，在管理中体现服务，在服务中实施管理。三是要积极组织居民群众讨论制定和修订居民公约或居民自治章程，把居民的权利和义务，以及社区治安、环境卫生、邻里关系、婚姻家庭、计划生育等方面的要求规定清楚，共同遵守，加强居民群众的自我教育、自我管理、自我服务。四是要做好流动人口服务和管理工作，促进流动人口和当地居民和睦相处。要加强未成年人思想道德建设，不断优化青少年成长环境。五是要积极推广、运用现代信息技术，推进社区管理的自动化、现代化。

3. 加快社区公共服务体系建设，提高居民群众生活质量

服务群众、方便群众、造福群众，是建设和谐社区的根本出发点和落脚点。社区公共服务是社区服务体系的重点和龙头，也是下一步需要着力推进的重要工作。

（1）在街道和社区层面构筑综合性的社区公共服务平台

在街道层面建设综合性的社区服务中心，并在中心内设置"一站式"服务大厅，承接上级政府及其职能部门延伸到街道和社区的公共服务职能，并根据居民需要适当拓展服务职能。这样可以有效地对社区公共服务事项进行梳理，明确市、区两级政府及政府职能部门应承担的职责，充分发挥各级政府及相关部门在社区公共服务中的主导作用，为社区居民提供有效的公共服务。在社区层面，设置综合性、多功能的社区服务站，协助完成下沉到社区的公共服

---

① 李学举. 民政 30 年：1978—2008·以民为本　为民解困　为民服务　解决民生　维护民利落实民权 [M]. 北京：中国社会出版社，2008：93.

务，并负责代理居民办理有关服务事项。有条件的地方可以根据社区需求，适当延伸与居民生活和社区单位相关的服务项目。除了专业性较强的公共服务事项，如社区卫生等，其他公共服务事项原则上都要通过街道社区服务中心和社区服务站来完成，实现社区公共服务资源的优化整合和促进社区居民自治，逐步建立"以块为主"的新型社区公共服务管理体制。

（2）进一步改进社区公共服务方式

要探索动员社会力量参与公共服务的机制，按照居民需求，设立服务项目，逐步通过项目管理、政府购买服务等方式予以落实；对与社区居民生活关系密切的公益性、福利性服务可以通过购买服务的方式委托社区服务站或其他社会力量完成。大力推进社区信息化，利用信息技术手段，方便居民办事，满足居民不同需求。加强社区公共服务的标准化建设，实行社区服务认证制度，鼓励社区服务企业和组织参与提供社区公共服务，培育社区公共服务品牌，对不符合要求的服务企业和组织，要及时调整、清退，保证服务质量。

（3）培育、引导社区社会组织积极参与社区公共服务

支持和鼓励社区居民成立形式多样的社区服务类社会组织，组织、动员居民参与社区活动，开展自我服务和自助服务。加强引导和管理，使他们在政府和社区居委会的指导、监督下有序地为居民提供多样化的公益服务。积极支持驻社区机关、企事业单位为社区开放服务设施，实现资源共享、共驻共建，满足部分居民的公共服务需求。

（4）加强社区公共服务队伍建设

加强社会工作知识教育和技能培训，提高他们的职业素质、专业水平和为居民服务的能力；切实解决社区党组织、居委会中专职从事社区工作的人员和聘用的人员的生活补贴、工资、保险等福利待遇问题，充分调动他们工作的积极性；壮大社区志愿者队伍，不断提高社区志愿者组织的凝聚力、影响力和自律力。

4. 搞好社区安全，增强居民群众安全感。

社区安定是社会稳定的重要基础，没有良好的社区治安，建设和谐社区就无从谈起。所以，要在以下几个方面下功夫：

（1）坚持社会治安综合治理责任制

逐步建立以社区民警为主导，以群防群治队伍为补充，人防、物防、技防、心防相结合的社区防范机制和防控网络，全面提升城乡社区安全防范水平。积极实施社区警务战略，合理规划设置社区警务室（站），逐步配齐配强城乡社区民警，健全与新型社区管理体制相适应的警务运行机制。依托社区资源，组织开展以社区保安、联防队员为主体，专职和义务相结合的巡逻守望、

看楼护院、看村护家等活动。积极发挥应用技术防范设施在社区安全中的作用。①

（2）减少影响社区和谐的消极因素

要加强对刑释解教人员、社区矫正人员和有不良行为青少年的帮助、教育和转化工作，深入开展扫黄、禁毒、禁赌和禁止非法传销等工作，防止家庭暴力和恶意遗弃老年人、残疾人、未成年人等行为，减少影响社区和谐的消极因素。

（3）完善信访工作制度

健全社情民意收集和矛盾调处机制，预防和化解社会矛盾。建立城乡社区党组织主导的群众维权机制，引导居民群众以理性合法的形式表达利益诉求、维护合法权益。

5. 繁荣社区文化，提高居民群众文明素质

繁荣社区文化，是社会主义精神文明建设的重要内容，也是建设和谐社区的内在需要。一个和谐的社区，必定是一个文化繁荣的社区，也必定是一个充满活力的社区。要立足社区优势，努力把社区建设成为培育和谐精神、传播和谐文化的阵地。

（1）加强社会主义核心价值观教育

要坚持以社会主义核心价值体系引领居民群众思想，尊重差异，包容多样，不断增强广大居民群众对中国共产党领导、中国特色社会主义制度、改革开放事业、全面建设小康社会目标的信念和信心。

（2）建构良好的社区风尚

要树立以"八荣八耻"为主要内容的社会主义荣辱观，形成知荣辱、讲正气、促和谐的风尚，形成男女平等、尊老爱幼、扶贫济困、礼让宽容的人际关系，形成出入相邻、守望相助的邻里关系。加强未成年人思想道德建设，形成学校、家庭、社区紧密结合的思想道德教育网络，不断优化青少年成长环境。

（3）加强文化建设

要抓好广播电视村村通工程、社区和乡镇综合文化站（室）工程、全省文化信息资源共享工程，加强文化遗产保护，发挥社区休闲广场、科普画廊、演艺厅、棋苑等场所的积极作用，广泛开展形式多样、内容丰富的社区文化体育活动，满足居民群众的文化需要。

---

① 詹成付. 关于社区建设的几个问题 [J]. 中国非营利评论，2009（2）.

（4）强化终身学习理念

要普及科学知识，弘扬科学精神，破除迷信，移风易俗，养成健康文明的生活方式。建立健全社区心理咨询网络，积极为居民群众提供心理咨询服务，引导人们正确对待自己、他人和社会，塑造自尊自信、理性平和、积极向上的社会心态。① 积极发展社区教育，倡导终身学习理念，为促进社区居民的全面发展创造必要条件。

6. 改善人居环境，促进人与自然相和谐

整洁的社区环境，良好的社区生态，是人与自然和谐发展的具体体现，也是社区可持续发展的基本要求。要以解决危害居民群众健康和影响可持续发展的环境问题为重点，加快建设资源节约型、环境友好型社区。

（1）加强社区环境综合治理

要加强城市社区环境综合治理，搞好绿化建设，整治乱建违章建筑和乱贴乱发小广告行为，实行垃圾分类收集和无害化处理，加强噪声污染治理，推进水资源再生利用。

（2）做好农村社区环境建设规划

要加强农村社区道路特别是社区内道路建设，引导农民科学合理建设住宅，搞好村庄绿化。积极发展适合农村特点的太阳能、风能和户用沼气池建设，实行乡村清洁工程，建设人畜粪便、农作物秸秆、生活垃圾和污水处理利用设施，集成配套节地、节水、节药、节肥技术，从根本上治理农村脏、乱、差。

（3）健全社区环境保护管理制度

要健全社区环境保护管理制度，广泛发动居民群众积极参与环保活动，倡导义务护树、护草，自觉养成节约能源资源、爱护环境、讲究卫生的习惯。

6. 切实搞好社区党建，为建设和谐社区提供保证

城乡社区党组织是社区各类组织和各项工作的领导核心。社区党组织坚强有力，才能凝聚社区力量，形成群策群力、共建和谐社区的局面。

（1）加强社区党组织建设

要适应城乡社会结构变化的实际，进一步扩大社区党组织和党的工作覆盖面。加快建立城乡新区、开发区、城中村、城乡接合部社区党组织，主动帮助新经济组织和新社会组织建立健全党组织，使党建工作覆盖到城乡社区的各个层面。

---

① 詹成付. 基层政权和社区建设 [M]. 北京：中国社会出版社，2009：114.

（2）形成党员教育机制

要健全让党员受教育、永葆先进性的长效机制。要不断完善社区党建工作的制度体系，抓好党员的学习培训和实践锻炼，不断提高党员的思想政治素质和工作能力。及时将社区退休人员、复转军人、大中专毕业生、下岗失业人员、流动人口中的党员，纳入社区党员教育管理范围，形成城乡一体的党员动态管理机制。动员党员积极参加社区民主管理活动和公益活动，构筑社区党员联系和服务群众网络，在社区建设中发挥先锋模范作用。

（3）建立健全社区党建工作协商议事制度

充分发挥各方面力量，围绕辖区内的社会性、群众性、公益性工作，协调解决社区建设中的重要问题，积极主动地把社区党建工作融合到搞好居民自治、加强社区管理的活动中去，深入到拓展社区服务、搞好社区治安的具体工作中去，渗透到繁荣社区文化、改善人居环境的实践中去，不断增强社区党组织在居民群众中的凝聚力和号召力。①

四、以完善社区服务为核心深化社区建设

社区服务在社区建设中占据着重要的地位，社区服务功能的充分发挥是社区建设核心要义。

（一）社区服务在发展中的定位

社区服务的定位问题是社区服务体系建设的关键点，社区服务能否准确定位，直接关系社区服务发展政策的制定实施。多年来，这个问题一直困扰着社区服务的专家学者和实际工作者。事实上，对社区服务的定位是随着社会经济的发展而变化的。社区服务在最初形成时期，其定位是非常明确的，1987年在大连召开的社区服务工作座谈会上明确提出：社区服务是指在政府的倡导下，发动社区成员开展互助性的社区服务活动，就地解决本社区的社会问题。同年，在武汉召开的社区服务工作座谈会上又进一步指出：社区服务是在社区内为人们的物质生活和精神生活所提供的各种社会福利和社会服务。在社区服务的发展过程中，社区服务的定位始终是开放式的。从1986年民政部第一次提出在城市开展社区服务工作的要求之后，对社区服务概念的界定包容性很强，并随着经济社会的发展不断渐进和完善。1993年，国家计委、民政部等国家14部委联合下发了《关于加快社区服务业的意见》，进一步明确指出：

---

① 詹成付. 加强和改进社区服务工作读本《国务院关于加强和改进社区服务工作的意见》解读与讲解［M］. 北京：中国社会出版社，2007：69.

社区服务是在政府的倡导下，为满足社区成员多种需求，以街道、镇和居委会的社区组织为依托，具有社会福利性的居民服务业，社区服务由社区福利服务业、便民利民服务业和职工社会保险管理服务业组成，是社会保障体系和社会化服务体系中的重要行业。《关于加快社区服务业的意见》明确了社区服务的发展目标和基本任务，制定了相关的扶持保护政策，使社区服务逐步走向了全面发展的路子。

相对于社区服务过去的发展成果，自 1986 年民政部倡导社区服务以来，社区服务已从最初探索社会福利和职工福利向社会开放的一条新路子，逐步向社会生活更广泛的领域拓展和延伸，对于促进经济发展、社会安定和人民生活质量的提高，发挥了重要作用。社区服务是随着社会经济的发展走到今天的，它的发展是有历史阶段性的，在过去的 20 年里，我国城市社会结构发生了巨大变革，计划经济体制下的社会福利体制也发生了相应变化。在这种形势下，民政部门积极探索社会福利事业发展新思路，研究从单一的、封闭的国家包办体制向国家、集体、个人一起办体制的转变，面向社会，多渠道、多层次、多种形式地发展社会福利事业。

新时期我国城市社区服务的含义在此强调两点：

一是强调新时期的社区服务是广义社区服务，既包括无偿、低偿提供的是社区福利性、公益性服务，又包括低偿和有偿提供的便民利民的物质、文化、生活服务。把社区服务界定为广义社区服务能够适应和谐社会建设的多方位要求，符合党的十六大以来党和政府对社区服务的基本定位，符合在社会主义初级阶段全面协调可持续推进社区服务工作的客观实际情况。

二是强调开展社区服务要在政府的引导和扶持下，依托社区组织，动员社会力量，利用社会资源，走社区服务社会化的道路。

（二）社区服务在经济社会发展中的重要意义

随着社会主义市场经济的发展和城镇化进程的加快，越来越多的"单位人"转为"社会人"，城市社区在经济社会发展中的地位越来越重要，社区居民对社区服务的需求越来越高。做好社区服务工作对于提高人民生活质量、扩大就业、化解社会矛盾、促进社会和谐具有重要意义。胡锦涛总书记在 2005年省部级主要领导干部提高构建社会主义和谐社会能力专题研讨班的讲话中指出：要加强城乡基层自治组织建设，从建设和谐社区入手，使社区在提高居民生活水平和质量上发挥服务作用，在密切党和政府同人民群众的关系上发挥桥梁作用，在维护社会稳定、为群众创造安居乐业的良好环境上发挥促进作用。社区服务工作能否在新的历史时期占有重要位置，能否对经济社会发展具有积极的促进作用，笔者认为主要应从以下三个方面做好服务。

1. 提高社区居民的生活质量

随着经济的发展，城市居民生活水平不断提高，人们越来越注重生活质量。居民对社区的人居环境、生活保障、医疗卫生、休闲娱乐、社会治安等方面的管理和服务不断提出新的要求。人们的消费也由过去的简单的生活消费向复杂的综合消费发展，由单一的消费向多元的消费过度，由单纯的追求自然的衣食住行向追求文化和精神消费延伸，这些需求的存在，无疑为社区服务提出了紧迫的任务和要求，倾听群众呼声，了解群众需求，关心群众生活，为群众多办实事、好事，努力满足社区居民不断增长的物质文化需要，是新形势下加强和改进社区服务工作的重要任务。

2. 努力促进社会主义精神文明建设

社区服务是社会主义精神文明建设的一种重要形式，是社会进步与社会文明程度的重要标志。社区服务直接影响社区质量。没有社区内的居民物质文化生活水平的提高和物质文化生活需求的满足，就不可能有整个社会的文明和进步。社区服务可以把群众性精神文明建设和社区的管理服务有机结合起来，通过开展自助互助活动、尊老爱幼助残济困活动，使我国的传统美德进一步发扬，通过开展文明楼院、邻里互助、共驻共建等活动，进一步增进人们的亲情、友情，促进人与人之间的和睦共处。通过科教文化体育等活动，进一步丰富社区居民的生活内容，形成健康、文明、科学向上的社区风尚。进而形成富有自身特色的社区文化，有助于增强社区居民的凝聚力和认同感。

3. 建构和谐社区

维护城市社会稳定，为建设和谐社区奠定基础。改革开放所带来的城市社会经济的发展变化，在社区服务中也明显地体现出来，对社区服务的进一步深化发展提出了明确而迫切的要求。

（1）建构和谐社区的重要性

第一，社区成为社会建设与管理的重要组成部分。社区成为城市社会建设和管理的基础环节，承担的社会管理事务越来越多。与计划经济时期居委会任务不多、在社会管理中只起"拾遗补缺"的作用不同。当前，随着政府、企业承担的社会职责逐步向社会转移以及居民需求的多样化，社区承担的任务越来越多。据不完全统计，目前，社区承担着社会治安、社会救助、就业再就业、计划生育等100多项管理和服务工作，社区已成为城市社会建设和管理的重要组成部分。[①]

---

① 于燕燕. 中国社区发展报告2010［M］. 北京：社会科学文献出版社，2011：47.

第二，社区是居民群众生活的载体。社区作为城市居民的生活家园，需要提供的服务越来越多。与计划经济体制下只有少数"无单位人"才与居委会打交道不同，今天，社区已经成为广大居民群体组织活动、交流信息、提供服务的平台。

第三，社区是各种社会矛盾的交汇点。对化解社会矛盾、维护社会稳定具有越来越重要的作用。与计划体制时期许多矛盾聚集在"单位"不同，当前，随着市场经济的发展，城市各种社会问题，诸如下岗失业问题、贫富差距问题、农民工权益保障问题、困难群体救助问题、戒毒问题、医疗卫生服务问题、社会治安问题等都向社区聚集，社区组织在调节利益关系、化解社会矛盾、维护社会稳定中处于"前沿"地位。这些问题都给城市基层管理增加了困难和压力，如果处理不当，解决不当，势必增加城市的不稳定因素。加强和改进社区服务就是要关心和帮助困难群体，化解各种社会矛盾，加强城市基层的管理工作，维护社会治安，保持社会稳定。因此，加强和改进社区服务是维护城市社会稳定的一条重要途径。

从目前社区服务的发展现状看，社区服务在服务对象和服务内容上较以前有了较大的拓展，服务对象已从原来单纯的弱势群体向社区全体居民覆盖，社区服务的项目和内容已基本涵盖了广大居民物质生活和精神生活的各个领域。另外，在服务设施和基础网络建设上已从原来的零散分割状态发展到今天的初具规模，初步形成了以社区服务中心为纽带，广泛联系各类社区服务企业、服务人员的社区服务网络。另外，从社区服务的实际作用来看，已从原来一般意义上的服务便民发展到吸纳就业、维护社会稳定的突出位置，各城区、街道和社区以社区服务为载体，挖掘社区潜力，开发就业岗位，引导和帮助更多的下岗失业人员在社区服务领域实现再就业，较好地促进了社会稳定。

（2）社区服务的重点任务

加强和改进社区服务的主要任务，当前要重点抓好社区公共服务，积极组织开展社区自助和互助服务、社区志愿服务，鼓励和支持各类组织和个人开展社区商业服务。这里主要包括五层含义：

第一，抓好社区公共服务，推进社区公共服务体系建设。特别要切实推进社区就业服务、社区保障和救助服务、社区卫生服务、社区文化、教育、体育服务、社区安全服务等公共服务。

第二，要积极组织开展社区自助和互助服务。要把推进社区居民自治和社区服务有机结合，广泛开展各种形式的互帮互助活动。

第三，要开展社区志愿服务。社区志愿服务是为解决社区问题，促进社区进步，自愿贡献时间和才智，而且不图报酬的服务活动，对于构建和谐社会，建设和谐社区具有十分重要的意义。

第四，鼓励和支持各类组织和个人开展社区商业服务，也就是各类便民利民的经营性服务。

第五，建构社区服务体系。通过开展以上几个方面服务，逐步建立与社会主义市场经济体制相适应，覆盖社区全体成员、服务主体多元、服务功能完善、服务质量和管理水平较高的社区服务体系，努力开创困有所助、难有所帮、需有所应的社区服务新局面。这是新时期社区服务的总体任务，也是新时期社区服务的总体目标。

(三) 我省社区服务发展所面临的挑战

我省社区服务总体上仍处于初级发展阶段，社区服务体系建设现状与构建社会主义和谐社会的要求还不相适应。主要表现在：一是发展状况与居民的需求不相适应。随着社会的进步和人们生活水平的提高，城市居民对社区服务的需求越来越多，但囿于社区自身条件，无法满足居民群众日益增长的物质文化需求。二是社区服务设施落后。[1] 由于缺少投入机制，很多社区服务设施档次低、规模小、功能差。三是社区服务手段滞后。现代化、信息化、网络化的服务手段还没得到有效利用，仍然停留在传统的服务手段上。四是社区服务社会化和市场化程度低。目前社区服务的兴办主体不广，服务领域不宽，服务质量不高，物流配送、信息咨询等社区新型服务产业还没有形成一定的规模，社区单位后勤化服务进程缓慢，社区服务资源整合欠缺，一些服务和活动设施没有得到充分利用。五是相关法律法规不健全，缺乏统筹规划和针对性、操作性强的政策措施。

当前，我省社区服务体系建设面临着一系列机遇和挑战。一方面，我国已经进入全面建设小康社会，努力构建社会主义和谐社会，加快现代化建设的新阶段，社区在经济社会发展中的地位越来越重要，国民经济的持续快速发展和综合国力的迅速提高，为社区服务体系建设提供了坚实的物质保障。另一方面，由于城镇化进程的加快和人民生活水平的提高，居民对社区服务提出更高、更新的要求，社区服务的压力不断加大，加快完善社区服务体系已成为满足社区居民服务需求和促进社会和谐的紧迫任务。

---

① 民政部办公厅，民政部政策研究中心．民政政策理论研究优秀论文集 2010（上）[M]．北京：中国社会出版社，2011：97．

（四）社区服务发展的重点任务

目前，社区服务发展的重点任务是：以满足居民公共服务和多样性生活服务需求为目标，发展全方位、多层次的社区服务业。

1. 开展便民利民服务

积极发展便民利民服务，满足群众日常生活需要，拉动居民消费。优化社区商业结构布局，完善社区便民利民服务网络，大力实施以"便利消费进社区、便民服务进家庭"为主题的社区商业"双进"工程，鼓励购物、餐饮、家庭服务和再生资源回收等与居民生活密切相关的企业，以连锁经营方式进入社区，引导企业提供质优价廉的家庭服务，逐步形成方便快捷的社区生活服务圈。利用闲置资源，兴办社区服务，积极推动企事业单位后勤服务社会化。

2. 积极开展社区就业服务

探索通过政府拨款、给予优惠政策、特许经营等方式，开发公益性服务岗位，重点开发面向社区居民的便民利民服务岗位和面向社会福利对象的福利服务岗位，积极发展社区治安、市场管理、绿化保洁、交通管理、车辆看管等就业岗位。

3. 发展新型社区救助服务体系

全面促进社区救助服务，加快发展新型社区救助服务体系。加强对社区失业人员和城市居民最低生活保障对象的动态管理，切实做到"应保尽保"。大力发展社区慈善事业，加快建设社区"慈善超市"和社区捐助接收站点，积极培育社区民间救助组织，鼓励社会各方面的力量开展救助服务。

4. 加强社区卫生服务

坚持政府主导、社会力量参与，优化资源结构，加快部分卫生资源向社区转移，建立健全社区卫生服务网络，开展健康教育、预防、保健、康复服务和一般常见病、多发病的诊疗服务。利用多种方式开展社区卫生健康宣传，增强居民自我保健的意识和能力。①

5. 发展社区文化、教育和体育

逐步建设方便社区居民读书、阅报、开展文艺活动的场所，积极开展群众喜闻乐见的、多样化的社区文化活动。继续推进全民健身设施建设，特别要积极发展面向青少年和老年人的社区体育设施。鼓励企事业单位和学校的体育场馆向社区居民开放，实现体育设施的资源共享。

---

① 周良才. 现代社区概论 [M]. 北京：电子工业出版社，2009：65.

6. 完善社区老年服务体系

大力发展社区居家养老服务，重点发展面向老年人及其家庭的商品递送、医疗保健、日间照料、陪伴等服务。具备条件的地方，依托社区服务体系开展老年护理服务，尤其要做好针对"空巢老人"、高龄老人和生活不能自理老年人的社区服务。

7. 加强社区环境整治和环境保护

搞好社区绿化、美化、亮化、净化，建设和维护社区道路与绿地，消除裸露空地，减少扬尘，加强对社区噪音、污水、垃圾和有害气体的防范、监督和处理，营造宜居环境。加强社区环境保护宣传，增强居民环保意识。

（五）社区服务的保障机制

社区服务是社区居委会的重要职责，是居委会组织居民开展自我管理、自我教育、自我服务等居民自治活动的重要内容。

社区居委会要在社区党组织的领导下，按照《城市居民委员会组织法》的要求，协助城市基层政府提供社区公共服务。居委会还可以采取适当的方式，组织社区居民，对城市基层政府和派出机构在社区开展的工作进行民主评议，并将评议结果积极向政府反映，促进社区公共服务质量的不断提高。社区居委会可以组织社区成员开展自助和互助服务，为居家的孤老、体弱多病和身边无子女老人提供各种应急服务，为优抚对象、残疾人及特困群体缓解生活困难提供服务等。有条件的地方，社区居委会可以根据居民需要，建立热线电话救助网络、社区智能服务网络、社区服务站等服务载体，开展非营利性服务。社区居委会还可以为发展社区服务提供便利条件，积极引导发展社区商业，支持社会各方面力量利用闲置设施、房屋等资源兴办购物、餐饮、就业、医疗、废旧物资回收等与居民生活密切相关的服务网点，为社区居民生活提供便利条件。① 社区居委会要充分发挥好社区主体组织的作用，进一步处理好社区居委会、业主委员会和其他社区民间组织的关系，发挥社区居委会在支持和指导物业管理企业依法经营、指导和监督社区民间组织和志愿者组织开展社区服务方面的作用。

驻社区的机关、团体、部队和企事业单位要积极支持和参与社区建设，营造"共驻社区、共建社区"的良好氛围。按照互惠互利、资源共享原则，积极引导社区内或周边单位内部的科教、卫生、文体和生活服务设施等向社区居民开放。充分利用社区内的学校、培训机构、幼儿园、文物古迹等开展社区教

---

① 本书编写组. 构建社会主义和谐社会学习读本 [M]. 北京：新华出版社，2006：35.

育活动。这是目前解决我国城市社区服务资源紧缺的良好途径。这既避免了资源的浪费和设施的重复建设，又能增强驻区单位对社区的责任感和凝聚力，形成建设和谐社区的合力。

积极培育形式多样的社区慈善组织、文体组织、学习型组织，扶持为老年人、残疾人、困难群众提供生活服务的非营利性机构，大力发展社区互助协会、老年协会、体育协会和法律援助协会等，鼓励和支持社区社会组织开展社会捐助、文体健身、科普宣传、就业服务、社会救助等服务活动。加强引导和管理，根据社区社会组织的性质实行分类指导。对符合登记条件的社区社会组织，完善注册程序，使其纳入正常管理范围；对于尚未达到注册条件，但已正常开展活动且符合社区发展需要的社区社会组织，要加强备案管理，使其在政府和社区居委会的指导、监督下有序开展服务。

培育社区志愿服务意识，弘扬志愿服务精神，鼓励居民参加社区志愿服务活动。配合社区服务体系建设，大力开发能够吸引居民参与的、生动活泼的社区志愿服务项目，鼓励开展社区救助、优抚、助残、老年服务、就业服务、维护社区安全、科普和精神文明建设活动。推进实现社会志愿服务活动制度化，逐步建立社区志愿服务的注册制度、培训制度和激励机制，不断创新服务形式，提高服务水平。

社区治理创新的挑战、现实与对策

党的十八届三中全会明确把完善和发展中国特色社会主义制度，推进国家治理体系和治理能力现代化作为全面深化改革的总目标，同时，提出"创新社会治理体制""改进社会治理方式"和推进"城乡社区治理"的改革任务，形成了从国家治理、社会治理到社区治理一体贯通、一脉相承的治理体系。在这种大背景下，如何推进社区治理创新，为国家治理和社会治理奠定基础，成为我们亟待研究探索的重大问题。为推进全省社区治理创新工作，我厅组成专题调研组，对17市社区治理创新工作情况进行集中调研，分析社区治理创新面临的新形势新要求，针对我省社区治理工作情况和存在的问题，提出推进社区治理创新的对策建议。

一、社区治理创新面临的新形势新要求

伴随着经济社会的快速发展，社区成为新的生活聚居地，社区治理创新成为我国社会治理创新与治理能力现代化的基础。新时代社区治理创新面临着一系列新的要求

（一）社会人群及其结构变化的现实要求

当前，随着经济体制改革的深化和社会结构的变动，越来越多的"单位人"变为"社会人"，个体的利益诉求日益增强、差异明显，既增加了社会再组织的难度，也对基层社会管理提出新要求。社会人群及其结构的深刻变化，迫切要求加强社会治理创新，使社会在深刻变革中更加和谐有序。① 社区作为社会的细胞，作为社会治理的基本单元，社会安定有序、国家长治久安离不开社区的有效治理。这就为创新社区治理提出了更高要求。

---

① 刘祥富. 新常态 新思考 新定位 山东省民政政策理论研究成果选编 2015［M］. 济南：山东大学出版社，2016：153.

（二）城镇化进程加快发展的迫切要求

随着我省城镇化进程的推进，城乡二元经济形态加速整合，城乡经济社会连接度日渐紧密，带来了一系列新问题：城乡布局发生巨大变化，城市社区边界不断向外拓展，城郊接合部出现大量的"村改居"社区和"城中村"，多种社区形态并存；外来人口大量、持续流入，使得社区资源环境和公共服务承载压力加大；社区出现了老年人口增多、人际关系冷淡、物业纠纷、公共服务覆盖不到位等社会问题，导致了城乡社区管理的复杂性，迫切要求改革传统的社区管理模式，加强社区治理和服务体制机制创新探索。

（三）居民民主意识增强的新要求

随着我省民主建设的不断推进，居民群众的民主意识、权利意识逐步增强，自我管理、自我服务、自我教育、自我监督要求进一步提高，对社会关注度不断增强，对参与社区治理的自觉性、主动性和积极性不断提升。居民迫切需要在社区治理实践中依法直接对身边的各项事务行使参与、管理和监督的权利，不断推动社区的公共事务和公益事业的发展，进而推动和谐社会发展。

（四）由社区管理向社区治理转向的高要求。

十六届四中全会以来，我们党多次提出创新社会管理的要求，十八届三中全会明确提出了推进国家治理体系和治理能力现代化的新要求，标志着"治理"取代"管理"成为我们党新的执政方略。习近平总书记指出，加强和创新社会治理，关键在体制创新、核心是人，社会治理的重心必须落到城乡社区。社区治理是社会治理的基础工程，是国家治理的基础工程，社区治理体系和治理能力现代化是国家治理体系和治理能力现代化的实现前提，必须全面、深刻认识社区治理的重大意义，不断推进社区治理创新，为社会治理和国家治理奠定良好基础。

二、山东省社区治理创新的基本情况

山东省各地以社区减负增效为突破口，以加强基层民主建设为基础，以建立多元参与机制为核心，推进城乡社区治理创新，取得初步成效。

（一）社区减负增效活动深入开展。

针对社区存在的"五多（行政事务多、机构牌子多、台账材料多、盖章证明多、考核评比多）二少（为民服务少、自治活动少）"问题，省民政厅、公安厅、司法厅、人力资源社会保障厅等 14 部门联合下发《关于减轻社区负担增强社区居民委员会自治功能和服务效能的十项规定》（鲁民〔2014〕83号），制定了《社区居民委员会依法协助政府开展社会管理和公共服务项目清单（试行）》，全面清理社区承担的现有社会管理和公共服务项目，实行社区居委会依法协助政府开展社会管理和公共服务事项清单管理。通过实行部门工作进社区准入制度、规范机构挂牌、精简台账档案、压缩各类参会、控制评比检查、规范公章使用等措施，切实减轻社区居委会负担，增强社区居委会服务和自治功能，改善社区治理环境，提高社区治理能力。全省各地广泛开展社区减负增效活动，取得良好成效。青岛市市北区实施社区工作准入制度以来，社区工作任务明显减少，由原来的 383 项社区工作任务减少为 55 项法定任务和 6 项委托办理工作任务，社区工作人员有更多的时间和精力，搞好居民自治活动，做实为民服务工作。

（二）社区协商民主不断推进。

我省以健全基层党组织领导的充满活力的基层群众自治机制为目标，以扩大有序参与、加强议事协商为重点，指导各地拓宽协商范围和渠道，丰富协商内容和形式，切实加强社区民主协商，保障居民群众享有更多更切实的民主权利。目前，全省有 99% 的村（社区）建立起村（居）民会议和村（居）民代表会议制度，98.1% 的村（社区）建立了村（居）务监督委员会，98.5% 的村（社区）建立健全了村民自治章程或居规民约，基层对村（居）务公开民主管理的满意率达到 90% 以上，涌现出滨州 "民主议政日"、青岛城阳区 "三级协商"、潍坊寿光市 "诸葛亮会"、济宁任城区 "居民说事" 等一批创新典型，为创新社区治理奠定了良好基础。[①]

（三）"四社联动" 机制逐步建立。

为探索多元共治社区治理新机制，我省在济南市市中区建立了 "四社联动" 实验区，探索建立社区、社会组织、社会工作专业人才、社区志愿者联动服务机制。在总结济南市市中区 "四社联动" 试点经验和广泛调研的基础上，出台《关于推进 "四社联动" 创新社区治理和服务的意见》（鲁民〔2014〕80 号），全面推行以社区为平台、社区社会组织为载体、社会工作专业人才为支撑、社区志愿者为依托的 "四社联动" 服务机制。日照、枣庄等市积极培

---

① 刘祥富. 新常态 新思考 新定位 山东省民政政策理论研究成果选编 2015 [M]. 济南：山东大学出版社，2016：154.

育社区社会组织，通过政府购买服务、公益创投以及社会组织认领服务等措施，引导社区社会组织参与社会救助、居家养老、青少年保护、社区矫正等领域服务。潍坊、泰安等市积极培育和发展社会工作者和社区志愿者队伍，整合社工和社区志愿者资源，充分调动社会力量广泛参与社区治理。据统计，全省已有9.5万个社会组织、5500多名专业社工、153万名志愿者参与到社区治理和服务中，受益居民达到3900多万人，为创新社区治理和服务营造了良好氛围。[①]

但从调研中也了解到，我省还存在地区发展不平衡、社区治理主体职责不清、社区自治机制不健全、社会力量参与不足等问题，阻碍了社区治理创新的进程。

三、加强社区治理创新的对策建议

针对我省社区治理发展现状和存在的问题，面对社区治理创新面临的新形势新要求，要通过推进社区减负增效、完善社区治理结构、创新社区治理机制、提升社区服务功能等措施，推进社区治理创新，为深化社会体制改革、推进社会治理现代化奠定坚实基础。

（一）推进社区减负增效

通过推进政府职能转变，厘清治理主体权责，减轻社区工作负担，改善社区治理环境。

1. 推进政府职能转变

基层政府及其职能部门、街道办事处应围绕提高社会治理能力，切实转变职能，推进服务型政府建设。要不断下移工作重心，依法加大对社区工作的指导、支持和服务力度，把更多的人力、财力、物力下沉社区，实现公共资源向社区聚集、公共财政向社区倾斜、公共服务向社区延伸。进一步梳理进入社区的工作和任务，属基层政府及其职能部门、街道办事处职责范围内的事项，不应转嫁给社区居（村）委会；属社区居民自治的事务，应充分尊重居（村）委会的自主权，支持和帮助社区居（村）委会依法开展自治活动。

2. 减轻社区工作负担

切实开展社区机构和挂牌清理工作，各社区办事服务机构对外原则上只悬挂社区党组织、社区居（村）委会、社区服务站（中心）三块牌子和民政部

---

① 刘祥富. 新常态 新思考 新定位 山东省民政政策理论研究成果选编 2015 [M]. 济南：山东大学出版社，2016：157.

统一的社区标识。社区办公室、居民议事室、文体活动室等内部功能场（室）根据其主要功能或通用功能悬挂识别牌。进一步精简部门、街道办事处（乡镇人民政府）对社区的检查评比活动。精简社区各类资料台账，推广社区基础台账电子化，整合各部门建设和部署在社区的业务应用系统和服务终端，切实提高社区服务效能。

（二）完善社区治理结构。

完善以社区党组织为核心、社区居（村）委会为主导、社区居民为主体、社区社会组织和驻区单位等社会力量共同参与的新型社区治理结构，充分发挥多元治理主体的功能作用，形成社区内多元主体共同治理的新格局。

1. 充分发挥基层党组织领导核心作用

加强基层党组织在社区治理中总揽全局、协调各方的领导核心作用，构建条块结合、优势互补、资源整合的基层区域化党建新格局。建立健全社区"大党委"工作例会、联席会议和在职党员到社区报到等制度，完善党员代表议事制度和社区议事协商机制，通过党建引领，把各类基层组织、人民团体和广大党员群众组织起来，把党的政治优势和组织优势转化为治理和服务优势，推进社区共治共建和居民自治。

2. 充分发挥社区居（村）委会主导作用

充分发挥社区居（村）委会依法组织居民开展自治活动、依法协助基层政府或其派出机关开展工作、依法依规开展监督评议活动的职能作用。积极组织居民开展民主选举、民主决策、民主管理、民主监督活动，引导居民群众有序参与社区公共事务和公益事业。引领社会组织、社会工作者和社区志愿者有序参与社区治理和服务，动员驻区单位开放资源、履行社会责任。协助基层政府或其派出机关做好与居民利益有关的工作，推动政府社会管理和公共服务覆盖到社区。

3. 充分发挥社区社会组织载体作用

发挥社区社会组织承接公共服务、参与社区治理、服务居民群众、推动社区发展的重要载体作用。重点培育、优先发展与群众日常生活密切相关的社区服务类、公益慈善类、文体活动类、专业调处类等社会组织。培育扶持社区社会组织，降低登记门槛，简化登记程序。对不具备登记条件的社区社会组织实行备案制度。建立政府购买社会组织服务制度，鼓励和引导符合条件的社会组织承接政府公共服务项目，健全社会组织参与社区治理工作机制，激发社会活力。

4. 激发居民主体参与积极性

开展丰富多彩、形式多样的自治和服务活动,引导居民融入社区,参与社区治理和服务。发挥社区党员、居民代表、楼院门栋长等社区骨干在调动资源、组织活动、凝聚力量等方面的积极作用,带动更多居民参与社区公共事务。发挥社区志愿者在价值引领、道德示范、关爱帮助等方面的积极作用,引导社区居民开展自助互助服务,营造良好社区风尚。根据社区特点和居民需求,分类推进社区社会工作服务,提升居民自助能力,增强家庭发展功能,引导和培养居民群众主动关心社区公共事务、投身社区公益事业、参与社区治理活动。

(三) 健全社区治理机制

建立健全以居民自治为基础,以多元参与、民主协商为主要特征的社区治理机制,实现政府治理和社会自我调节、居民自治良性互动。

1. 深化居民自治机制

规范民主选举,完善民主选举制度和程序,广泛动员组织群众依法参与社区居(村)委会选举。实行民主决策,建立社区党组织和社区居(村)委会联席会议制度、居(村)民会议制度、居(村)民代表会议制度、社区事务议事制度,有序引导居民全程参与自治事务。推进民主管理,健全居民公约、村规民约和自治章程,引导居民依法依规参与社区事务、财务和集体资产等方面的管理,提升居民自治水平。完善民主监督,建立社区"两委"成员述职、评议、任期和离任经济责任审计等制度,健全党务、居(村)务、财务等信息公开制度,健全完善基层党组织领导的充满活力的基层群众自治机制。

2. 完善多元参与机制

继续推广社区、社会组织、社会工作者、社区志愿者联动服务机制,充分发挥社区的平台作用,整合社会组织的资源优势、社会工作者的专业优势和社区志愿者的服务优势,实现社区建设、社会组织建设、社会工作、社区志愿服务互惠融合、协调发展。[①] 探索建立社区、社会组织、社会工作者和社区志愿者信息联通、组织联建、服务联办制度,建立"以社区为平台,政府扶持监督、社会组织承接、专业社工引领、项目化运作、志愿者参与"的社区服务新途径,逐步形成社区、社会组织、社会工作者和社区志愿者资源共享、优势互补的良好局面。推行社区党组织、居(村)委会、业主委员会、物业服务

---

① 刘祥富. 新常态 新思考 新定位 山东省民政政策理论研究成果选编 2015[M]. 济南:山东大学出版社,2016:63.

企业协调机制，探索建立社区党组织领导下的居（村）委会、业主委员会、物业服务企业交叉任职、分工协作的工作模式。优化联席会议平台建设，对本辖区内物业管理工作中出现的重大问题、涉及居民群众切身利益的重要事项等，由社区党组织或居（村）委会组织业委会、物业服务企业和社区居民代表等共同协商解决，推进社区难题化解和工作开展。

3. 建立社区协商机制

依托居（村）民会议、居（村）民代表会议等载体，广泛开展形式多样的社区协商。针对不同渠道、不同层次的协商，理清协商的主要内容，把与居民切身利益密切相关的社区发展规划、收支预算、项目建设、福利待遇等事项纳入协商内容，特别是对大额资金使用、拆迁腾地补偿方案等居民关心关注的热点问题，作为重点协商内容。① 探索民情恳谈会、社区论坛、社区听证会、社区评议会等协商形式，拓宽社区媒体、互联网络、移动设备等协商渠道，逐步实现基层协商经常化、规范化、制度化，努力形成参与多元、层次立体、形式灵活、制度健全的社区协商格局。

（四）提升社区服务功能

社区服务发展到今天，应在提升功能上下功夫，通过提高社区服务能力、满足社区居民多样化全方位的服务需求，实现社区治理的根本目的。

1. 完善社区服务体系

积极促进政府公共服务、居民志愿互助服务、便民利民服务向社区覆盖，建立健全城乡社区服务体系。农村社区重点推进社区公共服务体系建设，以社区服务中心为阵地，为社区居民提供医疗卫生、计划生育、社会福利、社会救助、技能培训、科技信息咨询等"一站式"服务，将公共服务延伸到农村，推进城乡公共服务均等化。城市社区重点开展多层次、全方位、精准化服务，提高社区服务的针对性和实效性。同时，引导邮政、金融、电信、燃气等公用事业服务企业在社区设立服务站点，支持各类市场主体开办社区便民利民服务。鼓励社区居民开展志愿互助服务，逐步建立志愿服务供需有效对接机制和服务长效机制。

2. 推行政府购买服务

按照"受益广泛、群众急需、服务专业"的原则，通过需求评估、标准制定、成本核算、招投标管理、质量控制、绩效评估等项目化管理方式，组织

---

① 李良进. 城市社区治理现代化四维透视：逻辑、内涵、路径及保障 [J]. 湖北经济学院学报（人文社会科学版），2019（2）.

开展政府购买社会组织以及企业、机构等社会力量的专业服务，重点为社区老年人、重度残疾人、未成年人、外来务工人员、失业人员、低收入家庭等特殊人群提供社区照顾、融入、矫正、康复和就业辅导、心理疏导等服务。通过推行政府购买服务，不断改进社区治理和服务方式、丰富社区治理和服务主体、完善社区治理和服务体系，有效满足人民群众不断增长的个性化、多样化的服务需求。

社区服务体系建构研究

社区服务体系是指以各类社区服务设施为基础，以社区居民、驻区单位为服务对象，以满足社区居民公共服务和多样性生活服务需求为主要内容，政府引导支持，多方共同参与的服务网络及运行机制。

一、社区服务在经济社会发展中的重要意义

随着社会主义市场经济的发展和城镇化进程的加快，越来越多的"单位人"转为"社会人"，城市社区在经济社会发展中的地位越来越重要，社区居民对社区服务的需求越来越高。[①] 做好社区服务工作对于提高人民生活质量、扩大就业、化解社会矛盾、促进社会和谐具有重要意义。胡锦涛同志在 2005 年省部级主要领导干部提高构建社会主义和谐社会能力专题研讨班的讲话中指出：要加强城乡基层自治组织建设，从建设和谐社区入手，使社区在提高居民生活水平和质量上发挥服务作用，在密切党和政府同人民群众的关系上发挥桥梁作用，在维护社会稳定、为群众创造安居乐业的良好环境上发挥促进作用。社区服务工作能否在新的历史时期占有重要位置，能否对经济社会发展具有积极的促进作用，也主要应从以下三个方面做好服务：

（一）提高社区居民的生活质量

要不断满足人民群众多方面的物质文化需求，提高社区居民的生活质量。随着经济的发展，城市居民生活水平不断提高，人们越来越注重生活质量。居民对社区的人居环境、生活保障、医疗卫生、休闲娱乐、社会治安等方面的管理和服务不断提出新的要求。人们的消费也由过去的简单的生活消费向复杂的综合消费发展，由单一的消费向多元的消费过度，由单纯的追求自然的衣食住行向追求文化和精神消费延伸，这些需求的存在，无疑为社区服务提出了紧迫的任务和要求，倾听群众呼声，了解群众需求，关心群众生活，为群众多办实

---

① 詹成付 . 基层政权和社区建设 [M]. 北京：中国社会出版社，2009：39.

事、好事，努力满足社区居民不断增长的物质文化需要，是新形势下加强和改进社区服务工作的重要任务。

（二）努力促进社会主义精神文明建设

社区服务是社会主义精神文明建设的一种重要形式，是社会进步与社会文明程度的重要标志。社区服务直接影响社区质量。没有社区内的居民物质文化生活水平的提高和物质文化生活需求的满足，就不可能有整个社会的文明和进步。社区服务可以把群众性精神文明建设和社区的管理服务有机结合起来，通过开展自助互助活动、尊老爱幼助残济困活动，使我国的传统美德进一步发扬，通过开展文明楼院、邻里互助、共驻共建等活动，进一步增进人们的亲情、友情，促进人与人之间的和睦共处。[1] 通过科教文化体育等活动，进一步丰富社区居民的生活内容，形成健康、文明、科学向上的社区风尚。进而形成富有自身特色的社区文化，有助于增强社区居民的凝聚力和认同感。

（三）维护城市社区和谐

改革开放所带来的城市社会经济的发展变化，在社区服务中也明显地体现出来，对社区服务的进一步深化发展提出了明确而迫切的要求：

社区是城市社会建设和管理的基础环节。与计划经济时期居委会任务不多、在社会管理中只起"拾遗补缺"的作用不同，社区承担的社会管理事务越来越多。当前，随着政府、企业承担的社会职责逐步向社会转移以及居民需求的多样化，社区承担的任务越来越多。据不完全统计，目前，社区承担着社会治安、社会救助、就业再就业、计划生育等100多项管理和服务工作，社区已成为城市社会建设和管理的重要组成部分。其次是社区作为城市居民的生活家园，需要提供的服务越来越多。与计划经济体制下只有少数"无单位人"才与居委会打交道不同，今天，社区已经成为广大居民群体组织活动、交流信息、提供服务的平台。再者，社区成为城市各种社会矛盾的交汇点，对化解社会矛盾、维护社会稳定具有越来越重要的作用。与计划体制时期许多矛盾聚集在"单位"不同，当前，随着市场经济的发展，城市各种社会问题，诸如下岗失业问题、贫富差距问题、农民工权益保障问题、困难群体救助问题、戒毒问题、医疗卫生服务问题、社会治安问题等都向社区聚集，社区组织在调节利益关系、化解社会矛盾、维护社会稳定中处于"前沿"地位。这些问题都给城市基层管理增加了困难和压力，如果处理不当，解决不当，势必增加城市的

---

① 周晨虹. 社区管理学 [M]. 武汉：华中科技大学出版社，2018：63.

不稳定因素。加强和改进社区服务就是要关心和帮助困难群体，化解各种社会矛盾，加强城市基层的管理工作，维护社会治安，保持社会稳定。因此，加强和改进社区服务是维护城市社会稳定的一条重要途径。

二、社区服务定位的发展流变

社区服务的定位问题是社区服务体系建设的关键点，社区服务能否准确定位，直接关系社区服务发展政策的制定实施。多年来，这个问题一直困扰着社区服务的专家学者和实际工作者。事实上，对社区服务的定位是随着社会经济的发展而变化的。社区服务在最初形成时期，其定位是非常明确的，1987 年在大连召开的社区服务工作座谈会上明确提出：社区服务是指在政府的倡导下，发动社区成员开展互助性的社区服务活动，就地解决本社区的社会问题。同年，在武汉召开的社区服务工作座谈会上又进一步指出：社区服务是在社区内为人们的物质生活和精神生活所提供的各种社会福利和社会服务。① 在社区服务的发展过程中，社区服务的定位始终是开放式的。从 1986 年民政部第一次提出在城市开展社区服务工作的要求之后，对社区服务概念的界定包容性很强，并随着经济社会的发展不断渐进和完善。1993 年，国家计委、民政部等国家 14 部委联合下发了《关于加快社区服务业的意见》，进一步明确指出：社区服务是在政府的倡导下，为满足社区成员多种需求，以街道、镇和居委会的社区组织为依托，具有社会福利性的居民服务业，社区服务由社区福利服务业、便民利民服务业和职工社会保险管理服务业组成，是社会保障体系和社会化服务体系中的重要行业。《关于加快社区服务业的意见》明确了社区服务的发展目标和基本任务，制定了相关的扶持保护政策，使社区服务逐步走向了全面发展的路子。相对于社区服务过去的发展成果，自 1986 年民政部倡导社区服务以来，社区服务已从最初探索社会福利和职工福利向社会开放的一条新路子，向社会生活更广泛的领域拓展和延伸，对于促进经济发挥、社会安定和人民生活质量的提高，发挥了重要作用。

2006 年下发的《国务院关于加强和改进社区服务工作的意见》是我国社区服务开展近二十年来，以国务院名义下发的第一个文件，具有划时代的意义，对我国社区服务的发展产生了重大而深远的影响。2007 年下发国务院《"十一五"社区服务体系发展规划》，从这两个文件中，我们可以看到新时期城市社区服务的含义，是一个广义的社区服务，既包括无偿、低偿提供的社区福利性、公益性服务，又包括低偿和有偿提供的便民利民的物质、文化、生活

---

① 本社. 城市社会工作研究 [M]. 北京：中国社会出版社，2011：142.

服务，还包括互助性的志愿服务。把社区服务界定为广义社区服务能够适应和谐社会建设的多方位要求，符合党的十六大以来党和政府对社区服务的基本定位，符合在社会主义初级阶段全面协调可持续推进社区服务工作的客观实际情况。

从目前社区服务的定义以及发展现状看，社区服务在服务对象和服务内容上较以前有了较大的拓展，服务对象已从原来单纯的弱势群体向社区全体居民覆盖，社区服务的项目和内容已基本涵盖了广大居民物质生活和精神生活的各个领域。此外，在服务设施和基础网络建设上已从原来的零散分割状态发展到今天的初具规模，初步形成了以社区服务中心为纽带，广泛联系各类社区服务企业、服务人员的社区服务网络。再次，从社区服务的实际作用来看，已从原来一般意义上的便民服务发展到吸纳就业、维护社会稳定的突出位置，各城区、街道和社区以社区服务为载体，挖掘社区潜力，开发就业岗位，引导和帮助更多的下岗失业人员在社区服务领域实现再就业，较好地促进了社会稳定。

从目前对社区服务的定位来看，加强和改进社区服务的主要任务，当前要重点抓好社区公共服务，积极组织开展社区自助和互助服务、社区志愿服务，鼓励和支持各类组织和个人开展社区商业服务。这里主要包括五层含义：一是要抓好社区公共服务，推进社区公共服务体系建设，特别要切实推进社区就业服务、社区保障和救助服务、社区卫生服务、社区文化、教育、体育服务、社区安全服务等公共服务。二是要积极组织开展社区自助和互助服务。要把推进社区居民自治和社区服务有机结合，广泛开展各种形式的互帮互助活动。三要开展社区志愿服务。社区志愿服务是为解决社区问题，促进社区进步，自愿贡献时间和才智，而且不图报酬的服务活动，对于构建和谐社会，建设和谐社区具有十分重要的意义。四是鼓励和支持各类组织和个人开展社区商业服务，也就是各类便民利民的经营性服务。五是逐步建立与社会主义市场经济体制相适应，覆盖社区全体成员、服务主体多元、服务功能完善、服务质量和管理水平较高的社区服务体系，努力开创困有所助、难有所帮、需有所应的社区服务新局面。这是新时期社区服务的总体任务，也是新时期社区服务的总体目标。

三、社区服务体系存在的问题与挑战

当前，我省社区服务体系建设面临着一系列机遇和挑战。一方面，我国已经进入全面建设小康社会、努力构建社会主义和谐社会、加快现代化建设的新阶段，社区在经济社会发展中的地位越来越重要，国民经济的持续快速发展和综合国力的迅速提高，为社区服务体系建设提供了坚实的物质保障。另一方面，由于城镇化进程的加快和人民生活水平的提高，居民对社区服务提出更

高、更新的要求，社区服务的压力不断加大，加快完善社区服务体系已成为满足社区居民服务需求和促进社会和谐的紧迫任务。目前，我省社区服务总体上仍处于初级发展阶段，社区服务体系建设现状与构建社会主义和谐社会的要求还不相适应。主要表现在：

（一）发展状况与居民的需求不相适应

随着社会的进步和人们生活水平的提高，城市居民对社区服务的需求越来越多，但囿于社区自身条件，无法满足居民群众日益增长的物质文化需求。

（二）社区服务设施落后

由于缺少投入机制，很多社区服务设施档次低、规模小、功能差。

（三）社区服务手段滞后

现代化、信息化、网络化的服务手段还没得到有效利用，仍然停留在传统的服务手段上。

（四）社区服务社会化和市场化程度低

目前社区服务的兴办主体不广，服务领域不宽，服务质量不高，物流配送、信息咨询等社区新型服务产业还没有形成一定的规模，社区单位后勤化服务进程缓慢，社区服务资源整合欠缺，一些服务和活动设施没有得到充分利用。①

四、社区服务体系的建构

针对我省目前社区服务体系建构存在的现实困难，需要进一步明确未来社区服务体系建设的基本原则，明晰体系建构的要求，以形成良好的社区服务体制机制。

（一）社区服务体系建设的原则

1. 设施要完备

任何服务都要依靠一定的设施，包括硬件和软件，设施设备要完备，因为这是社区服务的载体。具体来说，不仅要有办公用房，还要有服务性设施，随着信息化社会的发展，还要有现代化的服务设施，实现社区信息化。

---

① 于海平，王秀芹."和谐"视角下的社区建设［J］.社会工作，2006（3）.

2. 体系要健全。

社区服务不是单方面服务，而是多方面、全方位的服务。国务院 2006 年专门发了一个关于加强和改进社区服务工作的意见，对社区服务体系做了比较完整的阐述。大的方面说，主要包括三个方面，即政府的公共服务；市场性的商业服务，包括便民利民服务；社会互助性的志愿服务。所谓的体系完善，就是三个方面都要服务到位，短一条腿也不行。政府公共服务是必需的、基本的，国发 14 号文件规定了 9 个方面，包括社区就业、社区救助、社区教育、社区文化、社区治安等，这些都是政府应该承担的职责。每个社区居民都应该享受这些服务，而这些服务都应该由政府或政府部门来提供，来承担服务的责任。另外大量的服务，需要市场来配置，需要一套社会化、市场化的手段来满足居民的大量需求，比如说理发、餐饮、交通、气象，还包括其他一些洗衣等，都需要大量商业性的服务来满足。还有一些就是政府难以做到，可以说顾及不到，同时市场又不愿做又做不了的一些服务需求，就需要志愿性的服务来满足。单纯依靠政府难以覆盖到每个角落，市场化运作又因利润太低无人愿做，这些就需要居民自助、互助，就要大力推动社区志愿服务。这些政府顾不到，市场不愿做的一些基本服务，比如说，照顾老年人的吃饭问题、穿衣问题，这些都需要政府来承担。但陪着老人散散步、说说话，靠政府就很难满足所有老年人的服务需求，只有靠志愿者。所以说，社区服务体系是一个非常艰巨的任务。由于长期的计划经济体制，使我们的体系非常不完备，残缺不全，尤其是政府的基本公共服务，实际上刚刚起步，大量的职能是缺位的，很多工作是靠社区居委会艰苦奋斗、自食其力，然后想方设法地来完成，实际上政府的责任没有完全到位。

（二）社区服务体系的构成

1. 发展全方位、多层次的社区服务业

积极发展便民利民服务，满足群众日常生活需要，拉动居民消费。优化社区商业结构布局，完善社区便民利民服务网络，大力实施以"便利消费进社区、便民服务进家庭"为主题的社区商业"双进"工程，鼓励购物、餐饮、家庭服务和再生资源回收等与居民生活密切相关的企业，以连锁经营方式进入社区，引导企业提供质优价廉的家庭服务，逐步形成方便快捷的社区生活服务圈。利用闲置资源，兴办社区服务，积极推动企事业单位后勤服务社会化。大力推行物业管理服务。加强政府对物业管理机构的监管，提高物业服务质量。

2. 开展社区就业和社会保险服务

通过与社区综合服务设施统筹规划，逐步建立起市、区、街三级社区就业服务设施网络。在社区服务中心和服务站开设专门就业服务窗口，提供困难人员就业援助等服务。探索通过政府拨款、给予优惠政策、特许经营等方式，开发公益性服务岗位，重点开发面向社区居民的便民利民服务岗位和面向社会福利对象的福利服务岗位，积极发展社区治安、市场管理、绿化保洁、交通管理、车辆看管等就业岗位。积极推进企业退休人员社会化管理，配合社会保险经办机构做好养老金发放和领取资格认证工作，为企业退休人员提供社会保险政策咨询和各项查询服务。[①] 逐步推进和拓展医疗保险和工伤保险社会化管理服务。

3. 加快发展新型社区救助服务体系

全面促进社区救助服务，加快发展新型社区救助服务体系。加强对社区失业人员和城市居民最低生活保障对象的动态管理，切实做到"应保尽保"。大力发展社区慈善事业，加快建设社区"爱心超市""慈善超市"和社区捐助接收站点，积极培育社区民间救助组织，鼓励社会各方面的力量开展救助服务。

4. 加强社区卫生服务

坚持政府主导、社会力量参与，优化资源结构，加快部分卫生资源向社区转移，建立健全社区卫生服务网络，开展健康教育、预防、保健、康复和一般常见病、多发病的诊疗服务。利用多种方式开展社区卫生健康宣传，增强居民自我保健的意识和能力。

5. 建立健全社区治安防控网络

加快社区警务室（站）的建设，大力建设以社区居委会等基层组织为依托的群防群治队伍，加强社区巡逻、守护，积极推广运用物防、技防等现代科技手段和措施，全面提升社区治安防范水平。健全社区居民内部矛盾排查调处机制，建立畅通的民情沟通渠道，做好人民调解工作，建立社区矫正、社区戒毒管理服务机制。

6. 发展社区文化、教育和体育

逐步建设方便社区居民读书、阅报、开展文艺活动的场所，积极开展群众喜闻乐见的、多样化的社区文化活动。统筹各类教育资源，鼓励创设多种社区教育实体。在有条件的地区建立面向社区的老年大学、市民学校、未成年人文化活动场所，积极开展多样化的社区教育培训活动。继续推进全民健身设施建设，特别要积极发展面向青少年和老年人的社区体育设施。鼓励企事业单位和学校的体育场馆向社区居民开放，实现体育设施的资源共享。推动社区体育活动的开展，培育社区群众性体育组织，加强体育指导员队伍建设。

---

① 张荣齐．社区商业管理 [M]．北京：中国物资出版社，2008：97.

7. 完善社区老年、残疾人服务体系

加快社区养老服务机构和设施的建设，鼓励社会力量参与养老机构的建设与运营，继续实施"星光计划"。加强企业退休人员社会化管理服务，大力发展社区居家养老服务，重点发展面向老年人及其家庭的商品递送、医疗保健、日间照料、陪伴等服务。具备条件的地方，依托社区服务体系开展老年护理服务，尤其要做好针对"空巢老人"、高龄老人和生活不能自理老年人以及残疾人的社区服务。

8. 加强社区环境整治和环境保护

搞好社区绿化、美化、亮化、净化，建设和维护社区道路与绿地，消除裸露空地，减少扬尘，加强对社区噪音、污水、垃圾和有害气体的防范、监督和处理，营造宜居环境。加强社区环境保护宣传，增强居民环保意识。①

(三) 构建社区、街道、区（市）分工协作的社区服务网络

加大社区建设投入，通过新建、改扩建、购置、合并调整等多种形式，综合考虑服务人群的规模效益，逐步建立起社区、街道和区（市）分工协作的社区综合服务设施。

1. 建构三级联动网络

在社区层面，建设综合性、多功能的社区服务站。居委会及其他各类基层社区组织，要在市、区政府和街道办事处的指导下，依托社区服务站及其他社区公共服务设施，组织居民参与文化、教育、科技、体育、卫生、环境、法律、安全等进社区活动，保障各种公共服务延伸到社区全体居民，增强社区的凝聚力、归属感和安全感。组织动员驻区单位和社区居民开展邻里互助等群众性自我服务活动。通过社区党组织、社区居委会和其他社区组织的活动，及时掌握社区居民的服务需求，做好信息的发布和收集整理，畅通民情渠道，保障党和政府的政策及社情民意的上传和下达，切实反映居民诉求。作好普法和政策宣传，倡导居民履行公德公约，建设精神文明，保障社区成为社会稳定的基石。

在街道层面，建设以"一站式"服务为特点的社区服务中心。街道办事处及社区组织依托社区服务中心，组织开展就业服务和职业培训、社区救助、社区治安、社区卫生和计划生育、社区环境和文化、体育、教育等公共服务。针对老年人、残疾人、优抚对象和其他特殊群体开展救助帮扶、护理照料、拥军优属等专项服务。配合有关部门做好劳动力资源管理、失业登记、社会保险

---

① 王玉兰，李友得. 社区服务工作［M］. 北京：中央广播电视大学出版社，2011：114.

登记与发放、低保资格认定审查、暂住登记等工作。协调和动员社会各方面力量利用辖区内闲置设施、房屋等资源开展社区公益性服务和便民利民服务。指导和组织社区做好法律法规和政策宣传工作。①

在区（市）层面，应根据地方实际，有选择地建设以规模化和特色服务为主的社区服务中心。区（市）有关部门及社区组织依托社区服务中心，执行和落实各级政府支持社区发展的有关政策，指导、组织和监督街道、社区两级服务中心（站）开展社区服务。组织协调大型流通、餐饮和再生资源回收企业进社区，促进社区服务连锁化，推动跨街道、社区的主题服务活动，对辖区内的专、兼职社区服务工作者进行教育培训。

社区综合服务设施（社区服务站、街道社区服务中心和市、区服务中心）建设应坚持因地制宜、合理布局、综合利用。要突出综合服务功能，将党员活动室、就业保障网络、社区卫生服务站、文化活动室、图书室、"爱心超市"、社区捐助接收站点、警务站（室）、老年活动室、未成年人文化活动场所等统筹规划建设，尽可能避免单独设立。社区综合服务设施网络建设应与当地经济社会发展水平相适应。

2. 站点建设的要求

在新区建设和旧城改造中，要将社区服务设施纳入规划，做到与小区建设同步设计、同步建设、同步使用，保证社区服务设施的提供和服务功能的发挥。

老社区要立足资源整合，结合旧城整治，通过房产调剂、置换等多种形式，开辟社区服务场所，努力保证社区服务的开展。如，日照市出台了《城市社区配套用房建设管理暂行规定》，对配套用房建设和管理的责任主体、配套用房配建办法、建设单位违规行为的法律责任等做了明确规定。《规定》要求，社区配套用房原则上按照每百户居民 30 平方米的标准规划、配置，根据社区规模大小，每个社区的配套用房总面积一般控制在 300—700 平方米。

市政府负责解决城市社区配套用房的总体组织协调，民政部门根据城市规划的要求和城市建成区的现状，会同区政府（管委）提出社区划分设置的总体布局；区政府（管委）负责社区的划分、社区居委会的设立；规划建设、国土资源等部门负责社区配套用房的规划、监督与管理。规划建设部门负责对住宅小区的社区配套用房的面积及配套标准等内容提出规划要求，并对规划设计审查把关。国土资源部门在住宅小区用地进行出让时，应当明确约定按规划建成的社区配套用房以物价部门确定的成本价格出售给社区所在区政府（管

---

① 袁光亮. 中国社会工作法律法规汇编（上）[M]. 北京：法律出版社，2010：115.

委)。《规定》明确，已完成开发建设的社区，坚持新建为主、购买为辅的原则解决配套用房。社区内用地现状具备建设条件的，由社区所在区政府（管委）提出建设申请，规划建设部门负责选址定点，土地由市、区政府补偿收回后，国土资源部门负责办理划拨土地使用权手续，区政府（管委）负责组织建设。

社区内用地现状不具备建设条件，可以采取购买方式解决配套用房的，由各区政府（管委）按照物价部门核定的价格向房屋所有人购买，交街道办事处和社区居委会管理使用。社区内用地现状不具备建设条件，也无法采取购买方式解决配套用房的，由区政府（管委）提出建设要求，规划建设部门在旧区改建项目中安排，区政府（管委）组织建设或委托开发建设单位代建。《规定》强调，对未按规划要求配建社区配套用房或达不到配建标准要求的，由规划建设部门责令改正。拒不改正的，不予批准规划方案，不予办理建设工程规划许可证，不予通过规划验收。建设单位未按合同约定建设并向所在区政府（管委）出售社区配套用房的，由购买单位依法追究其违约责任。建设单位未按批准的规划建设社区居委会配套用房的，由有关行政主管部门责令改正，依法予以处罚，并将不良行为记入房地产开发企业信用档案。这些都是解决社区服务设施的很有效的途径和方法。

五、推进社区服务信息化

以居民需求为导向，按照统筹规划、实用高效的原则，采取热线电话、因特网网站、社区呼叫系统、有线电视网络等多种形式，构建社区信息服务网络，推动形成"资源共享、协同服务、便民利民、安全可控"的社区服务信息化发展格局。

有条件的城市可依托政府门户网站、市民电子邮件系统、有线电视网络、电话系统，逐步建设覆盖全市的社区信息综合服务网络，具备行政管理、信息采集发布、便民利民服务等功能，提供法律、气象、医疗、教育培训、旅游、家政、娱乐等方面的服务。[1] 推进各级政府电子政务、网上办事和社会公共服务进入社区，形成社保、医疗、就业指导和生活救助等专项网络服务平台。加大全省文化信息资源共享工程在社区的建设力度，充分利用共享工程的设施、设备、资源开展综合性服务。有条件的地区，建立社区"一键通""一号通"等呼叫系统，加快推进社区安保电子监控系统、电子阅览室、信息亭、信息服务自助终端、多功能金融服务终端等设施建设。要立足经济实用，避免盲目建

---

[1] 王树芬，杨桂红. 和谐社会与城市社区建设 [M]. 昆明：云南人民出版社，2008：124.

设、重复建设和铺张浪费，发展实用高效的社区信息服务，走低成本、高效益的信息化发展道路。

市、区（县）政府要统筹考虑社区信息网络建设。梳理、优化、整合各类服务热线、呼叫热线、服务网站，规范新建系统、调整在建系统、改进已建系统，加快互连互通，实现社区公共资源共享，逐步实现"一网式""一号式"服务。根据区、街道、社区的职能分工和工作特点以及各政府部门协同工作的实施需要，推动各个政府专网之间互连互通、信息共享和按需协同互动，强化已建系统的应用，加快在建、新建系统建设，有效提高政府在社区经济发展、社会管理和公共服务的能力。规范社区信息服务网络的建设标准和应用体系，建立信息及时更新机制。

六、建立健全社区服务组织体系

搞好社区服务，在社区层面要依靠三个组织：一是社区"两委"；二是社区社会组织；三是社区志愿者组织。

社区服务是社区居委会的重要职责，是居委会组织居民开展自我管理、自我教育、自我服务等居民自治活动的重要内容。社区居委会要在社区党组织的领导下，按照《城市居民委员会组织法》的要求，协助城市基层政府提供社区公共服务。居委会还可以采取适当的方式，组织社区居民，对城市基层政府和派出机构在社区开展的工作进行民主评议，并将评议结果积极向政府反映，促进社区公共服务质量的不断提高。社区居委会可以组织社区成员开展自助和互助服务，为居家的孤老、体弱多病和身边无子女老人提供各种应急服务，为优抚对象、残疾人及特困群体缓解生活困难提供服务等。有条件的地方，社区居委会可以根据居民需要，建立热线电话救助网络、社区智能服务网络、社区服务站等服务载体，开展非营利性服务。社区居委会还可以为发展社区服务提供便利条件，积极引导发展社区商业，支持社会各方面力量利用闲置设施、房屋等资源兴办购物、餐饮、就业、医疗、废旧物资回收等与居民生活密切相关的服务网点，为社区居民生活提供便利条件。社区居委会要充分发挥好社区主体组织的作用，进一步处理好社区居委会、业主委员会和其他社区民间组织的关系，发挥社区居委会在支持和指导物业管理企业依法经营、指导和监督社区民间组织和志愿者组织开展社区服务方面的作用。

积极培育形式多样的社区慈善组织、文体组织、学习型组织，扶持为老年人、残疾人、困难群众提供生活服务的非营利性机构，发展社区互助协会、老年协会、体育协会和法律援助协会等，鼓励和支持社区社会组织开展社会捐助、文体健身、科普宣传、就业服务、社会救助等服务活动。① 对符合登记条件的社区社会组织，把它纳入正常管理范围；对于尚未达到注册条件，但已正常开展活动且符合社区发展需要的社区社会组织，要加强备案管理，使其在政府和社区居委会的指导、监督下有序开展服务。我们说只要老百姓有需求，可以更好地满足居民的生活服务需求，我们就要大力鼓励、大力培育。我们不能把社区的各项工作都放在政府手里，放在社区干部手里，我们可以交给社区社会组织来承担。有的社区搞得比较好的，像社区服务设施、文化活动场所，包括图书室、阅览室不是社区干部在管，而是交给社区社会组织去管，他们管得非常好，而且不需要花钱，运转非常好，老百姓非常满意。

志愿者服务，在我省来说现在刚刚开始倡导，还没有形成制度，政策上没有明确。但是好多市地都走在了全省前列，德城区、齐河县都成立了志愿者组织，定期开展志愿活动，得到了居民的广泛认可。我们可以配合社区服务体系建设，鼓励居民参加社区志愿服务活动，大力开发能够吸引居民参与的、生动活泼的社区志愿服务项目，鼓励开展社区救助、优抚、助残、老年服务、就业服务、维护社区安全、科普和精神文明建设活动。推进实现社区志愿服务活动制度化，逐步建立社区志愿服务的注册制度、培训制度和激励机制，不断创新服务形式，提高服务水平。

同时，驻区单位也应该是个不容忽视的依靠力量。社区内大大小小单位都建了一些服务性设施，除了单位职工能用上以外，大多数时候是闲置的，或者是浪费的，利用率不高的现象非常普遍。所以我们要按照互惠互利、资源共享原则，积极引导社区内或周边单位内部的科教、卫生、文体和生活服务设施等向社区居民开放。充分利用社区内的学校、培训机构、幼儿园、文物古迹等开展社区教育活动。这是目前解决我国城市社区服务资源紧缺的良好途径。这既避免了资源的浪费和设施的重复建设，又能增强驻区单位对社区的责任感和凝聚力，形成建设社区的合力。

---

① 蔡大鹏. 社区管理信息化 [M]. 北京：北京工业大学出版社，2009：114.

城乡社区治理难题的破解之策

近年来，面对推进社会治理现代化的新要求，各地普遍加强了社区治理的探索创新，取得了积极成果。但也面临一系列亟待解决的问题，如社区人居环境有待改善、社区资源配置有待优化、社区工作事项急需厘清、社区物业服务管理亟待改进等。这些问题制约了社区发展，影响了社区活力的激发、居民福祉的增进、社会的和谐稳定。本文针对城乡社区治理四大难题，就如何补齐城乡社区治理短板、提升城乡社区治理水平提出对策建议。

一、如何改善社区人居环境

人类发展中最基本亦是永久的主题就是创造良好的居住环境。着力改善社区人居环境关系到城乡社区居民的切身利益，是一项利国利民的事业，是全面建成小康社会的重要组成部分，具有重要的意义。党的十八大以来，党中央、国务院高度重视生态文明建设，将其纳入"五位一体"总体布局中协调推进。各地积极开展社会主义新农村、美丽乡村和村镇生态文明建设、城乡环境卫生整洁行动等，大力推进城乡社区基础设施建设，加强环境整治，切实改善社区人居环境，取得显著成效。但同时依然存在社区基础设施总量不足、标准不高、运行管理粗放等问题，特别是目前我国农村人居环境总体水平仍然较低，在居住条件、公共设施和环境卫生等方面与全面建成小康社会的目标要求还有较大差距。

（一）完善城乡社区基础设施建设

加强城乡社区基础设施建设，有效改善城乡社区居民基本生活条件，这是改善社区人居环境的基础和最为重要的方面。近年来，城市社区供水、供气、供热、电力、通信、公共交通等与民生密切相关的基础设施建设得到了巩固加强，相比而言，农村社区基础设施总体水平相对较低，这是与我国农村建设发展所处阶段密切相关的。应该说世界各地在农村建设发展阶段上是有一定共性的，欧美学者研究发现，他们过去农村建设所走过的历程基本上可以分为三个阶段：第一个阶段就是农村生活基础设施的建设阶段，如水、路、电等等；第二个阶段就是农村环境的整治阶段，如垃圾污水的治理等等；第三个阶段就是乡村景观的美化，也就是当前我们所讲的"美丽乡村建设"阶段。① 欧洲那些国家从 20 世纪 80 年代就已经进入到第三个阶段了。这是他们自己总结过去走过的路，所以具有一定的客观性。实际上从我国不同经济发展水平地区的农村建设现状来看也体现出这个共性。总体上看，我国农村建设，或者农村社区人居环境的总体水平，客观地讲应该是处在农村生活基础设施建设的后期和第二个阶段，也就是农村环境整治的前期，大多数农村处于这个阶段。当然，也有一些发达地区的农村社区进入到第三阶段，也就是美丽乡村建设阶段，特别是像东部一些发达地区。这是我们农村社区人居环境的总体情况。要完善农村社区基础设施，主要途径是加快推进农村危房改造，加强农房建设质量安全监管，推进农村饮水安全工程，实施农村电网升级改造工程，实施村内道路硬化工程，全面解决农村居民住房、出行和用水、用电等问题。要建立健全农村供电、供排水、道路交通安全、地名标志、通信网络等农村社区基础设施和公用设施的投资、建设、运行、管护和综合利用机制，确保农村社区基础设施和公用设施建设、管护、运营均衡发展。

（二）加强城乡社区环境综合治理

近年来，我国大力加强生态文明建设，强化大气污染治理，二氧化硫、氮氧化物排放量分别下降 5.6%和 4%，74 个重点城市细颗粒物（PM2.5）年均浓度下降 9.1%。② 推进水污染防治，出台土壤污染防治行动计划。开展中央环境保护督察，严肃查处一批环境违法案件，推动了环境保护工作深入开展。但是总体来说，环境污染形势依然严峻，特别是一些地区严重雾霾频发，治理措施需要进一步加强。加强环境综合治理，城乡社区具有义不容辞的责任和义务。城乡社区环境综合治理的根本目的，就是要努力给居民群众营造一个文明、整洁、舒适的生活环境。把城乡社区建设得美一些、亮一些、绿一些、干净一些、整齐一些，这既是城乡社区环境综合整治的主要内容也是广大人民群众所期盼的德政工程、民心工程。因此，只有不断强化城乡社区环境综合整治工作，着力解决人民群众关心的热点、难点、焦点问题，努力提高社区居民的物质文化生活水平和生活质量，才能真正维护好广大人民群众的根本利益。

针对城乡社区基础条件不一、发展阶段不同的实际，既各有侧重，又统筹

---

① 李晋陵. 一本书明白惠农政策［M］. 太原：山西科学技术出版社，2017：125.
② 乔妙妙. 打好蓝天保卫战［N］. 中国城市报，2017-3-13.

推进，加强城乡社区环境综合治理。在城市社区，要实施绿化美化净化工程，解决毁绿占绿、乱贴乱画、乱扔乱倒、乱搭乱建、乱停乱放等城市顽疾，为社区居民营造绿色生态、整洁美观的生活空间。推动城市生活垃圾分类收集处理和资源回收利用，逐步实现生活垃圾处理减量化、资源化、无害化。加强噪声污染治理，防止或减轻环境噪声污染。加强水资源保护，提倡节约用水，提高城市污水再生利用率，解决水资源短缺，缓解环境负荷。在农村社区，要分级建立垃圾、污水收集处理网络，健全日常管理维护，促进农村废弃物循环利用，重点解决污水乱排、垃圾乱扔、秸秆随意抛弃和焚烧等脏乱差问题。推进农村生活垃圾治理专项行动，促进垃圾分类和资源化利用。选择适宜模式开展农村生活污水治理，实施农村环境集中连片综合治理和改厕。合理利用秸秆、养殖、粪便等生态资源，保持村庄整体风貌与自然环境相协调。建设农村公益性墓地，逐步解决散埋乱葬问题，保护有限的土地资源，修复自然景观与田园景观，让水更绿，山更青，环境更宜人。

值得注意的是，加强社区治理应避免政府部门、基层群众性自治组织的一厢情愿，而居民和其他社会力量袖手旁观的现象。政府不是万能的，无法包揽一切，基层群众性自治组织更不是万能的，也不能包打天下。要通过多种方式和途径把社区居民组织动员起来，发挥社区居民的主体作用，充分调动社区内机关、团体、企事业单位等一切力量参与城乡社区环境保护，依靠每个人的双手建设资源节约型、环境友好型的美好家园。①

二、如何实现社区资源的优化配置

推进社区治理体系和治理能力现代化，社区资源的优化配置是一个核心问题，涉及城乡社区发展的方方面面，从社区规划、老城区改造、城乡一体化到民生问题的解决、居民政治权利的保障和社会责任的履行，都是社区资源合理配置、优化配置的一种结果。而社区资源的无序、低效使用，也恰恰是当前全国各地城乡社区治理的最大短板。

（一）开展城乡社区规划编制试点

城乡社区合理规划是提升社区服务能力、实现社区治理现代化的前提与基础。要组织开展城乡社区规划编制试点工作，一要注意将城乡社区发展融入地区经济发展与城乡建设的总体布局，加强与控制性详细规划和村庄规划衔接配套，统筹推进；二要发挥社区规划专业人才作用，坚持问题导向，重视公众参

---

① 聂欣. 做最好的社区［M］. 北京：东方出版社，2012：149.

与，尊重和吸纳基层发展意愿，构建社区居民所向往的规划愿景，因地制宜制定发展目标、科学确定社区发展项目、建设任务和资源需求，制定适应时代发展和符合居民需求的发展规划，实现社区人口与社会、组织与管理、物质与空间的和谐发展。早在 2009 年 4 月，深圳市规划局为了增加公众对城市规划工作的参与程度，避免规划脱离社区、脱离群众，在部分社区开展了社区规划师试点工作，建立了社区规划师制度，取得显著成效。之后，成都、济南等地为扩大规划参与，实现社区规划共建共享，也陆续启动社区规划师工作。社区规划师主要可以从以下方面发挥功能：一是向社区群众普及规划知识、政策法规，鼓励社区居民参与社区规划编制工作；二是进行社区资本调查，建立社区规划基础信息数据库；三是了解社区诉求，提出切实可行的解决方案；四是宣传规划成果，提高社区居民对规划的认知度；五是制定社区行动计划，指导社区建设。① 从既有的做法看，社区规划师通过走访调研、现场座谈、发放调查问卷等方式深入了解社情民意，从而将社区居民的需求在规划工作中予以落实解决。同时，认真梳理社区现状及已审批建设项目，全面掌握社区基本情况，针对群众反映的突出问题，协调开发建设单位与社区居民面对面沟通交流，制定解决方案，在调动群众参与、解决社区难题方面可以发挥积极作用。

（二）探索建立基层政府面向城乡社区的治理资源统筹机制

要加强条块人员、职能、资源、项目等衔接融合，推动人财物和责权利对称下沉到城乡社区，尽可能把更多资源、服务、管理放到社区，使社区有职有权有物，增强城乡社区统筹使用人财物等资源的自主权，更好为社区居民提供精准有效的服务和管理。在增强城乡社区统筹使用人财物等资源的自主权方面，一要探索建立由城乡社区党组织、村（居）民委员会的成员和职能部门、街道（乡镇）聘用的其他社区专职工作人员组成的社区工作者队伍，实行总量控制、优化力量配置，由街道（乡镇）统一管理，社区统筹使用。二要进一步厘清基层政府在城乡社区治理中的事权关系，合理划分财政支出责任，加快构建事权与支出相适应、财力与保障相匹配的财政管理体系。进一步完善城乡社区治理经费保障机制，不断加大财政投入和聚焦支持力度，统筹整合各部门落实到社区的资金项目，提高资金使用效率，避免重复投入、重复建设。三要进一步发挥居民在城乡社区治理中的主体作用，通过村（居）民委员会，经村（居）民会议讨论决定，根据自愿原则，向村（居）民和驻区单位筹集经费，用于本社区公益事业，收支账目及时公开，接受居民监督。四是凡是财

---

① 陈新祥，陈伟东. 城市社区工作理论与实务 [M]. 北京：中国社会出版社，2014：127.

政资金投入为主建成的社区综合服务设施交给所在地街道（乡镇）统一管理，由社区组织统筹使用。从国有企业剥离出来的、整合后主要服务于原企业的，这些国有企业应当继续长期租借给社区组织使用。上述企业如遇企业改制、分离办社会职能、出售职工住房等情况，应当将租借给社区组织的房产产权无偿划转给社区组织。对社区组织原经批准自建一些临时建筑作为社区组织办公、居民活动场所使用，并符合城市规划要求的，经市（县）级土地规划主管部门审批，可以批准为永久性建筑，社区组织可以向有关部门申请权属登记，符合房屋权属登记条件的，有关部门应当给予办理，同时减免有关费用。

（三）探索居民参与听证、开展民主评议机制

要探索基层政府组织社区居民在社区资源配置的公共政策决策和执行过程中，有序参与听证、开展民主评议的机制。主要有两方面，一是探索建立社区居民有序参与涉及社区资源配置的公共政策决策的听证机制。目前，各级政府及其职能部门为保证政策的科学性、可行性，组织了一些诸如规划、物价、建设项目等方面的听证咨询活动，这些政策和项目的实施，往往会涉及社区资源的配置调整，涉及居民群众的切身利益，有些特定范围的居民甚至可能是直接受益人或受害者。因此，要积极探索建立社区居民有序参与的听证机制，组织社区居民合法表达自己的诉求，保障居民的知情权、参与权、表达权。二是探索建立社区居民开展涉及社区资源配置的公共政策执行情况的民主评议机制。涉及社区资源配置的公共政策制定的如何、执行得怎么样，不是由执行者本人说了算，而是应由社区居民去评判。除此之外，基层政府及其派出机关工作人员的工作作风、工作成效，直接影响着公共政策的执行效果，影响着居民群众对党委、政府的认可程度。目前各级政府已经认识到居民群众评价的重要性，在各地的政府机关满意度测评中，正逐步确立以居民满意度为主要衡量标准的评价导向。

（四）运用市场机制优化社区资源配置

要注重运用市场机制优化社区资源配置。发挥市场作用，吸引社会力量和社会资本参与城乡社区建设。鼓励地方通过政府和社会资本合作等方式，推进城乡基础设施、公共服务设施、公共交通等的市场化运营。可以探索推行环卫保洁、园林绿化管养作业、公共交通等由政府向社会购买服务，逐步加大购买服务力度。加拿大采取政府直接资助农村发展项目，鼓励农民自主创业和自主融资，增加融合建设资金的潜力。还有的国家支持社会组织的发展，通过把市场机制引入社会组织管理，利用项目经费的杠杆来控制社会组织服务和管理的

质量。这都在一定程度上既有效地筹集和利用了资金，也极大地提高了服务的质量。这都是通过市场化的竞争机制，为城乡社区建设筹资，以挖掘社会各方面力量和资源，实现社区资源的优化配置。

三、如何推进社区减负增效

社区行政化倾向问题是多年来各级各地各部门都在努力解决的问题，特别是在党的群众路线教育实践活动中，这也是基层反映最为强烈的问题之一。在实际工作中，基层群众性自治组织工作任务十分繁重，基本上变成了基层政府的"派出机构"，主要体现在行政事务多、机构牌子多、台账材料多、盖章证明多、考核评比多。据统计，有的社区居委会行政性工作占据了80%以上的精力，在社区设立的相关组织机构最多的达上百个，社区各类纸质与电子台账多达二三百项，需由社区居委会盖章证明的事项一般达40多项、多的达上百项，其中相当一部分是不适合由社区居委会来证明或者居委会根本无法证明的，有的社区常年开展的创建达标评比考核项目40来个，以上这些分散了社区居委会为居民服务的时间和精力，削弱了居民自治的基础，导致社区居委会偏离了居民自治组织的本质属性。[1] 如何减轻社区居（村）委会负担，增强社区居（村）委会服务和自治功能，是全国各地需要着力解决的难题。

（一）建立社区工作事项准入制度

1. 明确基层政府或其派出机关与基层群众性自治组织的关系

我国《宪法》明确规定居（村）委会是基层群众性自治组织，非一级行政组织，具有依法组织开展自治活动和依法协助基层政府或者他的派出机关开展工作的职责。因此，基层政府或者他的派出机关有责任给予基层群众性自治组织指导、支持和帮助，二者非领导与被领导关系，而是指导与被指导的关系。因为经多年多地实践证明，基层政府或者他的派出机关认识到位不到位，对于减负是否有成效起到关键作用。正是由于部分基层政府、职能部门和单位对社区的地位、性质、职责任务不了解，对自治性组织的概念模糊不清，把协助基层政府或其派出机关开展工作当作代替基层政府或其派出机关开展工作，导致基层群众性自治组织"协助"的角色成了"主力军"，出现工作职责不清、运行机制不畅，错位、越位现象发生，政府的公共管理和社会服务职能难以到位，社区的自治和服务功能无法发挥。这就需要基层政府或其派出机关按照建设服务型政府的要求，积极推进政府职能转变。实现政府职能转变，关键

---

① 崔运武，任新民，苏强. 中国社区管理 [M]. 昆明：云南大学出版社，2003：147.

是要做到三点：一是不缺位，该基层政府管的一定要管好，不能大撒手；二是不越位，不该基层政府管的一定不要管，要交给市场或社会，不要乱插手；三是不错位，该基层政府管的，不能以行政性命令的方式将工作任务向社区转移，要采取科学合理的方法履行自身职责，切实解决服务群众最后一公里的问题，实现群众需求与公共服务公益事业供给的有效对接。

2. 做好清单管理

要依据国家法律、法规和地方性法规有关规定，按照"法无授权不可为、法无禁止皆可为、法定职责必须为"的原则，以市（地、州、盟）为单位制定基层政府依法行政事项清单、基层群众性自治组织依法履行职责事项清单和协助政府开展社会管理公共服务事项清单以及社区印章使用范围清单，明晰权责边界，推动实现党领导下的政府治理和社会调节、居民自治良性互动。据不完全统计，迄今为止，涉及基层群众性自治组织协助基层政府或者他的派出机关开展工作事项的法律、法规、条例、办法共约有40多部，这些都是清单制定的主要依据。

3. 建立社区工作事项准入制度

减负不是削减基层群众性自治组织管理社区事务、服务居民生活的基本职能，更不是脱离政府纯粹搞自治活动，而是减掉那些超出基层群众性自治组织法定职责范畴以外的行政性事务和某些政府部门、企事业单位转嫁给基层群众性自治组织的附加工作以及一些形式主义的检查评比等活动给社区带来的额外负担。因此，必须依据基层政府依法行政事项清单、基层群众性自治组织依法履行职责事项清单和协助政府开展社会管理公共服务事项清单，建立并实施社区工作事项准入制度。应当由基层政府履行的法定职责，不得转嫁给基层群众性自治组织，不得要求基层群众性自治组织承担，特别是不得将基层群众性自治组织作为行政执法、拆迁拆违、环境整治、城市管理、招商引资等事项的责任主体。依法需要基层群众性自治组织协助的工作事项，要明确协助的范围、内容、程序和责任，并为其提供经费和必要工作条件。对于那些基层群众性自治组织做起来有优势的行政性工作，应当按照"权随责走、费随事转"的原则，委托给基层群众性自治组织承担，所需费用不得冲抵协助政府开展工作的费用。经上级党委、政府决定的需要社区协管协办的其他临时性工作，应采取一事一议的办法，由财政安排专项经费。

（二）规范社区管理

这是针对社区机构牌子多、台账材料多、盖章证明多问题提出的。首先，要清理组织机构、规范社区挂牌。目前，随着社会治理结构的不断变化，政府部门都将服务职能向社区延伸，都要求"组织健全、专人管理"，要求在社区建立机构，挂上牌子，并且都有自己的规格、样式，甚至有的单位统一制作，发放到社区。大小不一、颜色多样的牌子令社区无所适从。所以，要进一步清理规范基层政府各职能部门在社区设立的工作机构和加挂的各种牌子。

1. 进行清理

要根据社区工作实际和群众需求，对各职能部门在社区设立的工作机构和加挂的各种牌子进行规范清理，原则上能整合的一律整合，能取消的一律取消。同时，民政部、中央组织部《关于进一步开展社区减负工作的通知》（民发〔2015〕136号）也明确规定，社区办公场所对外只悬挂社区党组织、社区居民自治组织牌子以及"中国社区"标识。许多地方还规定内部功能场（室）根据其主要功能或通用功能只悬挂一块识别牌，各职能部门不得以条线规定为由要求社区增挂其他牌子。

2. 精简工作台账

各地在精简工作台账方面都有一些好的探索和实践。如上海市宝山区建立社区管理信息系统，通过取消一批常年不用的台账、整合一批重复设置的台账、调整一批设置不合理的台账，减轻社区居委会的台账负担，台账从108本3213页减少到4本近324页，项目从原来的736项减到163项，台账数量减少了90%。①

3. 规范社区印章使用管理

要制定社区印章使用范围清单，明确印章使用范围，规范印章使用工作。特别要明确各职能部门、企事业单位、社会组织职责范围内的证明核实事项，不得要求社区出具证明，有针对性地解决问题。

（三）规范社区考核评比活动

解决这个问题，第一，要全面梳理现有涉及社区的各类考核评比活动，取消无实际意义的考核评比项目，取消对社区工作的"一票否决"事项。第二，整合、精简各职能部门对社区的考核评比活动，由区（县、市）统一纳入综合性考评，每年一次性实施。第三，对社区工作的考核，应以社区居民的评价意见为主，不得以机构、挂牌、台账、奖牌为评估指标。探索确立以居民满意度为主要衡量标准的评价导向，建立街道（乡镇）和社区"双向评估"机制，完善社区工作综合考核指标体系，提升社区服务能力和治理水平。

---

① 民政部编写组.《中共中央国务院关于加强和完善城乡社区治理的意见》辅导读本［M］. 北京：人民出版社，2017：73.

四、如何加强社区物业服务管理

随着住房制度改革的推进，与市场经济发展相适应，物业服务管理作为一种和现代化房地产开发方式相配套的综合管理方式应运而生，这一历史性变化导致了社区治理结构的变革，在城市社区居委会和居民自治不断发展的同时，物业服务企业、业主委员会参与到社区治理中来。特别是随着新农村建设和城乡一体化进程的加快，随着农村社区试点工作的不断推进，部分农村社区也面临着物业服务管理问题。由此带来了社区治理与物业服务管理的融合与碰撞，在二者发展都还不成熟的情况下，社区物业服务管理问题、居（村）委会与物业服务企业、业主大会、业委会的关系问题成为现阶段社区治理的突出问题之一，可通过以下措施改进改善。

（1）明确一个关系

国务院《物业管理条例》（以下简称《条例》）规定，在物业管理区域内，业主大会、业主委员会应当积极配合相关居民委员会依法履行自治管理职责，支持居民委员会开展工作，并接受其指导和监督。中共中央办公厅、国务院办公厅《关于加强和改进城市社区居民委员会建设工作的意见》（以下简称《意见》）明确，社区居民委员会要积极支持物业服务企业开展多种形式的社区服务，业主委员会和物业服务企业要主动接受社区居民委员会的指导和监督。在此基础上，《意见》提出要加强社区党组织、社区居民委员会对业主委员会和物业服务企业的指导和监督。只有首先明确社区党组织、社区居委会对业委会和物业服务企业的指导和监督职责，才能有效解决社区物业服务管理问题、居（村）委会与物业服务企业、业主大会、业委会的关系问题，这是前提，是基础。

（二）建立一个机制

实践证明，建立社区党组织、社区居委会、业委会和物业服务企业议事协调机制，对于及时调解物业服务纠纷、维护各方面合法权益起到了重要作用。要积极探索实现四方协调机制的路径和措施，积极建立社区党组织领导下的社区居委会、业委会、物业服务企业交叉任职、分工协作的工作模式。优化联席会议平台建设，对本辖区内物业管理工作中出现的重大问题、涉及居民群众切身利益的重要事项等，由社区党组织或社区居委会、组织业委会、物业服务企业和社区居民代表等共同协商解决，推进社区工作开展和难题化解。

（三）加强四个探索

第一，探索在社区居委会下设环境和物业管理委员会，督促业委会和物业服务企业履行职责。这也是中共中央、国务院《关于加强和完善城乡社区治理的意见》鼓励探索的。在这方面许多地方已经先行一步，如上海市 2014 年出台《关于完善居民区治理体系加强基层建设的实施意见》，鼓励探索在居委会下设环境和物业管理委员会，督促物业服务企业履行职责，加强对业委会的指导和监督，引导规范业委会和物业服务企业依法有序运作，推动物业服务等纠纷的化解。

第二，探索符合条件的社区居委会成员通过法定程序兼任业委会成员。近年来，不少地方为有效解决社区居委会和业委会关系问题，做了大量探索。如湖北等省份积极推进社区"两委"成员与业委会成员的交叉任职，提倡符合条件的社区党组织和居委会成员等通过法定程序兼任业委会成员，提倡业委会委员中的党员担任社区区域化党组织成员，取得明显成效。

第三，探索在无物业管理的老旧小区依托社区居委会实行自治管理。无物业管理的老旧小区，要引导业主通过居民自治和民主协商的方式，实行物业自我管理和自我服务。如天津市在无物业管理的老旧小区推行"党支部、居民委员会、楼门长、服务队"的物业管理自治服务模式，即在社区党组织领导下，由社区居委会牵头组织，楼门栋长协调配合，居民和志愿者广泛参与，通过成立或选聘服务队伍，落实小区物业管理服务，实现共建共享。日照市针对无物业管理的老旧小区存在的环境卫生、基础设施、公共秩序等问题，运用社会工作专业理论和方法，通过积极挖掘社区居民领袖，建立起社区居委会领导下的楼栋长、单元长队伍，建立"民事、民议、民决"的民主协商制度等途径，全面提升社区居民的自治意识，使居民关心的环境卫生、文明养犬、车辆停放、秩序维护等问题得以解决。这些探索创新都可以逐步上升到政策层面，大范围推广。

第四，有条件的地方可探索在农村社区选聘物业服务企业、提供社区物业服务。我国农村开展物业服务管理的范围主要集中在新型农村社区，特别是集中居住型农村社区。这些农村社区除极少数将物业委托给社会上独立第三方的物业服务企业实施物业管理之外，大部分农村社区是由村委会牵头成立的村办物业企业进行管理，或直接依托村委会实行自治管理，物业从业人员多为本乡本土，没有物业管理相关经验，缺乏系统化的物业服务管理的学习和培训，很多地方实则为乡镇政府或村委会解决村民就业问题的途径，这就导致了农村社区普遍物业服务水平不高，服务能力不强。农村社区有必要学习借鉴城市社区

30 来年的物业服务管理经验，逐步规范农村社区物业管理，创新物业服务管理模式。有条件的地方可以探索在农村社区选聘物业服务企业，提供专业化的社区物业服务；探索制定符合农村社区特色的物业管理费管理办法，明确物业服务标准和对应的收费标准，严格物业服务费管理使用，保障农村社区居民和物业服务企业的合法权益。

社区治理创新路径的设计研究

社区是社会的细胞，是社会治理的基本单元。社区治理体系和治理能力现代化是国家治理体系和治理能力现代化的实现前提。基于长期对社区治理的研究思考和具体实践，根据社区治理创新所面临的新形势新要求，明确加强社区治理创新的指导思想、基本原则和总体目标，探索提出以减轻社区负担为切入点、以满足居民服务需求为出发点和落脚点、以完善社区治理结构为着力点、以健全社区治理机制为关键点的社区治理路径，对推进社区治理创新有一定意义。

党的十八届三中全会明确把完善和发展中国特色社会主义制度、推进国家治理体系和治理能力现代化作为全面深化改革的总目标，提出"创新社会治理体制"、"改进社会治理方式"和推进"城乡社区治理"的改革任务，形成了从国家治理、社会治理到社区治理一体贯通、一脉相承的治理体系。在这种大背景下，如何推进社区治理创新，为社会治理和国家治理奠定基础，成为当前亟待研究解决的重大课题。本文基于长期对社区治理的研究思考和具体实践，探索提出以减轻社区负担为切入点、以满足居民服务需求为出发点和落脚点、以完善社区治理结构为着力点、以健全社区治理机制为关键点的社区治理路径。

一、社区治理相关概念的界定

（一）社区

社区是与整个社会密切相联、以一定地域为基础的具有共同的权利义务、共同的生活空间、共同的精神纽带，情感相依、利益相联的人们所组成的社会生活共同体。

（二）治理

从历史上看，我国自古以来就有"治理"的提法，如《荀子·君道》："明分职，序事业，材技官能，莫不治理"。我们现在所使用的"治理"一词的含义，其来源主要是 governance，而非中国古代的"治理"。Governance 一词源于古拉丁语和古希腊语，原意是控制、指导、操纵。自从 1989 年世界银行在对撒哈拉以南非洲的研究报告中首次使用"治理危机"一词后，"治理"在政治学、管理学和行政管理学领域得到广泛的应用。1995 年联合国全球治理委员会发表的《我们的全球之家》研究报告对治理定义做了论述："治理是各种公共的或私人的机构和个人管理其共同事务的诸多方式的总和，它是使相互冲突的或不同的利益得以调和并且采取联合行动的持续的过程。"它坚持共识、共治、共享的核心理念，强调引入多元治理力量，厘清政府参与角色，促进政府与市场主体、政府与社会组织、政府与社会成员之间的协商合作，寻求一种通过调动各种力量和资源达到"善治"的社会体制。十八届三中全会赋予"治理"全新内涵，是指在党的领导和政府的主导下，政府、社会和市场等多元主体共同协商协作，不断增进公共福祉的动态过程。① 这一新内涵既汲取了西方治理理论的合理内核，又保留了中国特色，是对治理理论的继承和发展。

（三）社区治理

社区治理是将治理理论与社区研究相融合而产生的一种新研究视角。社区治理是指在一定的地域范围内由政府与社区自治组织、非营利组织、辖区单位以及社区居民共同管理社区公共事务、推进社区持续发展的活动。② 社区治理的主要特征包括：

1. 主体多元

在社区治理中，除了政府作为治理主体之外，社区自治组织、非营利组织、辖区单位以及社区居民都是治理主体。

2. 注重协商

社区治理是社区内各类主体以法治为原则，以平等协商为基础的协作治理。强调政府与社区组织、社区组织与居民的合作伙伴关系。

3. 居民参与

社区治理强调居民参与。居民是社区治理最基本的单位，要使治理可持续运转，必须提高社区居民参与的能动性。

4. 多维治理

社区治理是多维度的，包括政府与居委会、居委会与其他社区组织、社区各类组织之间、居委会与居民、居民与驻区单位等关系，形成一种错综交错的治理。

---

① 于燕燕. 社区治理与服务：社会治理和国家治理的基础工程 [J]. 中国民政，2014 (5).
② 谈志林. 关于社会治理创新的思考 [J]. 中国民政，2014 (5).

二、加强社区治理创新的指导思想、基本原则和总体目标

（一）指导思想

以十八大、十八届三中、四中全会和习近平总书记系列讲话精神为指引，围绕"四个全面"大局，以增强改革动力、激发社会活力和提升服务能力为工作重心，以完善基层民主为核心任务，以满足群众服务需求为根本目的，以培育多元治理主体为重要途径，运用法治化、社会化、市场化、信息化方式，完善社区治理结构、创新社区治理机制，构建多元共治的现代社区治理体系，增强社区自治和服务功能，提升社区治理能力，努力以社区治理创新引领社会治理新常态，为深化社会体制改革、推进社会治理现代化奠定坚实基础。

（二）基本原则

1. 坚持党的领导，把握正确方向

坚持党的领导、人民当家做主、依法治国有机统一，建立健全社区党组织领导的充满活力的基层群众自治机制，实现政府行政管理与基层群众自治的有效衔接和良性互动。

2. 坚持以人为本，服务居民群众

把服务群众、增进人民福祉作为创新社区治理的根本出发点和落脚点，发挥政府、社会、市场不同主体作用，建立健全社区服务体系，满足群众多样化服务需求。

3. 坚持民主协商，完善居民自治

加强社区民主选举、民主决策、民主管理、民主监督制度建设，保障居民民主权利。开展形式多样的基层民主协商，推进社区协商制度化、规范化、程序化。

4. 坚持依法治理，提高法治意识

增强基层干部群众的法治观念和依法办事能力，坚持运用法治思维和法治方法，在法治轨道上推进社区治理，做到法无授权不可为、法定职责必须为。

5. 坚持多元共治，扩大社会参与

培育社区治理多元主体，引导社会力量积极参与，整合社会资源，激发社会活力，实现社区多元主体共同治理。

6. 坚持分类指导，促进协调发展

针对不同类型社区的特点，实施分类指导，增强社区治理和服务能力。按照统筹城乡发展的要求，加大对农村社区建设的指导和支持力度。

（三）总体目标

以提高社区居民生活质量和推进社区治理体系和治理能力现代化为主要目标，到 2020 年，社区党组织领导，社区居（村）委会主导，社区各类服务机构、社会组织、驻区单位等社会力量和社区居民多元参与、共同治理的良好格局基本形成，社区党组织在社区治理中的领导核心作用得到巩固提高，社区居（村）委会主导作用得到明显增强，社会力量协同作用得到有效发挥，社区服务功能更加强化、职责权力更加清晰、自治作用更加明显、法治氛围更加浓厚、居民群众更加满意，基本实现政府治理与社会自我调节、居民自治有效衔接和良性互动。

三、社区治理创新的基本路径设计

（一）以社区减负为切入点

通过推进政府职能转变，厘清治理主体权责，不断减轻社区工作负担，改善社区治理环境。

1. 推进政府职能转变

基层政府及其职能部门、街道办事处应围绕提高社会治理能力，切实转变职能，推进服务型政府建设。要不断下移工作重心，依法加大对社区工作的指导、支持和服务力度，把更多的人力、财力、物力下沉社区，实现公共资源向社区聚集、公共财政向社区倾斜、公共服务向社区延伸。进一步梳理进入社区的工作和任务，凡属基层政府及其职能部门、街道办事处职责范围内的事项，不得转嫁给社区居（村）委会，不得以行政命令的方式向社区居（村）委会派任务、下指标。凡属社区居民自治的事务，要充分尊重居（村）委会的自主权，支持和帮助社区居（村）委会依法开展自治活动。

2. 明确社区工作职责

社区居（村）委会依法履行组织居民自治、协助政府工作和开展有关监督活动的职能，指导和监督社区社会组织、业主委员会、物业服务企业开展自治和服务活动。全面清理现有社区工作事项，制定社区居（村）委会自治事项清单和依法协助政府开展社会管理和公共服务事项清单，实行社区居（村）委会依法开展自治活动和依法协助政府开展社会管理和公共服务事项清单管理。凡不属于清单范围内的事项，确需社区居（村）委会协助办理的，按照"权随责走、费随事转"的原则，与社区签订服务协议，委托社区居（村）委会协办。①

3. 减轻社区工作负担

将社区减负工作列入重要议事日程，纳入市县乡党委书记抓基层党建工作述职评议考核的重要内容，加强组织领导，强化工作措施，确保工作取得实效。开展社区机构和挂牌清理工作，各社区办事服务机构对外原则上只悬挂社区党组织、社区居（村）委会、社区服务站（中心）三块牌子和民政部统一的社区标识。社区办公室、居民议事室、计划生育服务室、文体活动室、图书阅览室、残疾人康复室、社会工作室等内部功能场（室）根据其主要功能或通用功能悬挂识别牌。精简部门、街道办事处（乡镇人民政府）对社区的检查评比活动。精简社区各类资料台账，推广社区基础台账电子化，整合各部门建设和部署在社区的业务应用系统和服务终端，切实提高社区服务效能。制定社区印章使用范围清单，严格规范社区印章管理使用。规范社区工作日常管理，制定社区工作规则，完善社区工作人员岗位职责、服务流程、考评及奖惩等制度，提升社区工作运行效率和服务水平。

（二）以完善社区治理结构为着力点

完善以社区党组织为核心、社区居（村）委会为主导、社区居民为主体、社区社会组织和驻区单位等社会力量共同参与的新型社区治理结构，充分发挥多元治理主体的功能作用，形成社区内多元主体共同治理的新格局。

1. 充分发挥基层党组织领导核心作用

加强基层党组织在社区治理中总揽全局、协调各方的领导核心作用，构建条块结合、优势互补、资源整合的基层区域化党建新格局。建立街道（乡镇）"大工委"和社区"大党委"，健全社区"大党委"工作例会、联席会议和在职党员到社区报到等制度，完善党员代表议事制度和社区议事协商机制，通过党建引领，把各类基层组织、人民团体和广大党员群众组织起来，把党的政治优势和组织优势转化为治理和服务优势，推进社区共治共建和居民自治。

2. 充分发挥社区居（村）委会主导作用

充分发挥社区居（村）委会依法组织居民开展自治活动、依法协助基层政府或其派出机关开展工作、依法依规开展监督评议活动的职能作用。主动宣传宪法、法律、法规和国家政策，教育居民遵守社会公德和居民公约、村规民约，开展形式多样的社会主义核心价值观教育活动。积极组织居民开展民主选举、民主决策、民主管理、民主监督活动，引导居民群众有序参与社区公共事

---

① 曹保刚. 智库的建言 2017 河北省社会科学界"聚焦三大任务、推动两翼发展"，年度"集中调研和献策"活动文集 [M]. 石家庄：河北人民出版社，2017：153.

务和公益事业。引领社会组织、社会工作者和社区志愿者有序参与社区治理和服务，动员驻区单位开放资源、履行社会责任，指导业主大会和业主委员会在社区治理和服务中发挥积极作用。协助基层政府或其派出机关做好与居民利益有关的工作，推动政府社会管理和公共服务覆盖到社区。组织居民有序参与涉及切身利益的公共政策听证活动，并对基层政府或其派出机关及其工作人员、驻社区单位参与社区建设情况进行民主评议，监督供水、供电、供气、环境卫生、园林绿化等市政服务单位在社区的服务情况。

3. 充分发挥社区社会组织载体作用

发挥社区社会组织承接公共服务、参与社区治理、服务居民群众、推动社区发展的重要载体作用。重点培育、优先发展与群众日常生活密切相关的社区服务类、公益慈善类、文体活动类、专业调处类等社会组织。培育扶持社区社会组织，降低登记门槛，简化登记程序。[①] 对不具备登记条件的社区社会组织实行备案制度。建立政府购买社会组织服务制度，鼓励和引导符合条件的社会组织承接政府公共服务项目，健全社会组织参与社区治理工作机制，激发社会活力。积极推进枢纽型社会组织建设，发挥枢纽型社会组织的资源整合、服务管理作用，承担区域内社会组织发展的专业指导、孵化培育、调查研究、反映诉求、交流合作等职责，成为社会组织公益服务的资源整合载体、规范运行的督导评估载体、参与社区治理的能力提升载体。

4. 激发居民主体参与积极性

在做好扶贫帮困、敬老助残等传统社区服务的基础上，根据居民需求特点，开展丰富多彩、形式多样的自治和服务活动，引导居民融入社区，参与社区治理和服务。发挥社区党员、居民代表、楼院门栋长等社区骨干在调动资源、组织活动、凝聚力量等方面的积极作用，带动更多居民参与社区公共事务。发挥社区志愿者在价值引领、道德示范、关爱帮助等方面的积极作用，引导社区居民开展自助互助服务，营造良好社区风尚。根据社区特点和居民需求，分类推进社区社会工作服务，综合运用个案工作、小组工作和社区工作方法，提升居民自助能力，增强家庭发展功能，引导和培养居民群众主动关心社区公共事务、投身社区公益事业、参与社区治理活动。

（三）以健全社区治理机制为关键点推进社区治理创新

建立健全以居民自治为基础，以多元参与、民主协商为主要特征的社区治

---

① 范时杰. 社会建设的治道变革　珠海社会体制的切面观察 [M]. 北京：社会科学文献出版社，2015：101.

理机制，实现政府治理和社会自我调节、居民自治良性互动。

1. 深化居民自治机制

依法推进社区居民自治，健全社区党组织领导下的社区居民自治机制。规范民主选举，完善民主选举制度和程序，广泛动员组织群众依法参与社区居（村）委会选举。实行民主决策，建立社区党组织和社区居（村）委会联席会议制度、居（村）民会议制度、居（村）民代表会议制度、社区事务议事制度，有序引导居民全程参与自治事务。推进民主管理，健全居民公约、村规民约和自治章程，引导居民依法依规参与社区事务、财务和集体资产等方面的管理，提升居民自治水平。完善民主监督，建立社区"两委"成员述职、评议、任期和离任经济责任审计等制度，健全党务、居（村）务、财务等信息公开制度，加强居（村）务监督委员会建设。组织社区居民开展对政府部门、街道（乡、镇）、驻区单位参与社区建设情况的民主评议活动。推动居（村）民自治、业主自治和社团自治协同发展，探索"楼宇自治""小组自治"等新的自治形式，不断拓宽自治范围和途径，丰富自治内容和形式，强化社区自治功能，推进社区居民依法管理社区公共事务和公益事业，畅通人民群众有序参与社会治理的渠道。

2. 完善多元参与机制

建立社区、社会组织、社会工作者、社区志愿者联动服务机制，充分发挥社区的平台作用，整合社会组织的资源优势、社会工作者的专业优势和社区志愿者的服务优势，实现社区建设、社会组织建设、社会工作、社区志愿服务互惠融合、协调发展。探索建立社区、社会组织、社会工作者和社区志愿者信息联通、组织联建、服务联办制度，建立"以社区为平台，政府扶持监督、社会组织承接、专业社工引领、项目化运作、志愿者参与"的社区服务新途径，逐步形成社区、社会组织、社会工作者和社区志愿者资源共享、优势互补的良好局面。推行社区党组织、居（村）委会、业主委员会、物业服务企业协调机制，探索建立社区党组织领导下的居（村）委会、业主委员会、物业服务企业交叉任职、分工协作的工作模式。优化联席会议平台建设，对本辖区内物业管理工作中出现的重大问题、涉及居民群众切身利益的重要事项等，由社区党组织或居（村）委会组织业委会、物业服务企业和社区居民代表等共同协商解决，推进社区难题化解和工作开展。完善社区共驻共建机制，依托区域化党建工作，加强社区党组织与驻区单位党组织联系沟通，推动驻区单位自身党建工作与社区建设工作有机结合。继续推进驻区单位场地、设施向所在社区开放，引导驻社区的机关、团体、部队和企事业单位按照互惠互利、资源共享原则，积极支持和参与社区建设，将单位内部的科教、卫生、文体和生活服务设施等向社区居民开放，引导社区充分利用辖区内的学校、培训机构、幼儿园、爱国主义教育基地等开展社区教育活动，实现资源共有共享、社区共驻共建。

3. 建立社区协商机制

依托居（村）民会议、居（村）民代表会议等载体，广泛开展形式多样的社区协商。针对不同渠道、不同层次的协商，理清协商的主要内容，把与居民切身利益密切相关的社区发展规划、收支预算、项目建设、福利待遇等事项纳入协商内容，特别是对大额资金使用、拆迁腾地补偿方案等居民关心关注的热点问题，作为重点协商内容。[①] 根据协商主体和协商事项，规范协商程序，确保协商活动有序进行。重视吸收利益相关方、社会组织、驻区单位参加协商，吸纳非户籍居民参与公共事务和公益事业的协商。探索民情恳谈会、社区论坛、社区听证会、社区评议会等协商形式，拓宽社区媒体、互联网络、移动设备等协商渠道，逐步实现基层协商经常化、规范化、制度化，努力形成参与多元、层次立体、形式灵活、制度健全的社区协商格局。

4. 健全预防和解决矛盾机制

建立畅通有序的诉求表达、心理干预、矛盾调处、权益保障机制，使群众问题能反映、矛盾能化解、权益有保障。完善诉求表达机制，推动建立党代表、人大代表、政协委员联系社区制度，就经济社会发展重大问题和群众普遍关心的实际问题听取居民群众意见。发挥社区自治组织、社会组织等群体的社会利益表达功能，畅通公众网络参与途径，拓宽群众诉求表达渠道，引导群众理性合法表达利益诉求，依法按照政策及时妥善处理群众的合理诉求。广泛宣传普及个人心理健康知识，建立心理危机干预预警机制。积极开发社区社会工作专业岗位，发展社区社会工作服务，针对流浪儿童、精神病人、吸毒人员、刑满释放人员等特殊人群开展专项社区关爱行动，进行专业心理疏导和矫治，防范和降低社会风险。完善矛盾调处机制，广泛开展法制宣传教育，注重运用法治思维和法治方式调处化解社区矛盾纠纷。健全街道、社区人民调解网络，充分发挥人民调解的第一道防线作用，及时发现、解决矛盾纠纷。依法制定居民公约、村规民约和居（村）民自治章程，运用道德、伦理力量调节关系、化解纠纷。健全群众权益保障机制，统筹协调社区各方面、各层次利益关系，妥善解决居民群众各方面利益诉求，切实保障和实现居民群众的根本利益和民主权利。畅通群众利益协调、权益保障法律渠道，引导居民通过法律途径维护合法权益。

5. 推行社区分类治理机制

根据社区的不同特点，因地制宜，提高社区治理的针对性和有效性。老城

---

① 郭剑，康旭. 最是缤纷金秋色 社区和谐硕果丰 [N]. 今日魏都，2017-10-9.

区社区要重点围绕改善社区基础设施和服务设施，着力解决民生服务、社区物业、社区治安等问题。无物业管理的老旧小区，要引导业主通过居民自治和民主协商的方式，实行物业自我管理和自我服务。新建城市社区要加强对业主组织、物业服务企业的指导和监督，加大社区资源整合力度，培育发展社区社会组织，广泛开展社区自治和服务活动，不断增强居民的认同感和参与度。拆迁安置和保障性住房社区要充实社区工作力量，加大救助帮困力度，加强矛盾纠纷调处工作。单位型社区要以推进社区资源共享、社区服务社会化为重点，强化共驻共建和多元主体参与。"村改居"社区要加强集体资产经营的民主决策、民主管理和民主监督，完善社区公共服务功能，引导居民转变生活方式，尽快融入城市生活。加大对农村社区的支持力度，推动基础设施向农村延伸、服务资源向农村倾斜、公共管理向农村辐射、现代文明向农村传播，统筹推进城乡社区协调发展。

（四）以提升社区服务功能、满足居民服务需求为出发点和落脚点

社区服务发展到今天，应在提升功能上下功夫，通过提高社区服务能力、满足社区居民多样化全方位的服务需求，实现社区治理的根本目的。

1. 推进社区服务平台的提档升级

健全完善以社区网格、社区服务设施网络、社区服务信息系统为支撑的社区综合服务管理平台，解决好服务社区群众"最后一公里"的问题。按照300至500户居民的规模，把社区合理划分若干网格，将辖区内人、地、物、事、组织等全部纳入，深化拓展社区网格化管理、社会化服务。加强社区服务设施建设，按照每100户25平方米、最低不少于500平方米的标准，通过政府投资新建、改扩建、购买、调剂置换以及开发企业无偿或低偿提供等方式建设社区办公服务用房，相关部门根据社区需求配建配套服务设施，建成以社区服务站（中心）为主体、各类专项服务设施为配套、服务网点为补充的综合性、多功能的社区服务设施网络。[①] 坚持一室多能、一室多用、服务优先、兼顾办公的原则，最大限度为居民提供服务和活动场所。加强社区公共服务综合信息平台建设，推动部署各类社区信息系统向社区公共服务综合信息平台迁移或集成，精简基层业务应用系统、服务终端和管理台账，推动社区信息系统集约化建设。加强社区内的宽带网、无线网、物联网等网络基础设施建设。鼓励移动互联网运营商、服务提供商为社区居民量身定制汇集政策宣传、信息发布、服

---

① 林枫，张邦辉，邹勤. 中国老旧社区现代化建设理论与实践研究——以成都市成华区实践社区公共服务大数据应用为例［M］. 北京：中国社会出版社，2018：119.

务查询、邻里互动、智慧网格等功能于一体的移动互联网应用系统。推行OTO服务模式，线上联通社区各类组织和全体居民的服务需求，线下联通政府公共服务资源、社区志愿服务资源、便民利民服务资源等社会服务资源，搭建邻里沟通、社区对话、协商解决公共事务、满足社区居民多层次全方位服务需求的信息平台。

2. 完善社区服务体系

积极促进政府公共服务、居民志愿互助服务、便民利民服务向社区覆盖，逐步建立面向全体社区居民，主体多元、设施配套、功能完善、队伍健全、机制合理的城乡社区服务体系。农村社区重点推进社区公共服务体系建设，以社区服务中心为阵地，为社区居民提供医疗卫生、计划生育、文化教育、社会福利、社会救助、生活照料和技术技能培训、科技信息咨询等"一站式"服务，将公共服务延伸到农村，推进城乡公共服务均等化。城市社区重点开展多层次、全方位、立体式、精细化服务，将社区公共服务、志愿互助服务、便民利民服务覆盖到社区全体居民，积极发展面向社区老年群体的日间照料、托老服务，面向社区青少年群体的犯罪预防、托管服务，面向社区残疾人和优抚对象的康复治疗、餐饮递送服务，面向社区困难家庭的帮教帮扶、困难救助服务，面向农民工等流动人员的权益保障、就业培训服务等，提高社区服务的针对性和实效性。引导邮政、金融、电信、燃气等公用事业服务企业在社区设立服务站点，支持各类市场主体开办社区便民利民服务。鼓励社区居民开展志愿互助服务，逐步建立志愿服务供需有效对接机制和服务长效机制。

3. 推行政府购买服务

按照"受益广泛、群众急需、服务专业"的原则，通过需求评估、标准制定、成本核算、招投标管理、质量控制、绩效评估等项目化管理方式，组织开展政府购买具有独立法人资格的社会团体、民办非企业单位和基金会等社会组织以及依法在工商管理或行业管理部门登记成立的企业、机构等社会力量的专业服务，重点为社区老年人、重度残疾人、未成年人、外来务工人员、失业人员、低收入家庭等特殊人群提供社区照顾、融入、矫正、康复和就业辅导、心理疏导等服务。积极推进第三方评估，发挥专业评估机构、行业管理组织、专家等方面作用，建立由购买方、服务对象和第三方组成的综合性绩效评价机制。通过推行政府购买服务，不断改进社区治理和服务方式、丰富社区治理和服务主体、完善社区治理和服务体系，有效满足人民群众不断增长的个性化、多样化的服务需求。

城乡社区管理模式的探索

党的十七大报告提出，建立"党委领导、政府负责、社会协同、公众参与"的社会管理格局，加强城乡社区管理，正是这一社会管理格局的重要组成部分。社区是社会构成的基本单元，随着基层社会结构的发展变化，社区日益成为各种利益关系的交汇点、各种社会矛盾的集聚点、社会建设的着力点和党在基层执政的支撑点，构建以城乡社区为重点的基层社会管理体系越来越成为当务之急。本文通过对山东省部分地市城乡社区管理模式的个案分析，指出全省城乡社区管理存在的问题并提出政策性建议。

一、山东省城乡社区管理模式新探索

山东省各地立足实际，加强城乡社区体制机制创新，创造性地开展工作，全面提升城乡社区管理和服务水平。

（一）潍坊市建立社区"大党委"，创新城乡社区组织形式

潍坊市按照便于资源合理配置、便于管理服务居民的原则，以主要干道和街、路、巷、河为界限，以社区居民的归属感、认同感为纽带，整块调整和划定社区结构布局，形成社区网格化管理。① 在此基础上，以社区网格为依托，成立社区"大党委"，将村庄、社区、新经济组织和驻区单位等党组织全部纳入管理范畴。在社区大党委下，根据党员爱好特长、从业性质等，灵活组建交流提升型、便民服务型、维护稳定型等突出特点型党支部；按"地域相邻、行业相近、业态集聚"原则，探索建立市场+支部、楼宇+支部、协会+支部等新经济社会组织模式；按"楼区建支部、楼栋建小组、门洞建活动点"方式，成立党支部—党小组—党员活动点组织网络，实现党组织设置横向到边、纵向到底。在社区"大党委"领导下，建立充满活力的社区居民自治制度。创新社区民主监督组织形式和工作机制，在社区建立社区监督委员会，由社区党员

---

① 奎文"大党委"构建基层党建新格局［N］. 潍坊日报，2010-07-11.

代表、居民代表、驻区单位代表、离退休干部和社会知名人士等组成，对社区居民代表大会负责，主要对社区事务实施监督，既保证了党的领导，又保障了社区居民自治。推行社区"大党委"制，构建社区党建区域化工作格局，实现了党的领导在基层的无缝隙全覆盖，形成了社区党委行使领导权、社区成员代表大会行使决策权、社区居民委员会行使执行权、社区监督委员会行使监督权，社区内各单位党组织和全体党员干部共同参与、条块结合、优势互补、相互配合的社区工作机制，推动了社区建设的科学发展。

（二）德州市合村并居，加强农村社区管理体制改革

德州市在农村社区建设中，打破原村建制模式，按照统筹城乡发展、聚居人口适度、服务半径合理、资源配置有效、功能相对齐全等原则，实施合村子、选班子、建社区的"三步走"计划，合并村庄建设农村社区，全市由原来的 8319 个行政村合并为 3339 个农村社区，并在社区层面选举产生社区村民委员会。① 村庄合并后，对原建制村的土地、债权、债务、资产、制度等进行重新清理、登记，按照有关政策进行重新调整分配，对相关集体经济项目进行重新公开分包，对闲置、剩余资产进行公开发包、拍卖，及时清收各类债权资金，冲抵返还相关债务，集中管理、统一使用可用财力，共同推进社区建设发展。积极引导并充分发挥农村能人和致富带头人的作用，采取商企联建、行业联建等形式，依法建立起计划生育、交通物流、经纪人、商会等若干行业协会及各类专业合作组织，把农村各项工作纳入行业化、产业化和群体化管理，村民的生产经营活动均以协会和合作社为单位进行，改变传统的以村民小组为单位的活动方式。同时，尝试撤销以原行政村为单位的党组织，对党员进行重新组合，实行社区党总支领导下的产业、专业协会或系统党支部设置模式，把支部直接建在协会（合作社）或系统上，把社区党员全部纳入各协会、系统党支部中。"支部+协会（系统）"的模式既巩固了党的基层组织，又进一步推动广大党员自觉成为农村致富带头人。打破原村建制模式，合村并建农村社区，既提高了社区公共资源利用效益，也实现了农村社区管理和村民自治的有机统一。

（三）日照市探索实行部门工作进社区准入制度，深化新型社区管理服务机制

日照市积极探索实行部门工作进社区"权随责走、费随事转"，对部门工

___
① 聂炳华. 山东社会发展改革研究 [M]. 济南：山东人民出版社，2015：142.

作进社区，坚持人、权、事、费相统一，权责相当、事费相称的原则，明确社区居委会应履行的职责和协助办理的行政事务，将社会治安综合治理、人口与计划生育、民政、人力资源和劳动保障、残疾人、规划建设与行政执法、公共卫生、税务、社区居民服兵役的政审、入学申请等事项共 9 大类 41 项工作进社区，将公安、计生、民政、教育、人力资源和劳动保障等 13 个部门对社区居民户口迁移、生育指标、申报最低生活保障、入学申请、就业创业培训等30 项事务的初审权和监督权赋予社区居委会，使社区居委会的权责清晰、责任明确。① 明确政府部门应拨付的经费以及拨付方式，根据地方财力状况和社区承担的工作实际，在原有的社区居委会办公经费和社区工作者的工资补贴等资金拨付标准、渠道、比例等保持不变的前提下，由财政部门将费随事转经费列入预算。除规定的社区居委会协助有关部门开展的工作外，各级各部门工作需进社区、需要社区居委会协助办理的，要向同级社区建设领导机构提交申请，经批准方能进入，所需经费由相关部门拨付，报同级社区建设领导机构批准后实施。实行部门工作进社区准入制度，主要解决社区纵向的管理问题，理顺部门与社区居委会的关系，减轻社区居委会工作负担，维护社区居委会的合法权益，实现政府行政管理与基层群众自治的有效衔接和良性互动。

（四）济南市天桥区探索建立"五位一体"社区管理服务新模式，实现社区组织多元参与

济南市天桥区探索建立了以服务社区居民、完善社区管理为目标，以社区党总支为领导核心，以社区居委会为主体，以社区服务站、业主委员会和物业公司为依托，以联席会议制度为纽带的"五位一体"的社区管理服务模式。建立了社区联席会议制度，社区党总支或居委会定期召开联席会议，传达上级有关文件政策，研究工作思路，确定工作重点，制定问题的解决方案等，充分发挥联席会议的桥梁纽带作用。健全了工作落实制度，各组织根据联席会议的工作部署，制定工作方案和措施，明确责任到人，限时高质完成；将完成情况和居民反馈信息及时上报联席会议，接受其他组织对工作效能的监督。建立了信息共享制度，各组织及时沟通、交流各自掌握的社区信息，最大程度地实现信息资源共享。建立了居民参与制度，通过设立意见箱、公开热线电话、发放征求意见表等形式，广泛征求社区居民对社区工作的意见建议；通过居民代表会议、业主大会，对社区工作人员进行定期考评，对社区服务做出评价，充分

① 孙向阳. 社区如何变成和谐家园——献礼建党 90 周年民政为民系列报道之四 [N]. 日照日报，2011-05-06.

发挥居民监督、参与社区工作的积极性。建立"五位一体"社区管理服务模式，主要解决社区横断面的管理问题，协调社区内各种利益矛盾，实现社区组织多元参与，形成建设社区的整体合力。

（五）潍坊市坊子区推行社区事务契约化管理，实现社区管理规范化、制度化

潍坊市坊子区探索对社区事务进行契约化管理，契约主要采取合同、协议、纪要、承诺、责任书等形式。涉及党组织任期目标、居（村）委会干部管理、党员教育管理等内容的，一般采用承诺的形式；涉及党风廉政、计划生育等内容的，一般采用责任书的形式；涉及土地、资产、厂矿企业承包等内容的，一般采用合同的形式；涉及邻里关系、社会道德、治安防范等内容的，一般采用协议的形式；涉及社区规划、公益事业等内容的，一般采用纪要的形式，并通过召开民情征询会、约定协商会、执行监督会，对契约的内容形成、签订、执行、监督、纠纷调解提供保障，充分保障基层群众在社区事务中的知情权、决策权、参与权、管理权和监督权。推行社区事务契约化管理，变"人治"为法治，变"官管民"的单项约束为干群双向约束，变"短治"为健全长效机制的"长治"，在街道（乡镇）与社区之间、社区居（村）委会干部与居（村）民之间、居（村）民与居（村）民之间搭建起一个双向制约、民主平等、公开透明的平台，使社区事务纳入规范化、制度化、法制化管理轨道，实现了管理观念和管理模式的根本转变。

二、当前城乡社区管理存在的主要问题

虽然山东省各地在社区管理体制机制创新上做了一些探索，有了一些好的经验和做法，但还存在一些不容忽视的问题和薄弱环节，需要引起重视。

（一）社区管理体制改革滞后

城乡社区建设是一个制度创新、机制创新、城市工作格局重构的系统工程，是对社会管理体制的变革。既然是改革，就必然涉及方方面面的利益调整，工作难度较大，新型城乡基层管理体制还未真正形成，政府部门、街道（乡镇）与社区的关系还没有理顺。一些部门片面地理解和看待社区建设工作，不认真研究自身如何转变职能，如何支持社区自治，而是把经费留给自己，把工作推给社区，轮番进行检查、考核，致使社区不堪重负。有些街道（乡镇）与社区之间职责不清、条块关系混乱、运行机制不畅，错位、越位现

象时有发生，政府的公共管理和社会服务职能难以到位。

（二）社区自治功能发挥较差

目前，山东省59%的城市社区居委会换届选举采取间接选举的形式，直接选举的覆盖面较窄，同时，街道对居委会干部选举的过多干预或影响，使居民对选举的兴趣与信心下降，导致选举参与率比较低。[①] 一些农村社区特别是由几个村联合建立的农村社区，组织体系和社区管理体制比较乱，村民自治与社区管理形成脱节，自治功能发挥不顺。各地虽然建立了社区居（村）民会议、居（村）民代表会议、社区民主协商议事会等相关制度，制订了居（村）民公约或居（村）民自治章程，但有些社区在实际操作中却流于形式，居（村）民只是参与社区事务的运作，而很少参加决策与管理，有些社区忙于应付部门工作，无力分身组织居（村）民开展自我管理、自我教育、自我服务等活动，未能真正体现居（村）民自治。

（三）社区共建机制不够健全

社区建设是一项综合性的工作，需要多个部门在党委和政府的领导下共同参与，充分发挥各部门和各单位的力量，密切配合、齐心协力，才能把社区建设各项工作落到实处。但是从目前的局面看，长期以来形成的条块分割的管理体制的弊端已显现在社区建设工作中，各职能部门之间缺乏一种有效的沟通协调和协作机制。而且，驻区单位固守单位体制，社区工作的积极性不够，没有形成社区资源共享和共驻共建机制；社区居（村）民特别是有工作单位的居民，对社区的依附性较弱，社区意识淡薄，参与意识不强。"社区是我家，建设靠大家"还仅仅体现在舆论导向层面，付诸实践尚待时日。

（四）社区社会组织亟待规范

随着城乡社区建设的不断深化，社区社会组织得到蓬勃发展，成为整合社区资源、加强社区建设、完善居民自治、服务人民群众的一支新生力量。但是目前全国社区社会组织正处在发展的初级阶段，有诸多问题亟待解决，既有社区社会组织自身发展不平衡、个体实力弱小以及管理和资金方面的问题，也存在政府法律法规不健全和管理机制滞后的问题，由于人员散杂、组织松弛、管理粗放，难以很好地形成组织和团体的力量，承接社会管理和服务的功能较弱。

---

① 聂炳华.山东社会发展改革研究［M］.济南：山东人民出版社，2015：158.

（五）社区工作者队伍专业化程度不高

社区工作者队伍整体素质的高低，直接关系到城乡社区建设的水平。目前，社区工作队伍构成复杂，人员专业化程度不高、缺乏必备的管理经验和专业知识，是社区管理工作的一大困境。管理队伍的非专业化，使得管理职能的实施和管理目标的实现受到较大的影响。社区工作人员对社区管理工作的复杂性和艰巨性认识不足，也使社区项目拓展和质量提升受到很大的困扰，影响了社区居（村）委会作为群众性自治组织自我管理、自我教育、自我服务功能的发挥。

三、加强城乡社区管理的对策建议

城乡社区是社会协同管理、公众广泛参与的基础。要通过加强城乡社区建设，巩固社区自治组织，完善社区管理体制机制，增强基层群众自治能力，逐步建立健全以社区党组织为核心、以社区自治组织为主体、以政府部门派驻社区力量为依托、以物业管理机构和社区社会组织为补充、以社区信息综合管理平台为载体、驻社区单位和社区群团组织密切配合、社区居民广泛参与的新型社区管理体系，真正把城乡社区打造成政府社会管理的平台、居民日常生活的依托、社会和谐稳定的基础。

（一）完善社区组织体系，为加强城乡社区管理奠定组织基础

适应市场经济发展和城乡社会结构变化的实际，在所有符合条件的楼宇、新经济组织和新社会组织、专业协会、产业链、外出务工经商人员相对集中点等建立不同形式的党组织，加快建立开发区、新建住宅区、城中村、多村联建社区、合村并建社区党组织，明确各种新型党组织与社区党组织的关系，建立"横向到边、纵向到底"的组织领导体系，充分发挥社区党组织在社区管理和服务中的领导核心作用，构建基层党建新格局。

依法加强社区居（村）委会建设，确保基层社会管理不留空白地带。特别是多村联建社区、合村并建社区，要逐步撤销多村合建初期建立的社区临时性机构，注意在基层组织的建制上实现村委会组织与农村社区组织的有机统一。及时调整充实各下属委员会，建立有效承接社区管理和服务的人民调解、治安保卫、公共卫生、计划生育、群众文化等各类下属的委员会，切实增强社区居民委员会组织居民开展自治活动和协助城市基层人民政府或者他的派出机关加强社会管理、提供公共服务的能力。同时选齐配强居（村）民小组长、楼院门栋长、居（村）民代表，形成社区居（村）委会及其下属委员会、居

（村）民小组、楼院、门栋上下贯通、左右联动的基层群众自治组织体系。

充分认识社区社会组织在社会管理和服务中的组织引领、协调整合、示范带动和排忧解难功能，坚持鼓励发展和监管引导并重的方针，完善培育扶持社区社会组织的政策措施，推动包括社会团体、行业组织、中介机构、志愿者团体等在内的各种社会组织发展壮大，充分发挥其反映利益诉求、规范社会行为、化解社会矛盾、扩大公众参与、提供公共服务、增强社会活力、促进社会发展等方面的积极作用。支持工会、共青团、妇联等人民团体依照法律和各自章程开展工作，参与社会管理和公共服务，维护群众合法权益。

（二）加强社区工作者队伍建设，为加强城乡社区管理培育依靠力量

广大社区工作者是实现社会管理和服务的最前沿队伍与最基本力量。要按照"精简、高效、务实"的原则，依据每300户配备1人、最低不得少于5人的要求，配齐配强社区居委会干部队伍。同时，以提高素质、优化结构为重点，积极从机关干部、企事业单位、大中专毕业生、复员转业军人中选聘优秀人才，经过法定程序，充实到社区居委会中。① 制定优惠政策，鼓励吸引更多社会优秀人才、大学生到社区工作，切实解决社区居委会成员及其聘用的工作人员的生活补贴、工资、保险等福利待遇，并使待遇水平随经济发展而适当提高，为他们切实扎根社区创造必要的工作条件。

大力推行社区志愿者注册制度，积极动员党员、团员、公务员、专业技术人员、教师、劳动模范、退役军人、青少年学生以及身体健康的离退休人员等加入社区志愿者服务队伍，壮大社区工作者力量。健全社区志愿服务网络，在有条件的社区普遍建立社区志愿者服务站，加强志愿服务工作的协调和管理。

定期组织对社区居委会成员、社区专职工作人员、社区志愿服务人员开展理论培训和岗位技能培训。针对社区工作的特殊性和复杂性，对他们进行系统的知识培训，帮助社区工作者改进工作方法，提高工作水平。加强实践锻炼，对新招聘的年轻工作者，要通过横向交流、压担使用、到街道挂职、外出参观考察等培养方式进行多形式、多岗位锻炼，增强他们做好社区管理和服务的本领，提高正确执行政策、善于做群众工作的能力和处理复杂问题的能力。

（三）加强城乡社区民主制度建设，强化社区自治功能

社区民主自治是社区建设的方向，增强社区自治功能，是强化城乡基层管理的客观需要和重要内容。

---

① 冯必扬，严翅君，王培智. 当代中国社会管理研究 [M]. 哈尔滨：黑龙江人民出版社，2011：46.

要加强以直接选举、公正有序为基本要求的民主选举制度建设，保障居民群众的选举权。进一步规范社区民主选举程序，细化选举规则，坚持在党的领导下，按照公开、公平、公正的原则，充分尊重群众意愿，严格遵守法律程序，依法选举产生社区居（村）民委员会，保证换届选举依法顺利进行。城市社区应稳步扩大居民委员会直接选举的覆盖面。加强以居（村）民会议、居（村）民代表会议、居（村）民议事为主要形式的民主决策制度建设，保障居民群众的决策权。建立健全社区党组织和社区居（村）民委员会联席会议制度、居（村）民会议制度、社区事务议事制度，涉及居（村）民利益的重大决策要及时听取居民群众意见，确保决策事项符合居民意愿。探索通过网上论坛、居（村）民公决等有效形式，鼓励社区居（村）民和驻区单位参与社区重大决策。加强以居（村）民自治章程、居（村）民公约为主要内容的民主管理制度建设，保障居民群众的参与权。在广泛征求社区居民意见基础上，建立完善居（村）民自治章程或居（村）民公约，引导居（村）民在享受权利的同时积极履行居民义务，自觉依照居（村）民自治章程或居（村）民公约参与社区事务的管理。加强以居务公开、财务监督、群众评议为主要内容的民主监督制度建设，保障居（村）民群众的知情权和监督权。完善居务公开制度、财务公开制度、民主评议制度、监督检查制度等相关民主监督制度，按照制度要求将社区事务、财务和居民群众普遍关心的热点、难点、重点问题及涉及群众切身利益的事情，通过居（村）务公开栏、居（村）民听证会、明白纸、网上公告等形式向社区居（村）民公开，接受居（村）民的监督。组织居（村）民有序开展与其日常生活紧密相关的公共服务监督评价活动，协助政府完善公共服务事项。

（四）推广部门工作进社区准入制度，实现政府管理与居民自治有效衔接

充分发挥社区服务中心（站）的作用，大力整合政府部门在城乡社区的办事机构，实现行政放权、重心下移，积极推进"一站式"受理，"一条龙"服务。明确社区居委会职责，理顺政府及其职能部门与社区的关系。根据城乡社区发展情况，在城市社区广泛推广部门工作进社区准入制度，除法律法规或政策规定应由有关职能部门履行的职责外，对确需社区协助完成的工作，要通过政府"购买服务"等形式，按照"权随责走、费随事转"的原则，将有关工作和经费一并交给社区，保障社区事务管理责、权、利统一，实现政府行政管理与基层群众自治有效衔接和良性互动。在农村社区建立部门工作进社区实行"权随责走、费随事转"试点，在此基础上逐步推开。社区服务站是社区居（村）委会的专业服务机构，在社区服务站人员配备上建议与社区党组织、

居（村）委会实行交叉任职，站长由社区党组织或居（村）委会主要领导担任，保证社区党组织的核心地位和社区居（村）委会的主体地位，其他工作人员可由居（村）委会成员、各职能部门派驻人员、面向社会招聘人员构成，形成社区党组织领导、社区居（村）民会议决策、社区居（村）委会执行、社区服务站承担、相关部门协调配合、社会各界广泛参与的良好工作格局。

（五）完善社区共驻共建机制，营造"共建社区"的良好氛围

居（村）民群众是城乡社区建设的主体，要通过多种方式，寻找吸引居（村）民群众广泛参与的途径，培育居（村）民的社区意识，培养居（村）民参与精神，增强社区的凝聚力。① 当前，可充分利用各种行业协会、群众性健身娱乐团队、志愿者组织以及群团组织等载体，发动和组织居民群众开展丰富多彩、健康有益的社区活动，引导和带领居（村）民共建美好家园。市、县（市、区）、乡镇（街道）三级社区建设协调领导机构要认真履行协调指导职能，制定社区建设长远目标和年度计划，定期研究社区建设工作，协调解决重大问题，确保社区工作的各项任务目标落实到位；各社区成立社区共建联席会或协调委员会，由街道、社区居（村）委会、物业管理机构、业主委员会、驻社区单位主要负责同志和部分居（村）民代表参加，建立例会工作制度，定期召开会议，共同商议研究社区建设工作。驻社区的机关、团体、部队和企事业单位应按照互惠互利、资源共享原则，积极支持和参与社区建设，主动将单位内部的科教、卫生、文体和生活服务设施等向社区居民开放，充分利用社区内的学校、培训机构、幼儿园、文物古迹等开展社区教育活动，实现社区资源的共有、共建、共享，营造"共商社区事务，共享社区资源，共建社区家园"的良好氛围。

（六）加强社区信息化建设，提高社区管理手段

梳理、优化、整合各类社区服务热线、呼叫热线、服务网站等信息资源，规范新建系统、调整在建系统、改进已建系统，规范社区信息的采集、开发和应用，建设覆盖社区全部管理服务功能的社区综合信息平台，做到数据一次收集、资源多方共享，实现省、市、区（市、县）、街（乡、镇）、社区连通互动的社区信息网络。完善社区信息数据库，建立社区居民、家庭、社会组织、社区活动电子档案，推动社区服务队伍、服务人员、服务对象信息数字化，为城乡社区管理和服务无缝隙全覆盖提供有力支撑。加快整合社区各种服务资

---

① 田志梅. 以基层民主和城乡社区建设引领社会治理改革创新 [J]. 中国民政，2015 (2).

源，通过社区网站、呼叫热线、短信平台及有线数字电视平台、家政服务网络中心、公共电子阅览室、信息服务自助终端等形式和手段，为社区居民提供全方位、全天候、零距离的社区服务。逐步提高社区居（村）委会办公自动化水平，创新管理手段，提高工作效率。

（七）强化社区服务，以服务促管理，寓管理于服务

积极开展面向老年人、儿童、残疾人、低保对象、优抚对象的社区救助和福利服务，帮助社区群众解决生产生活中的实际困难；开展社区就业再就业服务，通过提供就业再就业咨询、再就业培训、就业岗位信息服务和社区公益性岗位开发等，对就业困难人员提供针对性的服务和援助；开展社区精神卫生服务，规范、发展社区专业心理服务机构，提供社会化心理咨询和心理救助服务，及时发现、积极疏导、有效解决精神卫生问题，防范和降低社会风险；开展社区文化、教育、体育服务，营造良好的社区氛围，促进社区精神文明建设；开展社区流动人口管理和服务，为流动人口生活与就业创造条件；开展社区安全服务，加强社区治安综合治理，积极探索化解社区矛盾、维护社区安定的新途径、新方法，在城乡社区形成科学有效的利益协调机制、诉求表达机制、矛盾调处机制、权益保障机制，努力从源头上化解各种不安定因素，将矛盾纠纷解决在内部、解决在基层、解决在萌芽状态，实现对不稳定因素由事后处置到事前预防的转变，维护基层稳定。通过服务强化管理，寓管理于服务，有效实现管理与服务的有机结合，推进社区管理工作全面提升，使城乡社区真正成为管理有序、服务完善、文明祥和的社会生活共同体。

"四社联动"机制的探讨

为贯彻落实习近平总书记"社会治理的重心必须落到城乡社区"重要指示精神，发挥基层各类组织各类力量协同作用，推动社区建设在更高层次、更广范围、更多领域实现创新发展，山东省积极探索建立社区、社会组织、社会工作专业人才、社区志愿者"四社联动"机制，取得初步成效。

一、加强政策创制，为推进"四社联动"提供制度保障

近年来，山东省先后下发《关于加强和改进社区工作的意见》《关于加强和改进城市社区居委会工作的意见》《山东省社区服务体系建设规划（2012—2015年）》《关于创新社会组织登记和管理工作的通知》《关于确定具备承接政府职能转移和购买服务条件的社会组织指导意见》《"齐鲁和谐使者"选拔管理办法》《关于加快推进社区社会工作服务的意见》《关于推进"四社联动"创新社区治理和服务的意见》等文件，推动社区建设、社会组织建设、社会工作和志愿服务工作协调发展。其中，《关于推进"四社联动"创新社区治理和服务的意见》提出要建立以社区为平台、社区社会组织为载体、社会工作专业人才为支撑、社区志愿者为依托的"四社联动"机制。明确到2020年，社区社会组织联合会、社会工作室和社区志愿服务站基本覆盖城市社区；每个农村社区至少有1名专业社会工作人员；80%以上的社区党员、30%以上的社区居民参与城乡社区志愿服务活动的总体目标，为全省推进"四社联动"提供了制度保障和政策指导。青岛市、枣庄市、日照市、济南市中区等地出台实施意见和工作方案，推动"四社联动"工作开展。①

二、坚持试点先行，为推进"四社联动"培育典型经验

在济南市中区设立"全省社区治理和服务创新实验区"，指导市中区逐步

---

① 田志梅. 山东：建立"四社联动"机制推进社区治理和服务创新［J］. 中国社会工作，2015（3）.

整合社区、社会组织、专业社工和社区志愿者等资源，探索建立"四社联动"社区治理与服务新机制、为全省社区治理创新探索路子、提供经验。

（一）搭建社区共治平台

市中区每年列支 1000 万专项资金用于奖励补贴城乡社区建设，新建、改造提升社区办公服务用房 45 处。建设集行政管理、社会事务、便民服务为一体的市中区数字化社区综合管理服务系统，投入 1000 万建成 6000 平方米的区级社会组织创新园，拓展一站式公共服务、社会组织孵化培育及能力建设平台。搭建区、街、居三级服务体系，在街道层面组建"邻舍家""同心圆"社区服务机构，培育发展草根组织，定期开展项目发包、信息发布等工作，为社区服务提供场所支持和组织保障。

（二）培育发展社会组织

市中区每年投入 300 万元用于购买社会服务管理、公益志愿服务、为老助残服务、文化教育活动等公益类服务项目。项目资金分布养老服务、社会托管、公益创投、低收入家庭能力培训、公益项目研发、孵化器运营等多个领域，为全区社会组织提升发力提供了基础性保障。以社会组织创新园为平台，对社会组织开展孵化培育、示范引领、服务指导工作。首批孵化的 29 家社会组织已经成功"出壳"，二期孵化工作在稳步推进中。

（三）强化社工队伍建设

充分发挥市中区社会工作协会协调组织作用，广泛吸纳驻区大专院校、社工机构、区直部门、街道办事处的社工会员，在行业自律、维护社工权益、业务培训、合作交流等方面发挥积极作用。区政府每年投入 600 余万元用于社工人才队伍建设，全区 100 多名专业社工在社区承担了 120 多项公益项目的创意研发和落地实施，服务覆盖居民群众 2 万余人。①

（四）深入开展志愿服务

完善社区志愿者服务组织和队伍，推行社区志愿者注册登记和志愿服务记录制度。目前，市中区注册登记的志愿者达 3 万余名。构建专业社工与志愿者队伍的联动机制，发挥社工的专业优势，引导和带领志愿者开展社区服务项目，参与社区建设。

① 王立冰. 市中培育高素质社工队伍［N］. 济南日报，2013-12-30.

各市也积极开展"四社联动"试点工作，探索建立四社联动机制。如青岛市确定了市南、市北、李沧、黄岛、莱西作为试点区市，潍坊市选取了30个城市社区开展试点工作，以点带面，推动建立"四社联动"机制。

三、加强社区建设，为推进"四社联动"搭建联动平台

（一）健全社区组织

以2014年第十一届村"两委"换届和统一后的全省第一届城市社区"两委"换届选举为契机，进一步加强社区党组织和居（村）民自治组织建设，加快推进社区党组织和居（村）民自治组织全覆盖。充分发挥社区党组织的领导作用和居（村）民自治组织的组织、推动作用，积极引导社会组织、社工人才和社区志愿者发挥各自优势，参与社区治理和服务，实现互联互补互促。

（二）搭建基础平台

省财政和省福利彩票公益金累计投入1.85亿元，以奖代补支持各地社区服务设施建设。带动市、县、镇三级累计投入120多亿元，用于全省社区服务设施建设。[①] 目前全省建设城市社区服务站6286个、农村社区服务中心8666个、社区服务网点10余万个，形成了覆盖面较广的社区服务设施网络，党建服务、社会救助、社会保险、劳动就业、计生卫生、文体科普、法律治安等政府公共服务事项在社区基本实现全覆盖，老年社区日间照料、法律援助、心理咨询等个性化服务项目逐步在社区推开。[②] 济南、青岛、淄博、烟台、泰安等市依托社区综合服务中心（站），建立社区社会组织联合会、社会工作室和社区志愿服务站，为社会组织、社工人才和社区志愿者提供了场地、资源和参与社区治理的平台空间。

（三）打造信息平台

落实民政部、国家发展改革委、工业和信息化部、公安部、财政部《关于推进社区公共服务综合信息平台建设的指导意见》（民发〔2013〕170号）精神，结合国家信息惠民试点城市建设、国家智慧城市建设、养老与社区服务

[①] 田志梅. 山东：建立"四社联动"机制推进社区治理和服务创新 [J]. 中国社会工作, 2015 (34).

[②] 同上。

信息惠民专项行动计划，指导各地加强社区公共服务综合信息平台建设，并依托社区公共服务综合信息平台，搭建社会组织、社工机构、志愿服务机构对接社区需求、开展社区服务招投标的重要平台，促进城乡社区公共服务、便民利民服务、志愿互助服务的有机融合和系统集成。目前，青岛、德州、临沂等市已全面启动社区公共服务综合信息平台建设试点工作。威海市12349居家服务呼叫中心、德州市12343养老服务和社区便民服务中心、莱州市"12343"民生服务中心广泛吸纳社区社会组织、社工机构、社区志愿服务机构、社区服务企业信息资源，形成"政府主导、社会组织主办、企业支撑、社会参与、市场化运作"的社区服务信息化模式，实现了社区、社会组织、社工机构、社区志愿服务机构各类服务资源的有效整合。①

四、加强社会组织建设，为推进"四社联动"打造重要载体

（一）建立社会组织孵化平台

积极推进社会组织服务中心、孵化基地、创业园、创新园等服务平台建设，采取孵化培育、人员培训、项目指导、购买社会组织公益岗位等方式，提高社会组织服务能力。全省市县两级建立具有一定规模的孵化服务机构39个。泰安市区级成立社区社会组织促进会，街道成立协会管理中心，社区成立社会组织之家，构建了"三级孵化"平台，形成了"一级登记、两级备案、三级管理、四级孵化"的社会组织建设新格局。

（二）改革社区社会组织登记制度

加强了社会组织登记和管理制度改革创新，重点培育、优先发展城乡社区服务类、行业协会商会类、科技类、公益慈善类社会组织，简化程序，实行民政部门直接登记。大力培育发展城乡社区社会组织，降低登记门槛，简化登记程序。对符合登记条件的，依法予以注册登记；对暂不符合登记条件的，明确由县级民政部门或授权社区备案。目前，社区社会组织达到9.5万个，充分发挥了承接政府职能、参与社区管理、服务居民群众、推动社区发展的重要载体作用。

---

① 中共山东省委全面深化改革领导小组办公室．山东省全面深化改革实践与探索2014［M］．济南：山东人民出版社，2015：159．

（三）建立政府购买服务制度

我省通过政府购买服务等措施，促进社会组织参与社区文化、社区体育、社会救助、居家养老、青少年保护、社区矫正等领域服务。连续出台文件明确承接政府转移职能和购买服务的社会组织应具备的 7 项必备条件和 3 项优先条件、确定具备条件社会组织名录的程序与方式，为承接政府职能转移和购买社会组织服务提供依据。2014 年安排 3000 万元省福彩公益金支持社会组织发展和购买社会组织参与公益慈善服务示范项目。按照省政府《政府向社会力量购买服务办法》规定，采取公开招标、邀请招标、竞争式谈判、单一来源采购等方式确定承接主体，有针对性地培育发展一批新型社会组织。建立社会组织等级评估制度，明确获得 3A 级以上评估等级的社会组织优先承接政府购买服务。建立购买社区公共服务项目清单，要求能够由社区社会组织承担的基本公共服务事项、社会管理事项优先考虑符合条件的城乡社区社会组织。济南市通过政府购买服务、设立项目资金、开展项目补贴等方式，建立政府向社区社会组织购买服务长效机制，引导社区社会组织参与社区治理服务。2014 年投入 150 万元举办全市首届社会组织公益创投活动，9 家社区社会组织获得资助。①

五、加强社工人才队伍建设，为推进"四社联动"提供人才保障

（一）培养社会工作专业人才

社区社会工作专业人才队伍是开展社区治理和服务的重要支撑力量。我省按照社会工作人才培养规划，不断增强社会工作人才培养的计划性、系统性和针对性，积极开展社会工作人才队伍培训，全面推进社会工作人才队伍建设。一是分批分类培养，根据实际需要和社工个人兴趣专长，对社工人才库中的人员进行分批次多方向培养；二是注重实务实践培训，依托各级社工协会和高等院校，强化以沙龙研讨、案例分析、情景模拟等实务培训为主体的继续教育；三是加大对城乡社区党组织成员、自治组织成员、社区专职工作者、社区服务人员的社会工作知识普及培训，通过建立社会工作职业水平考试鼓励制度、教育培养制度等，推进现有社区工作者提升转换，逐步由社区工作者向专业社会工作者转型；四是实施"一社区一名大学生"工程。自 2009 年以来，省委组

---

① 中共山东省委全面深化改革领导小组办公室．山东省全面深化改革实践与探索 2014［M］．济南：山东人民出版社，2015：162.

织部、省人社厅、省民政厅联合实施"一社区一名大学生"工程。每年公开招录全日制高校社会工作专业毕业生到社区就业，逐步扩大社会工作专业人才在社区管理与服务人员中的比例，不断壮大社区社会工作专业人才队伍。

（二）积极推进社区社会工作服务

《民政部、财政部关于加快推进社区社会工作服务的意见》下发后，我省及时转发通知，广泛开展社区社会工作服务，加快推进社会工作与社区建设融合发展。一是加强社区社工机构的建设。泰安市建立了"振军工作室""律师会客厅""小天使""雅卓健康驿站""冬梅雅苑""泰颐社工"等专业社区社会工作机构，汇集多方面专家教授等专业社工人才，为社区居民提供专业化服务。如"雅卓健康驿站"义务为社区居民开展医疗急救培训、健康教育与促进、慢性病防治、心理咨询与治疗、康复锻炼等服务。二是分类推进社区社会工作服务。在城市社区重点开展针对老年人、未成年人、外来务工人员、残疾人和低收入家庭的社区照顾、社区融入、社区矫正、社区康复、就业辅导、精神减压与心理疏导服务。在农村社区重点开展针对留守人群的安全教育、生活照料、精神慰藉、技能培训等方面的服务。青岛市市北区以城市流动人口、老年人、儿童青少年、残疾人、社区矫正人员、优抚对象等特殊群体为重点服务对象，组织实施"民政为民，社区善治"社工服务项目，所有项目以培养社工人才、扶持发展民办社会工作服务机构为出发点，鼓励街道依托专业社工设立社区社会工作服务站，从根本上推动了联动工作向深层次发展。目前，全省109个社工机构的6000余名专业社工积极参与到社区建设中来，社区建设、社会工作呈现协同运转的良好局面，为创新社区治理和服务营造了良好氛围。①

六、加强社区志愿者队伍建设，为推进"四社联动"培育依靠力量

（一）培育社区志愿者队伍

社区志愿者队伍是开展社区治理和服务的重要依靠力量。我省积极培育和发展社区志愿者队伍，广泛动员共产党员、公务员、共青团员以及身体健康的离退休人员等投身社区志愿服务，加入志愿服务队伍。探索开展在职党员到社区报到开展志愿服务活动，党员根据自身特长和能力，每年参加2次以上助学

---

① 田志梅. 山东：建立"四社联动"机制推进社区治理和服务创新 [J]. 中国社会工作，2015 (34).

助困、敬老助残、帮扶优抚、维权帮教以及社区文化、卫生、环保、平安创建等志愿服务活动，有条件的还与社区困难群众特别是空巢老人、残疾人、孤残儿童等结成对子，力所能及地帮助他们解决实际困难，拓宽了党员服务群众、服务社区、服务社会的渠道。目前，全省社区志愿者参与人次达 350 万余人，受益居民 3903.36 万人，有效提升了社区居民的满意度和幸福感。

（二）整合社工和社区志愿者资源

在全省推广"社工+义工"联动模式，建立社区社会工作专业人才定期、定向联系志愿者制度，对社区志愿者开展社会工作专业知识与技能培训，提高志愿服务水平。潍坊市潍城区人民商城社区"正能量"志愿服务团在专业社工的引领下运用社工理念建立了"癌友之家"，组织辖区内癌症患者参加小组活动，开展了健康讲座、心灵陪伴等各类活动，并整合市直机关医院资源，联合成立了"手牵手·爱心联盟"，对困难患者进行医疗援助。济南市历下区甸柳街道第一社区探索推行社区社会工作"1+X"运行模式。"1"即社区社会工作站，"X"即高校专业人才、具有专业化知识的行业精英、社区党员和社区志愿者等 3000 多人组成的 4 支义工队伍，通过社工带义工，充分调动社会力量参与到社区服务中来，形成社区建设合力。

七、加强工作制度建设，为推进"四社联动"完善联动机制

（一）建立"四社"信息联通制度

指导各地逐步建立"四社联动"信息收集、反馈、调处机制，随时掌握"四社联动"运行状况及其发展态势，推动社区、社会组织、社会工作专业人才、社区志愿者和服务对象信息数字化，促进社区服务供给与社区居民需求有效对接，为推进社区管理服务无缝隙全覆盖提供有力支撑。

（二）建立"四社"组织联建制度

倡导城乡社区通过向社会公开招聘、民主选举、竞争上岗、购买服务、挂职锻炼等方式，配备和使用社区社会工作专业人才，逐步扩大社会工作师和助理社会工作师在社区工作人员中的比例。鼓励社会工作专业人才通过选举进入城市社区党组织、社区居民自治组织。引导相关社会组织吸纳社会工作专业人才。探索在社区志愿者组织中配备社会工作专业人才。逐步探索建立社区党组织、居（村）民自治组织、社会组织、社工队伍、社区志愿者队伍职能相对分离，功能相互补充，人员相互支持，工作互联互通的社区组织结构，实现社区、社会组织、社会工作专业人才队伍、社区志愿者队伍联动发展。

（三）建立"四社"服务联办制度

指导各地充分发挥政府推进"四社联动"的主导作用，建立"以社区为平台，政府扶持监督、社会组织承接、专业社工引领、项目化运作、志愿者参与"的社区服务新途径，形成社区、社会组织、专业社工和社区志愿者之间资源共享、优势互补、相互促进的良好局面。青岛市李沧区通过社会组织人才交流、项目合作的形式，建立了"三社合作项目支持"体系，即上海新途健康促进社联合青岛你我社会工作服务中心、李沧阳光心理研究中心和李沧佳家健康促进社，合作开展社区老年人健康服务项目，建立社区"健康小屋"，提供10余项免费查体，解决了高龄老人社区查体的问题。

如何减轻居委会负担

《中共中央关于全面深化改革若干重大问题的决定》提出要"加强党委领导，发挥政府的主导作用，鼓励和支持社会各方面参与，实现政府治理和社会自我调节、居民自治良性互动"。开展社区减负工作，理顺政府部门、街道和社区的关系，明确各自的职责权限，改善社区治理环境，对推进政府行政管理与社区自我管理的有效衔接，政府依法行政和居民依法自治的良性互动；对改进社区治理方式，创新社区治理体制，进而推动国家治理体系和治理能力现代化具有重要的作用。本文通过对山东省城市社区居委会工作负担现状的调查研究，分析社区负担过重的突出表现及原因，针对性地提出减轻社区居委会负担，增强社区居委会服务和自治功能，提高社区治理能力的对策建议。

在党的群众路线教育实践活动中，基层反映最为强烈的问题之一就是社区任务过多，工作负担过重，社区行政化倾向较为突出。为了解社区负担过重的突出表现，笔者对山东省各市进行专题调研，通过对城市社区居委会工作负担现状的调查研究，分析社区负担过重的深层次原因，针对性地提出减轻社区居委会负担，增强社区居委会服务和自治功能，提高社区治理能力的对策建议。

一、社区居委会负担过重的突出表现

根据《中华人民共和国城市居民委员会组织法》规定和《中共中央办公厅、国务院办公厅关于加强和改进城市社区居民委员会建设工作的意见》（中办发〔2010〕27号）、《山东省委办公厅、省政府办公厅关于加强和改进城市社区居民委员会工作的意见》（鲁办发〔2012〕22号）要求，社区居委会的职能主要包括：一是依法组织开展自治活动；二是依法协助城市基层人民政府或者他的派出机关开展工作；三是依法依规组织开展有关监督活动。在实际工作中，社区居委会工作任务十分繁重，基本上变成了基层政权的"派出机构"，体现在以下几方面：

（一）行政事务多

主要是政府及其职能部门下达的行政性事务、临时性工作任务多。一些政府职能部门对社区的地位和民主自治性质缺乏正确认识，打着工作进社区的名义，把本应部门自己承担的工作转嫁给社区居委会，社区居委会实际成了政府职能部门、街道的"腿"和"脚"。青岛市市北区共梳理社区承担的工作任务118项，涵盖了社区党建、人口计生、城市管理、劳动社会保障、社会救助、社会稳定、综合治理、司法、廉政建设、文化建设等多个领域，其中有49项属于社区居委会职责范围内的工作，有69项属于承接的部门工作任务。淄博市社区各项行政性事务多达30多个大项，140多个小项，其中近40小项不属于社区居委会职能范围内的工作。① 另外，像经济普查、人口普查、文明城市创建、卫生城市创建等临时性工作，只要一涉及居民，就交给社区居委会去做。据统计，社区居委会行政性工作占80%，为居民服务占15%—20%，居民自治占0—5%，严重偏离了居民自治组织的本质属性。②

（二）机构牌子多

目前，随着社会治理结构的不断变化，政府部门都将服务职能向社区延伸，都要求"组织健全、专人管理"，要求在社区建立机构，挂上牌子，并且都有自己的规格、样式，甚至有的单位统一制作，发放到社区。大小不一、颜色多样的牌子令社区无所适从。为了不得罪政府部门，有的社区将牌子制作成"台历"，谁来检查，就翻到谁的一面。可是工作职能一旦进了社区，往往是"一个仪式、一块牌子、一次检查"，跟踪指导服务没有跟上，几乎把所有的工作任务都推给了居委会。据青岛市市北区统计，各单位在社区设立的相关组织机构多达91个，如在社区成立的党员工作室、文明巡访团、安全工作委员会、城市管理工作领导小组、妇女联合会等等；淄博市周村区丝绸街道大世界社区，牌子挂到了47块。

（三）台账材料多

社区工作涉及方方面面，并且各个部门都要求非常严格，根据工作性质不同，都要求建立工作台账，据青岛市北区统计，社区各类纸质与电子台账多达

---

① 刘祥富. 新常态 新思考 新定位 山东省民政政策理论研究成果选编 2015 [M]. 济南：山东大学出版社，2016：115.

② 同上。

249 个，包含了计划生育、社会保险、安全生产、残疾人工作、违章建筑统计、低保家庭情况统计、企业退休社会化管理台账、社区矫正工作记录等多项具体工作。日照东港区统计，社区台账 25 类，145 种。居委会还承担了大量的普查调查和检查工作。普查调查工作方面，包括"人口普查""经济普查""防火消防调查"以及各类数据统计等。按每个社区平均 2500 户计算，一项工作的入户调查就要动员所有社区干部历时一个月左右的时间才能完成。检查工作方面，如消防检查、食品安全检查、安全生产检查等，每周、每月、每季度、每年都要有报表、方案、计划、总结、记录等，这些需要专业的、有执法职能的单位完成的工作也由居委会承担，各种量大而且专业性很强的工作使社区不堪重负。有些部门在台账要求上还强调专人专机，有的部门有了电子台账还要纸质台账，并且各种台账内容存在交叉重复。由于各部门之间不能实现资源共享，信息重复采集，给社区工作带来了很大压力。

（四）盖章证明多

目前，社区"万能章"现象普遍存在，许多政府部门和企事业单位在居民办理业务时要求社区出具证明并加盖印章，范围包括居住、工商、银行、计生、渔业、保险等。社区掌握了解情况的，如计划生育关系证明、组织关系证明等，社区居民委员会应当给予出具证明。但提取公积金的低于人均生活水平证明、工商注册的不扰民证明、公安的无违法犯罪记录证明、申请保障房的无房证明、学校减免学杂费证明、亲属关系证明、证件或罚单遗失证明、工资收入证明、无污染证明、无交通事故证明等，社区居委会无从查实确认，无法盖章，但居民不理解，认为居委会故意刁难，从而把社区推到了居民的对立面。据淄博市统计，目前社区居委会出具的证明有 57 项之多，其中，有 29 项属于社区居委会职权范围内的，28 项属于社区居委会难以核实的。[①]

（五）考核评比多

目前，大量党务工作、政府行政类工作、临时性工作都延伸或推给了社区，由居委会来协助或负责办理，并且对这些工作各部门都要进行考核。每项考核都要求制度上墙，资料进盒进电脑，有的需要实地查看、组织座谈、问卷调查等，一次检查考核就是一次人力、物力与财力的耗费。各社区每年都要迎接计划生育检查、卫生检查、文明创建检查、平安建设检查、流动人口暂住证

---

① 刘祥富. 新常态 新思考 新定位 山东省民政政策理论研究成果选编 2015 [M]. 济南：山东大学出版社，2016：118.

检查、党建检查、违章搭盖检查等各类检查考核。特别是到年终岁尾，各级都集中对年度任务进行考核，社区居委会人员分身乏术，难以承受。据济宁市统计，社区平均每年接受检查 48 次、参加会议 146 次、参加创建评比活动 28 项，一项迎检准备工作有时长达一个多月时间。① 青岛市北区统计，常年开展的创建达标评比考核项目 40 个，包括先进基层党组织评选、双优楼院评选、廉政文化示范社区评选、安全社区评选等等。过于繁多的考核评比活动，分散了社区居委会为居民服务的时间和精力。部门工作进社区的成效本应由居民考核评价政府部门和街道，但现实却变成了各部门考核社区，本末倒置。

二、社区居委会负担过重的主要原因

(一) 政府职能转变不到位

政府部门行政化的领导、管理模式没有因由管理型政府向服务型政府转变而转变，还是停留在原来的思维和工作模式上，以下派任务来代替服务群众，以考核社区来代替指导工作。部门工作进社区并不是将工作任务推给社区，而是服务进社区，即政府各部门的公共服务向社区延伸。部分职能部门、街道片面地理解和看待工作进社区的意义，不认真研究自身如何转变职能，改进工作方式，而是视居委会为自己的"腿"和"脚"，把工作任务推给社区，并轮番进行检查、考核，致使社区不堪重负。

(二) 对社区居委会的职责定位认识有偏差

我国《宪法》明确规定居委会是基层群众性自治组织。《居民委员会组织法》规定，居委会协助人民政府或者他的派出机关做好与居民群众有关的公共卫生、计划生育、优抚救济、青少年教育等项工作。中共中央办公厅、国务院办公厅《关于加强和改进城市社区居民委员会建设工作的意见》提出，社区居民委员会要协助城市基层人民政府或者他的派出机关做好与居民利益有关的社会治安、社区矫正、公共卫生、计划生育、优抚救济、社区教育、劳动就业、社会保障、社会救助、住房保障、文化体育、消费维权以及老年人、残疾人、未成年人、流动人口权益保障等工作，推动政府社会管理和公共服务覆盖到全社区。但是部分政府职能部门和单位对社区的地位、性质、职责任务不了解，对自治性组织的概念模糊不清，把协助政府部门及其派出机关开展工作当

---

① 社区公章"减负令"下发半年多，现仍停留在"纸上" 居委会不是啥证明都给开 [N]. 济宁晚报，2015-06-11.

作代替政府部门及其派出机关开展工作，导致社区居委会"协助"的角色成了"主力军"，出现工作职责不清、运行机制不畅，错位、越位现象发生，政府的公共管理和社会服务职能难以到位。

（三）部分职能部门和企事业单位推卸责任

集中表现在各种证明的出具和居委会印章的使用上。部分部门和企事业单位一方面不根据群众需求，积极改革，及时调整办事规则、减少办事环节、简化手续，方便居民，另一方面为了推卸责任、转移矛盾，将责任前置。如公证部门，公证某些事项，自己不调查不取证，让居委会先盖章证明，它再进行公证。居委会本身没有能力或义务出具某些证明，但不出具群众的事情就办不了，居民就不理解、有意见，致使社区居委会左右为难。①

（四）社会组织发育不健全，社会化服务滞后。

一是社区社会组织正处在发展的初级阶段，有诸多问题亟待解决，既有社区社会组织自身发展不平衡、个体实力弱小以及管理和资金方面的问题，也存在政府法律法规不健全和管理机制滞后的问题，由于人员散杂、组织松弛、管理粗放、专业程度不高，难以很好地形成组织和团体的力量，承接社会管理和服务的功能较弱。二是政府购买社会组织服务尚处在初级阶段，社会化服务相对滞后，不足以改变社区目前工作现状。

（五）社区信息化应用滞后于快速发展的形势，社区服务管理手段落后

一方面，延伸到社区的各种信息系统不兼容，信息重复录入，管理难度较大，在造成资源浪费的同时，也增加工作量。另一方面，多数单位的工作都是通过纸质的台账、报表来体现，制作、管理起来十分烦琐。第三，社会调查手段原始。育龄妇女管理、经济普查、文明城市创建等工作，都要逐户、逐人做工作，了解情况，而缺少相应的其他辅助手段和保障机制。

三、减轻社区居委会负担提高社区治理水平的对策建议

《中共中央关于全面深化改革若干重大问题的决定》提出要"加强党委领导，发挥政府的主导作用，鼓励和支持社会各方面参与，实现政府治理和社会自我调节、居民自治良性互动"。开展社区减负工作，理顺政府部门、街道和社区的关系，明确各自的职责权限，改善社区治理环境，对推进政府行政管理

---

① 张静波. 社区社会组织参与社会建设的路径 [N]. 光明日报，2009-10-31.

与社区自我管理的有效衔接，政府依法行政和居民依法自治的良性互动；对改进社区治理方式，创新社区治理体制，进而推动国家治理体系和治理能力现代化具有重要作用。开展社区减负，不是削减社区居委会管理社区事务、服务居民生活的基本职能，更不是脱离政府纯粹搞自治活动，而是减掉那些超出社区居委会法定职责范畴以外的行政性事务和某些政府部门、企事业单位转嫁给社区居委会的附加工作以及一些形式主义的检查评比等活动给社区带来的额外负担。在减负的同时，要强化社区居委会的服务功能，规范社区居民自治活动，将社区有限的人力物力财力资源更好地运用到管理社区事务、服务居民群众、依法开展自治的核心工作中去，切实提高社区治理水平。①

（一）推进政府职能转变，优化部门工作方式

要按照建设服务型政府的要求，积极推进政府职能转变。实现政府职能转变，关键是要做到三点：一是不缺位，该政府管的一定要管好；二是不越位，不该政府管的一定不要管，要交给市场或社会；三是不扰民，该政府管的，一定要通过最为科学合理的方法和方式来进行管理，不能以行政性命令的方式将工作任务向基层摊派，扰乱基层工作秩序，增加基层工作负担。② 各职能部门应立足于推进政府职能转变、提高社会治理能力，认真梳理进入社区的工作和任务，属于自身职责范围的工作要切实承担起责任，避免不合理任务转嫁到社区居委会；涉及社区居民自治的事项，要充分尊重群众意愿；对于确实需要社区协助的工作，要明确协助的范围、内容、程序和责任，转变工作思路，创新服务途径和方式，在社区协助下采取科学合理的方法履行自身职责，切实解决服务群众最后一公里的问题，实现群众需求与公共服务公益事业供给的有效对接。

（二）建立社区工作准入制度，实现"权随责走、费随事转"

凡在社区职责范围外，要求在社区建立组织机构、布置工作任务、出具证明、进行检查评比、举办各类培训、新设各类台账、开展调查活动和在社区挂牌的，均需准入审批。对需由社区居委会协办或委托居委会主办的工作事项，要按照"权随责走、费随事转"的原则，将有关工作和经费一并交给社区，并赋予相应的权利，保障社区事务管理责、权、利统一，实现政府行政管理与

---

① 夏建中. 从参与社区服务到参与社区治理——论青年志愿者的工作转型 [J]. 青年学报，2019 (3).

② 民政部编写组. 中共中央国务院关于加强和完善城乡社区治理的意见（辅导读本）[M]. 北京：人民出版社，2017：58.

基层群众自治有效衔接和良性互动。经上级党委、政府决定的需要社区协管协办的其他临时性工作，应采取一事一议的办法，由财政安排专项经费。通过建立部门工作进社区准入制度，切实做到严把社区"门"，清理社区"墙"，规范社区"账"，整理社区"网"，让社区居委会有充足的时间为居民服务和开展社区居民自治活动，增强社区认同感和凝聚力。

（三）加强社区服务站建设，强化公共事务承接功能

充分发挥社区服务中心（站）的作用，大力整合政府部门在社区的办事机构，积极推进"一站式"受理，"一条龙"服务。社区服务站是社区居委会的专业服务机构，其职能主要是承接政府职能部门下沉到社区的公共事务和公共服务。在社区服务站人员配备上应与社区党组织、居委会实行交叉任职，站长由社区党组织或居委会主要领导担任，保证社区党组织的核心地位和社区居委会的主体地位，其他工作人员可由居委会成员、各职能部门派驻人员、面向社会招聘人员构成，形成社区党组织领导、社区居民会议决策、社区居委会执行、社区服务站承担、相关部门协调配合、社会各界广泛参与的良好工作格局。

（四）探索建立"社区、社团、社工、社区志愿者"四社联动机制

在建立社区工作准入制度，堵住不合理任务的基础上，还需要寻找一些社会力量，去承接"疏导出来"的工作，这些力量包括社区社会组织、社工和社区志愿者。要增强社会组织承载功能，加快社会工作专业人才培养，发展壮大社区志愿者队伍，努力形成资源共享、优势互补、相互促进、有机联动的良好局面。一是依托社区建立"四社联动"平台，为社会组织、社会工作专业人才和社区志愿者依托社区开展专业化、社会化、公益性服务提供必要的场所和条件；二是培育多种类型社区社会组织，推进社会组织承接政府转移职能，参与社区管理和开展多种形式社区服务活动。如各类数据统计、经济调查、人口普查等，可以通过政府购买服务，以项目化运作的方式，委托专业性社会组织来实施，减轻社区居委会负担；三是强化社会工作专业人才培养和使用，促进社会工作专业人才与社会组织依托社区融合发展，弥补基层政府、社区自治组织在社会专业服务方面的不足，提升社区治理水平；四是发展壮大社区志愿者队伍，在居委会的带领下广泛开展自助互助服务，充实社区治理力量。

（五）加强社区信息化建设，提升社区服务和管理水平

积极推进社区服务综合信息平台建设，引导不同部门、不同层级、分散孤

立、用途单一的各类社区信息系统向社区服务综合信息平台迁移或集成，对包括居民基本信息、财产状况、金融服务、信用等级、违法犯罪等各类信息进行最大限度的整合，精简基层业务应用系统、服务终端和管理台账，建立集政府公共服务、便民利民服务、自助互助服务于一体的综合信息服务平台，实现"数据一次采集，资源多方共享"。同时，逐步提高社区居委会办公自动化水平和信息技术运用能力，减轻工作负担，提高工作效率，推进社区治理能力现代化。

（六）增强社区服务和自治功能，夯实基层服务管理平台

在着力减轻社区居委会负担，改善社区治理环境的同时，应进一步增强社区服务和自治功能，健全社区党组织领导的充满活力的居民自治机制，完善基层自治制度，全面推进基层民主自治的制度化和规范化，实现社区居民自我管理、自我教育、自我服务、自我监督。要加强社区居委会工作制度建设，建立社区居委会成员分片包块、联系驻区单位、代理服务、服务承诺、入户走访等制度，实行错时上下班、全日值班、节假日轮休等制度，加强与居民群众和驻区单位的联系，及时了解、反映和协调居民群众各方面各层次利益诉求，夯实基层服务管理平台。

社会工作人才激励机制研究

党的十八届五中全会围绕更好推动经济社会发展，进一步提出完善"党委领导、政府主导、社会协同、公众参与、法治保障"的社会主义治理体系，明确了加强社会治理创新，实现政府治理、社会调节、居民自治良性互动等目标要求。在社会治理创新的背景下，社会工作人才队伍的建设与发展，对发挥社会协同作用、实现社会调节功能，推进政府治理、社会自我调节、居民自治良性互动具有重要意义。① 社区"四社联动"模式中，专业社会工作者起到了专业链接资源、组织策划、培育社会组织、提供专业服务等作用，是实现社区治理能力现代化的专业力量与中坚力量。为全面推动全省社会工作人才队伍的有序建设，充分调动社会工作者的积极性与创造性，本文通过对山东省社会工作人才队伍激励机制的现状分析，深度挖掘存在的问题，对建立完善社会工作人才队伍激励机制提出针对性的对策建议。

一、社会工作专业人才队伍建设激励机制现状

（一）制定人才发展规划，保障社工专业人才发展地位

2007 年山东省正式启动社会工作人才队伍建设试点工作以来，省委、省政府高度重视，把社工人才队伍建设列为重大人才工程。2008 年，省民政厅被纳入省人才工作领导小组成员单位，标志着社会工作人才成为全省人才工作重要组成部分，组织部门牵头抓总、民政部门具体负责、有关部门密切配合、社会力量广泛参与的社会工作人才队伍建设推进机制建立健全。2010 年出台《山东省中长期人才发展规划纲要（2010—2020 年）》，将社会工作人才与党政人才、企业经营管理人才、专业技术人才、高技能人才、农村实用人才一并纳入人才队伍建设总体规划进行部署。17 地市也将社会工作人才纳入当地人

---

① 陈冀平，王其江. 董必武法学思想与中国特色社会主义法治理论研究文集（2018 年卷）[M]. 北京：人民法院出版社，2018：102.

才长期发展规划。为进一步推动全省社会工作专业人才队伍建设，2015 年出台了《关于进一步加强社会工作专业人才队伍建设的意见》和《山东省社会工作专业人才队伍建设规划（2015—2020 年）》，明确了社会工作专业人才队伍建设的指导思想、基本原则和发展目标，提出完善社会工作教育培养机制、健全社会工作岗位开发机制、健全社会工作专业人才选拔流动机制、完善社会工作专业人才职业评价机制、强化社会工作专业人才激励机制等五项重要任务。各市也相继出台了社工人才队伍建设实施意见或规划，覆盖省级和地方的社工人才发展综合性政策与规划体系日趋完善。[①]

（二）加大购买服务投入，夯实社工专业人才发展平台

山东省结合省级社区治理创新实验工作，下拨 5000 万福彩公益金购买社会工作服务，针对老年人、儿童、青少年、残疾人、低保家庭、外来务工人员，打造"情系桑榆""快乐同行""暖心港湾"等富有山东特色的社会工作服务品牌，提高社区服务专业化、社会化水平。各地按照政府投入为主、多渠道筹集经费的原则，推动地方政府将社会工作人才队伍建设经费纳入财政预算，加大财政投入力度。济南市自 2009 年由福利彩票公益金购买 5 个专职社工岗位起，逐年扩大购买力度，并将政府购买社工专业服务列入福彩公益金预算。2015 年，福彩公益金投入 600 万元向专业社工组织购买服务，使市级"政府购买社工服务"累计投资额达到近 3000 万元。青岛市积极推动各区市通过财政拨款、福彩公益金、社会资金等多种途径加强对社会工作事业的投入，大力扶持专业社工服务机构的发展，通过"以奖代补"的形式，给予优秀社会组织 3 万至 5 万元不等的奖金扶持。日照市出台意见，明确采取公益创投、培训、奖励、完善设施设备及其他可以扶持的项目或办法等多种方式，推进社区社会工作服务开展。枣庄、东营、威海等市从市级福利彩票公益金中列支 100 万至 300 万不等，作为政府购买社会工作服务项目经费，为政府购买社会工作服务的制度化运行奠定了扎实的基础，拓宽了社会工作专业人才服务领域，夯实了社会工作专业人才发展平台。

（三）建立优秀人才褒奖制度，促进社工专业人才梯队发展

为加快推进全省社会工作专业人才队伍建设，2013 年，省民政厅在省委组织部的支持下提请省政府出台了《齐鲁和谐使者选拔管理办法》（鲁政办发〔2013〕27 号），将齐鲁和谐使者纳入山东省高层次人才库管理，打造了社会

---

① 郭金来. 中国社会组织人才服务体系建设研究 [M]. 北京：社会科学文献出版社，2018：73.

工作专业人才领域内的省级人才工程品牌。2014上半年与2016年上半年，省民政厅与省委组织部联合组织了两届"齐鲁和谐使者"选拔评审工作，经逐级推荐、专家评审、社会公示等环节，共选拔"齐鲁和谐使者"190名。与此同时，推动在市、县（市、区）层层建立和谐使者选拔管理制度，选拔培养一批具有典型带动作用的社会工作专业人才，不断扩大社会工作影响力。目前，济南、青岛等16市已出台市级"和谐使者"选拔管理办法，全省社会工作人才梯队初步形成。同时，各市还积极探索建设符合当地实际的人才激励政策。济南市自2013年开始，对全市126名社工授予"社会工作特别贡献人物""优秀社工""社会工作信息宣传先进个人"等荣誉称号，并予以表彰。青岛市对取得社会工作师、助理社会工作师资格证书的专职社区工作者，每月分别增加200元和100元的岗位补贴。聊城市民政系统规定，凡考取助理社工师、社工师资格者，由所在单位分别给予1000元、2000元、4000元的一次性奖励，并对已取得资格的在岗职工发放每月200元和100元的岗位津贴。良性的人才激励机制和政策，激发了社会工作从业人员、社会工作专业毕业生参与社会工作服务的热情，全省社会工作专业人才总量逐年增加，截止目前全省共有社会工作专业人才4万余人，其中持证社工数达到28283人，这些专业人才已成为各地开展社会工作服务的骨干力量。

（四）扩大社会工作宣传，营造社工专业人才成长氛围

为全面提升全省社会工作专业服务的社会影响力，提升社会工作专业人才的自我价值感与职业归属感，山东省着力加大社会工作宣传力度，营造良好社会氛围。

1. 依托国际社工日进行广泛宣传

在每年的国际社工日统筹协调全省16市民政局、省以及各市社会工作协会、各社工服务机构、山东省高校社工院系和社工服务单位，广泛宣传社会工作在解决社会问题、完善社会服务、扩大社会参与的重要作用，增强公众对专业社会工作服务机构在承接政府购买服务、扩大社会服务范围、提升社会服务品质独特功能的认知，进行典型案例介绍，弘扬专业社会工作者扎根基层、服务社会、助人自助、为民解困的职业精神，宣传社工先进事迹，开展社会工作知识宣传普及活动，全面展现我省社工风采和社会工作实务成果。[①]

2. 充分利用新闻媒体、网络及自媒体等阵地加强宣传

在《当代社会》杂志设立"社会工作"专栏，开展社会工作宣传、经验

---

① 冯砚农. 社会工作主题宣传周活动启动 [N]. 大众日报, 2019-03-29.

推广和政策解读。济南市加强"济南社工"网、"济南社工"微博、微信平台建设和管理，牵头配合中国社会工作联合会和山东卫视"调查栏目"制作播出《我的社工梦》和《社工如何助人自助》专题片，取得良好社会反响。三是深入开展和谐使者宣传。为弘扬齐鲁和谐使者精神，宣传齐鲁和谐使者事迹，通过杂志、报纸、网络等多种媒体，对齐鲁和谐使者和各市和谐使者的选拔工作、人物先进事迹进行了广泛宣传和推介，引起较好的社会反响，极大地增强了社会工作及社会工作人才的社会认知度和认可度，激发了社会工作专业人才的积极性。

二、存在的问题

当前，山东省在社会工作专业人才队伍发展与激励机制建设方面取得了一定成效，建立了一系列人才激励政策，加大了人才激励投入，实现了对优秀社工人才的选拔与考核，落实了人才在职教育培训，营造了良好社会舆论氛围。但是，作为一个人口大省，山东省的社会工作专业人才队伍建设尚存在亟待解决的问题，迫切需要通过进一步完善人才激励机制，激发人才队伍活力，实现人才队伍可持续发展。

（一）专业人才占人口比例偏低

按照今年上半年中央组织部办公厅、民政部办公厅《关于开展全国社会工作专业人才资源统计的通知》确定的社会工作专业人才统计口径，山东省对全省涵盖民政、老龄、组织、教育、公安、司法行政、人力社保、信访、卫生计生、工会、共青团、妇联、残联等系统的取得全国社会工作者职业水平证书、取得社会工作及相关专业大专以上学历、2011 年以来接受过累计不少于120 小时的社会工作专业教育或培训的从事专门性社会服务的人员进行了大规模统计，截至 2019 年 8 月底全省共有社会工作专业人才 4 万余人，仅占全省人数的 0.4‰。据相关资料显示，发达国家和地区专业化社工占总人口比例一般为 2‰—5‰，其中美国专业社工占总人口数的比例为 2‰，加拿大为2.2‰，日本为 5‰，我国香港地区注册社工也占 1.7‰。显而易见，山东省的社会工作专业人才队伍依然存在较大缺口。[①]

（二）社会工作的认知度低

专业社会工作发端于西方，对我国来说是一个舶来的新事物，与西方社会

---

① 中共中央组织部. 中国人才资源统计报告 2015 ［M］. 北京：党建读物出版社，2017：85.

先职业化发展再专业化提升的路径不同，我国社会工作的发展路径是先从教育领域的专业化再到现实的职业化发展；与西方自民间"济贫助困"开始再到政府的社会保障政策推行不同，我国是自上而下地推进社会工作服务，党和政府将之作为社会治理的专业力量与手段加以重视与运用，所以，社会工作服务缺乏基层内生动力的支持，成为一种不得不重视的上级要求，目前社会工作的社会认知度、认可度较低。而在社会发展进程中，既往的社区居委会工作人员、思想政治工作者以及志愿者等的发展都早于专业社会工作者，因此容易造成社会大众对专业社会工作者的误解和片面认知，甚至造成现实中专业社会工作者的工作得不到应有的支持与理解，由此必然会带来专业社会工作者职业效能感差、职业归属感低的现实，使其无法通过职业活动来获取职业满足感和价值感

（三）社会工作人才队伍稳定性差

目前，山东省大部分社工机构的薪资标准没有明确的细分，社会工作者无论年龄大小、学历高低、专业是否对口，基本获得相同的报酬。由于工资报酬较低、待遇提升缓慢，以及职业前景不明朗等原因，社会工作人才流失较为严重，导致高层次的社会工作人才储备不足。山东省正处在社工人才队伍建设的关键时期，高层次社会工作人才在制度设计、实务开展、社工管理与督导等方面具有极其重要的作用，其既需要较高的理论水平，需要对社会工作职业的高度认同，更需要社工实务经验的积累与沉淀，但人才流失所带来的高层人才缺失的问题，将严重制约现实社会工作服务的推进与成效。

（四）地区发展不平衡

山东省虽然属于东部经济发展省份，但是省内地区经济、社会发展不均衡，济南、青岛、潍坊等经济相对发达城市，在社会工作专业人才激励方面保障有力、措施得力，能够积极应对社会发展需求，推动专业服务发展。但还有一些地市社会工作专业服务尚处在起步阶段，政府部门对社会工作认识不足、重视程度不够，导致专业服务发展迟缓，专业人才不足，激励保障机制尚未建立，人才政策无法落实。

三、完善社会工作人才激励机制的对策建议

针对当前山东省社会工作人才激励机制现实，从未来社会治理创新对社会工作专业力量要求的角度出发，要着力推进以下工作，实现对社会工作专业人才队伍激励机制的深入探索与推进发展。

（一）完善政策制度，夯实社会工作专业人才工作基础

立足山东省实际，加强调查研究，加大政策创新力度，研究制定社会工作专业人才教育培训、社会工作专业人才注册登记管理、推进社会工作服务标准化建设等方面的配套制度。指导各地根据工作实际，制定本地区社会工作专业人才队伍建设政策、规划，形成与省级社会工作人才政策衔接配套的社会工作专业人才发展体系。推动有关部门研究制定各行业、各领域社会工作专业人才队伍建设、各领域专业社会工作服务发展的相关政策文件，形成有利于社会工作事业发展的政策环境。①

（二）推进岗位开发，拓展社会工作专业人才职业发展空间

按照精简效能、按需设置、循序渐进的原则，探索完善社会工作专业岗位设置范围、数量结构、配备比例、职责任务和任职条件，建立健全城乡社区、社会服务类事业单位、公益慈善类社会组织社会工作专业岗位开发机制。根据社会功能、职责任务、工作性质、人员结构等因素，在事业单位中分类设置社会工作专业岗位。逐步在街道社区服务中心、乡镇社会事务办或民政所、社区工会组织、社区服务站、社区矫正机构等社区公共服务平台设置社会工作专业岗位，配备社会工作专业人才，开展专业社会服务工作。探索在农村社区设置社会工作岗位，引导和鼓励城市社会工作专业人才到农村社区开展服务。②

（三）完善激励机制，形成社会工作专业人才保障体系

根据国家部署要求，逐步建立以职业道德、能力和业绩为导向，以职业水平评价为基础，符合国情、与国际接轨、科学合理的社会工作专业人才评价机制。加强社会工作专业服务机构监督和管理，探索借助第三方评估力量，科学评价社会工作专业服务机构工作质量和成效。研究制定社会工作岗位薪酬指导标准，逐步提高社会工作专业人才薪酬待遇水平，并按照国家相关规定落实社会保险等事宜，建立健全多层次、全方位的社会工作专业人才薪酬保障机制。做好齐鲁和谐使者选拔管理工作，每两年选拔150名左右齐鲁和谐使者，享受省级高层次人才待遇，对业绩突出、能力出众、群众满意的优秀社会工作专业人才进行激励引导，不断扩大社会工作影响力。

---

① 柳拯．本土化建构中国社会工作制度必由之路 [M].北京：中国社会出版社，2012：96.
② 李昺伟．专业的良心转型时代中国社会工作的守望 [M].北京：社会科学文献出版社，2014：115.

（四）建立职称制度，完善社会工作专业人才职业晋升路径

在建立科学的社会工作人才评价体系基础上，探索建立专业社会工作者的职称体系，形成社会工作专业人才的良性激励机制，更好地实现自我能力与服务品质的提升。国内外的实践证明，合理的职称体系是激励专业技术人员努力提高自身专业水平及提高其职业活动水平的有效制度。由于社会工作是一项专业性很强的工作，专业水平表现为从低到高的不同层次，因此应该与其他专业技术系列一样，建立专业社会工作的职称体系，以及专业技术水平评价标准和职称晋升制度。要切实加强专业技术职务晋升的制度化建设，形成高级社会工作师、中级社会工作师、初级社会工作师等职称序列，形成社会工作专业人才梯队式的成长机制。[1]

（五）加大宣传引导力度，营造尊重社会工作人才的良好氛围

积极宣传社会工作及其人才队伍建设的方针政策，总结和推广各地、各行业社会工作人才队伍建设的新思路、新举措、新经验。围绕重大政策、重大活动、重大事件和先进事迹，通过社工论坛、社工节、社会工作服务项目大赛、齐鲁和谐使者评选、社工案例评选等活动，加强社会工作发展和社会工作专业人才队伍建设宣传报道，展示社会工作人才社会价值，提高全社会对社会工作的知晓度和认同度，营造重视社会工作发展，尊重社会工作人才的良好氛围。

---

[1] 关信平. 社会工作人才队伍建设是一项系统工程 [N]. 中国人事报，2007-03-02.

城市社区建设问题研究

社区是社会的细胞，是社会的基本单元。随着社会的发展，社区日益成为各种社会组织的落脚点、各种群体的集聚点、各种利益关系的交汇点和各类社会矛盾的敏感点。可以说，加强社会管理的重心在社区，改善民生的依托在社区，维护稳定的根基在社区。在加强和创新社会管理中，如何进一步加强城市社区建设，提高城市社区服务管理水平，构建起基层社会服务管理平台成为当前亟待解决的重要课题。本文通过对山东省城市社区建设现状的调查研究，从基层社会服务管理平台的视角着重分析山东省在加强和创新社会管理背景下强化城市社区建设的经验做法及存在问题，针对性提出一些对策建议。

一、山东省城市社区建设发展现状

山东省委、省政府高度重视城市社区建设工作，把加强城市社区建设作为加强和创新社会管理、落实科学发展观、推进民主政治建设、促进和谐社会发展的大事来抓。各市、县（市、区）党委、政府认真贯彻省委、省政府部署要求，大力推进城市社区建设，取得明显成效。

（一）社区建设领导体制和工作机制初步形成

自 2005 年以来，省政府多次召开全省社区工作专题会议，研究、部署社区建设工作。2006 年 7 月，省政府成立了 23 个省直部门参加的社区工作领导小组，形成了政府统一领导，民政、公安、司法、卫生、文化、财政等有关部门协同配合的工作机制。各市也普遍建立起社区建设协调领导机构，把城市社区建设摆上重要议程并编制中长期规划，形成了党委和政府领导、民政部门牵头、有关部门配合、社会力量支持、群众广泛参与的推进社区建设的整体合力。2009 年，省委、省政府从破解城乡二元结构，推进城乡一体化发展出发，对省社区工作领导小组进行充实调整，成立全省城乡社区建设领导小组，实现城乡社区领导体制机制一体化。①

(二) 城市社区基础问题得到较好解决

山东省政府《关于加强和改进社区工作的意见》(鲁政发 [2006] 94 号) 下发之后,全省着力解决城市社区"有人办事、有钱办事、有地方办事"问题,夯实社区建设基础。2012 年,省委办公厅、省政府办公厅下发了《关于加强和改进城市社区居委会工作的意见》(鲁办发 [2012] 22 号),省政府办公厅下发了《关于印发山东省社区服务体系建设规划 (2012—2015 年) 的通知》(鲁政办发 [2012] 50 号),进一步对巩固社区"三有一化"(有人有钱有场所、构建城市区域化党建格局) 提出明确要求。

1. 社区基础设施有了很大改善

为有效解决社区基础设施建设薄弱问题,各地加大工作力度,强化工作措施,着力改善社区居委会办公和服务用房条件。2006 年全省 26.5% 的社区没有办公用房,26.7% 的社区没有综合服务用房。自 2007 年以来,省财政和省福彩公益金累计投入 1.44 亿元,重点支持落后地区城市社区基础设施建设。各地也都加大了对社区基础设施建设的投入。截至 2012 年 12 月份,全省 98.32% 的社区解决了办公服务用房问题,社区办公服务用房平均面积由 2006 年的 243.8 平方米增加到 547.7 平方米②。

2. 社区工作经费和人员补贴得到较好保障

各地采取有效措施,妥善解决社区居委会工作经费和社区居委会人员生活补贴问题。截至 2012 年 12 月底,全省城市社区年平均办公经费由 2006 年的 3112 元提高到 6 万余元。居委会成员平均月生活补贴由 2006 年的 317.4 元提高到 1235 元。81% 的社区为居委会成员办理养老、医疗保险,37% 的社区还为居委会成员办理了工伤、失业、生育等保险。③

3. 社区工作者队伍建设得到明显加强

各地积极从机关干部、企事业单位职工、大中专毕业生和复员转业军人中选聘热爱社区工作的优秀人才,充实、加强社区工作者队伍。截至 2012 年 12 月底,5710 个城市社区居委会共有成员 2.86 万名,其中具有大专以上学历的占 45%。同时,全省社区社会组织 1.8 万个,其中社区志愿者组织 1 万多个,志愿者队伍发展到 45 万人,成为推动社区工作的一支重要力量。济南市面向

---

① 张国琛. 民政 30 年 (山东卷) 1978—2008 年 [M]. 北京:中国社会出版社, 2008:132.

② 数据来源:山东省民政厅 2014 年城市社区数据统计 (内部资料)。

③ 聂炳华. 社会发展改革研究 [M]. 济南:山东人民出版社, 2015:81.

社会公开招聘具备专业知识的社工人才进入社区工作者队伍，打造了一支具有现代社区理念和创新能力的专业化社区工作者队伍，在法律援助、心理疏导、社区就业、社区矫正等领域发挥了重要作用。

（三）社区服务水平不断提高

各地积极拓展社区服务领域，建立与市场经济相适应、服务主体多元化的社区服务体系，不断提高社区服务水平。全省绝大多数社区设立了"一站式"服务大厅，有关部门在社区服务中心设立服务窗口，实现了集行政管理、社会事务、便民服务为一体的"一门式办公、一站式服务"。目前，全省建设城市社区服务站6286个，社区"一站式"服务大厅4019个，社区卫生室（站）5260个、社区警务室4394个、社区文体活动室4961个、社区图书室4712个，较好地满足了社区居民多样化需求。广泛开展社区社会救助、社会福利、医疗卫生、计划生育、社会治安、科技教育、文化体育、劳动保障、法律援助等公共服务，开展社区志愿服务和社区居民互助自助活动，开展市场化便民利民服务，全省城市社区初步形成了政府公共服务、市场化服务和居民自助互助服务相结合的社区服务体系。全省以社区服务为切入点，集中建设了一批集热线电话、因特网查询、单键呼叫为一体的智能呼叫中心和社区网络平台，实现社区管理和服务信息化。目前全省有15个市建立了三级或四级联网的社区综合信息服务网络平台，建立智能呼叫中心637个。①济南市打造社区"十分钟生活服务圈"；青岛市居委会为民服务承诺制覆盖面达到100%；泰安市泰山区为社区居民提供"电子政务""电子速递""电子超市""电子保姆"等服务项目，重点打造了服务居民的"一号通""一网通""一键通""一卡通"和"一家通"五个信息平台，实现了社区高效、快捷服务。

（四）新型社区管理体制逐步形成

山东省以建立新型社区为突破口，不断深化街道、社区体制改革，合理配置社区资源，及时调整社区规模，形成了较为合理的社区布局。同时，不断健全完善社区居民自治制度，有效实施民主选举、民主决策、民主管理和民主监督，使居民自治活动更加规范有序。日照、烟台、济宁、东营、青岛四方区等地着力转变政府职能，探索建立"权力下放、重心下移、权随责走、费随事转"的基层社区管理体制和工作运行机制，实现了政府行政管理和社区自我

---

① 民政部办公厅，民政部政策研究中心. 民政政策理论研究优秀论文集2010（上）[M]. 北京：中国社会出版社，2011：76.

管理的有效衔接和良性互动。淄博、东营、潍坊、泰安、济南市中区等地大力推行社区"网格化"管理模式，将社区划分为若干网格，每个网格设立网格管理员、片长、楼长等，吸纳网格内社会组织、辖区单位、社区志愿者等参与网格事务管理，组成了由社区居委会成员牵头负责、网格管理员具体负责、社会力量积极参与的网格管理团队，把服务管理触角延伸到每个小区、每个楼栋、每户居民，逐步形成上下贯通、左右联动、全覆盖、无缝隙的社区服务管理新格局。①

（五）社区品牌创建活动蓬勃发展

各地结合实际，深入开展和谐社区创建活动，集中建设一批生活便利的"服务型社区"、治安良好的"安全型社区"、环境优美的"生态型社区"、经济繁荣的"小康型社区"、管理民主的"自治型社区"、学习氛围浓厚的"学习型社区"等功能型社区。开展城市示范社区创建活动，建设 213 个高标准、高品质的示范社区，打造出"有事帮你办""泰山先锋""温馨家园""放学来吧"等一系列社区服务品牌，充分发挥典型的示范作用，带动全省城市社区建设再上新台阶、服务再上新水平、管理再上新档次。

（六）"村改居"工作稳妥推进

山东省 2012 年城镇化率达到 51.98%，接近全国平均水平。从国内发达省市和发达国家情况看，随着城镇化建设和城市化水平的提高，将有相当数量的村委会改为城市居委会，这是经济社会发展的必然趋势。从近几年山东省"村改居"工作情况看，全省现有"村改居"社区 2611 个，占城市社区总数的 48.3%。其中 52% 的"村改居"社区居民没有享受城区相关待遇、66% 的干部没有享受城区干部待遇，69% 的"村改居"社区资产仍保留着农村集体所有制，并依据"村委会组织法"开展工作，多数"村改居"社区管理体制、居民生活习惯、思想观念仍然停留在改居前的状态。这就扭曲了"村改居"社区的本质，致使城市化质量水平不高，影响了城市化进程，亟待加以规范理顺。山东省在认真调研、总结基层"村改居"工作经验基础上，积极探索推进"村改居"工作。

1. 召开全省"村改居"工作会议

2012 年 4 月，在潍坊召开了全省"村改居"工作会议，明确了"村改居"条件、原则、程序、标准，对这项工作进行了部署。

---

① 苏庆伟，张军咏，赵勇．和谐山东［M］．济南：山东人民出版社，2008：42.

2. 出台文件

2012 年 7 月，省委办公厅、省政府办公厅《关于加强和改进城市社区居委会工作的意见》对"村改居"工作进行了规范，为全省"村改居"工作提供了强有力的政策支持。

3. 规范操作

指导各地坚持"先改制，后改居"的原则，严格把握"村改居"标准和操作程序，要求必须同时具备四个条件才能进行"村改居"，即：拟撤销的村民委员会所辖区域必须位于土地利用总体规划确定的城镇建设用地规模边界内；集体所有耕地已无法满足村民生产生活基本需要；所辖区域内三分之二以上劳动力已转移至非农产业；集体资产、债权债务得到妥善处置，完成资产改制，产权关系明确。条件成熟后，才能启动法定程序，经村民大会讨论同意，由乡镇人民政府（街道办事处）提出，报县（市、区）人民政府批准。

4. 对翻牌"村改居"社区进行整改

协调做好原村集体资产改制工作，对有经营性净资产的村，成立有限公司或股份经济合作社；对有负债的村，成立经济合作社。指导"村改居"社区实行社区自治组织和经济组织分离，实现"经社分离""居企分开"。推动社区管理体制转变，把"村改居"社区及时纳入城市社区建设规划和城市社区管理，"村改居"社区办公服务场所、工作经费、人员报酬和居民养老保险、医疗保险、住房保障、社会救助、社会就业、优待抚恤等保障政策，纳入城市社区建设服务管理范围，享受当地城市社区的相关待遇。指导"村改居"社区适应城市社区管理的需要，转变工作职能和工作方式，强化社区管理和服务，方便社区居民群众生活。①

二、当前城市社区建设存在的主要问题

山东省城市社区建设方面还存在一些不容忽视的问题和薄弱环节，与加强和创新社会管理的要求不相适应，需引起重视。

（一）社区管理体制改革滞后

城市社区建设是一个制度创新、机制创新、城市工作格局重构的系统工程，是对社会管理体制的变革。既然是改革，就必然涉及方方面面的利益调整，工作难度较大，新型城市基层管理体制还未真正形成，政府部门、街道

---

① 于建伟，黄观鸿，唐鸣，祁中山. 中国基层群众自治制度 [M]. 北京：中国民主法制出版社，2017：96.

（乡镇）与社区的关系还没有理顺。一些部门片面地理解和看待社区建设工作，不认真研究自身如何转变职能，如何支持社区自治，而是把经费留给自己，把工作推给社区，轮番进行检查、考核，致使社区不堪重负。有些街道（乡镇）与社区之间职责不清、条块关系混乱、运行机制不畅，错位、越位现象时有发生，政府的公共管理和社会服务职能难以到位。①

（二）社区自治功能发挥较差

目前，山东省59%的城市社区居委会换届选举采取间接选举的形式，直接选举的覆盖面较窄，同时，街道对居委会干部选举的过多干预或影响，使居民对选举的兴趣与信心下降，导致选举参与率比较低。各地虽然建立了社区居民会议、居民代表会议、社区民主协商议事会等相关制度，制订了居民公约或居民自治章程，但有些社区在实际操作中却流于形式，居民只是参与社区事务的运作，而很少参加决策与管理，有些社区忙于应付部门工作，无力分身组织居民开展自我管理、自我教育、自我服务等活动，未能真正体现居民自治。

（三）社区共建机制不够健全

社区建设是一项综合性的工作，需要多个部门在党委和政府的领导下共同参与，充分发挥各部门和各单位的力量，密切配合、齐心协力，才能把社区建设各项工作落到实处。但是从目前的局面看，长期以来形成的条块分割的管理体制的弊端已显现在社区建设工作中，各职能部门之间缺乏一种有效的沟通协调和协作机制。而且，驻区单位固守单位体制，社区工作的积极性不够，没有形成社区资源共享和共驻共建机制；社区居民特别是有工作单位的居民，对社区的依附性较弱，社区意识淡薄，参与意识不强。"社区是我家，建设靠大家"还仅仅体现在舆论导向层面，付诸实践尚待时日。②

（四）社区社会组织亟待规范

随着城市社区建设的不断深化，社区社会组织得到蓬勃发展，成为整合社区资源、加强社区建设、完善居民自治、服务人民群众的一支新生力量。但是目前全省社区社会组织正处在发展的初级阶段，有诸多问题亟待解决，既有社区社会组织自身发展不平衡、个体实力弱小以及管理和资金方面的问题，也存在政府法律法规不健全和管理机制滞后的问题，由于人员散杂、组织松弛、管

---

① 娄成武，孙萍. 社区管理学（第2版）[M]. 北京：高等教育出版社，2006：61.

② 杜德印. 社区党建工作创新研究 [M]. 北京：中国社会出版社，2009：51.

理粗放，难以很好地形成组织和团体的力量，承接社会管理和服务的功能较弱。

（五）社区工作者队伍专业化程度不高

社区工作者队伍整体素质的高低，直接关系到城市社区建设的水平。目前，社区工作队伍构成复杂，人员专业化程度不高、缺乏必备的管理经验和专业知识，是社区管理工作的一大困境。管理队伍的非专业化，使得管理职能的实施和管理目标的实现受到较大的影响。社区工作人员对社区管理工作的复杂性和艰巨性认识不足，也使社区项目拓展和质量提升受到很大的困扰，影响了社区居委会作为群众性自治组织自我管理、自我教育、自我服务功能的发挥。①

三、城市社区建设发展趋势

（一）城市社区建设面临良好的发展形势

城市社区作为保障和改善民生的重要依托、加强社会管理和公共服务的重要平台、巩固党在城市基层执政地位的重要基石，在社会建设领域和社会管理体系中发挥着不可替代的基础作用。

1. 城市社区发展的新机遇

党的十八大对社区建设的新定位、新部署给社区建设工作带来新的发展机遇。党的十八大明确指出"在城乡社区治理、基层公共事务和公益事业中实行群众自我管理、自我服务、自我教育、自我监督，是人民依法直接行使民主权利的重要方式"，明确要求"改进政府提供公共服务方式，加强基层社会管理和服务体系建设，增强城乡社区服务功能，充分发挥群众参与社会管理的基础作用"②。党的十八大第一次把社区治理写入党的纲领性文献，进一步指明了社区建设的方向、原则和任务，这就为社区建设工作带来新的发展机遇。

2. 创新社会服务体系的新要求

创新社会服务管理体系对进一步提升社区服务管理水平提出了新要求。创新社会服务管理体系重在大力保障和改善民生，努力提高人民群众的生活质量，有效防范和化解社会风险。我国改革发展正处在一个关键时期，各类矛盾

---

① 王红，郅海杰，王伟东. 街道党建工作创新与和谐社区建设 [M]. 北京：中央文献出版社，2009：36.

② 连玉明，武建忠. 中国政情报告 2013-2014 [M]. 北京：当代中国出版社，2014：116.

出现多发现象，最终要靠社区解决；党和国家的各项方针、政策和工作部署，最终都要靠社区去贯彻和实施；广大群众的意愿和要求，最终要靠社区去了解和反映；推动社会主义物质文明、政治文明、精神文明与和谐社会建设全面发展，最终要靠社区组织居民去实现。城市社区在社会管理和服务中的地位日益显现，城市社区在协调利益、化解矛盾、排忧解难、构建和谐社会中的作用更加突出，全社会重视城市社区建设工作的氛围进一步浓厚。

3. 社区治理格局形成的新要求

社区居民的民主参与意识的增强推动着基层民主政治建设，促进了社会管理新格局的建立和完善。完善"党委领导、政府负责、社会协同、公众参与、法治保障"的社会治理新格局，关键在于提高社会协同能力，扩大公众参与。社区是人民群众参与管理公共事务的重要课堂，在培育社会协同主体、调动公众参与积极性，满足人民群众发挥自身能力方面具有独特优势，发挥着重要作用。同时，随着经济的发展和社会的进步，城乡居民的民主参与意识不断增强。他们不仅仅满足于生活上的富足，更多的关注自己的政治权利，渴望实现居民自我管理、自我教育、自我服务、自我监督，这就为社区的民主政治建设提供了强大的动力支持。

(二) 城市社区建设呈现良好的发展趋势

山东省的城市社区建设在党委政府的高度重视和正确领导下，在广大基层干部群众的积极参与支持下，按照加强和创新社会管理的总体要求，以服务居民群众为宗旨，以提高居民文明素质和社会文明程度、促进社区和谐为目标，加强社区组织体系建设，落实基层群众自治制度，推进社区管理体制改革，完善社区自治和服务功能，呈现出良好的发展趋势。

1. 以社区党组织为核心的社区组织体系更加健全

近年来，组织部门围绕实现党的组织和工作全覆盖，大力推进党组织设置网格化；围绕实现党员服务管理全覆盖，大力推进党员教育管理网格化；围绕实现党的活动全覆盖，大力推进资源信息配置网格化；围绕实现社区服务全覆盖，大力推进服务体系网格化；围绕增强街道社区党组织服务和管理功能，切实加强党组织自身建设。社区党组织建设得到进一步加强，呈现出"四个转变"：党组织设置由主要按地域、单位设置的单一性、条线型向复合式、功能性、网格化转变；党组织职能由过多的承担行政性事务向管理社区、提供服务转变；党组织活动由相对封闭、自成体系向开放共享、良性互动转变；党组织工作方式由习惯于传统的方法和手段向现代化、信息化、公开化转变，街道社区党组织的生机活力得到进一步增强。

城市社区居委会是居民自我管理、自我教育、自我服务的基层群众性自治组织，在服务居民群众、搞好城市管理、密切党群干群关系、维护社会稳定、促进社会和谐等方面具有不可替代的地位和作用。特别是省委办公厅、省政府办公厅《关于加强和改进城市社区居民委员会工作的意见》下发后，社区居委会建设工作得到进一步强化，社区居委会及其下属委员会、居民小组、楼院门栋上下贯通、左右联动的社区居委会组织体系日益完善。到"十二五"末，全省将实现城市社区党组织、居委会、专业服务机构、社会组织全覆盖，每个社区至少有 1 名社会工作专业人员，50%以上的社区居委会工作人员达到大专以上文化程度；每个社区拥有 5 个以上的社会组织。

2. 以社区公共服务为主要内容的社区服务体系更加完善

自 2007 年以来，省、市、县三级累计投入 10.4 亿元用于社区服务设施建设，搭建社区服务平台，构建社区服务网络，为推动社区公共服务广覆盖、群众性互助和志愿服务制度化、社区专业服务和商业服务规范便利，建立公共服务、便民利民服务、志愿服务有效衔接的社区服务体系奠定了良好基础。预计到"十二五"末，基本实现社区公共服务项目全覆盖，基本建成以社区综合服务设施为主体、各类专项服务设施相配套的综合性、多功能的社区服务设施网络。社区服务信息化建设水平进一步提高，普遍建设社区综合服务信息平台。社区服务体系建设的法规和政策进一步完善，社区服务发展的制度环境进一步优化，基本建立多方参与、优势互补、利益协调、规范有序的社区服务运行机制。[①]

3. 以居民自治为主要形式的社区治理机制更加强化

进一步完善基层自治制度，深入开展以居民会议、议事协商、民主听证为主要形式的民主决策实践，以自我管理、自我服务、自我教育为主要目的的民主管理实践，以居务公开、民主评议为主要内容的民主监督实践，全面推进城市基层自治的制度化和规范化，基层群众充分享有知情权、参与权、管理权和监督权。许多地方涌现出院落自治、门栋自治、社区论坛、民情恳谈等新的自治方式，自治范围和途径逐步拓宽，自治内容和形式更加丰富。继续推进社区管理体制创新，充分发挥人民主体作用，充分调动社区多元主体的积极性，推进社区治理，社区自治和服务功能逐步增强。[②]

---

① 民政部基层政权和社区建设司. 全国农村社区建设重要资料选编 2012 [M]. 北京：中国社会出版社，2013：114.

② 张大维. 中国共产党的社区建设理论与实践 [M]. 武汉：华中师范大学出版社，2012：85.

4. 社区和社区居民文明程度焕然一新

党的十七届六中全会做出了《关于深化文化体制改革推动社会主义文化大发展大繁荣若干重大问题的决定》，提出了增强国家文化软实力，建设社会主义文化强国的发展战略。各地充分研究、挖掘、梳理、丰富社区文化，把地方的人文特征充分融入社区建设之中，形成具有本地特色的社区文化。更加注重把社会主义核心价值体系融入社区教育的各个方面，加强社会公德、职业道德、家庭美德、个人品德建设，深入开展社区群众性精神文明创建活动，使广大居民群众牢固树立社会主义荣辱观，践行健康、科学、文明的生活方式，实现家庭和谐幸福，邻里团结互助，人际关系融洽。加强社区品牌建设，建设资源节约型、环境友好型、生态文明型社区，不断改善社区人居环境，努力促进人与自然的和谐发展，社区环境将不断优化，社区居民素质日益提高。

四、加强城市社区建设的对策建议

党的十八大报告提出，"要围绕构建中国特色社会主义社会管理体系，加快形成党委领导、政府负责、社会协同、公众参与、法治保障的社会管理体制"，城市社区是社会协同管理、公众广泛参与的基础。要通过加强城市社区建设，巩固社区自治组织，完善社区管理体制机制，增强基层群众自治能力，逐步建立健全以社区党组织为核心、以社区自治组织为主体、以政府部门派驻社区力量为依托、以物业管理机构和社区社会组织为补充、以社区信息综合管理平台为载体、驻社区单位和社区群团组织密切配合、社区居民广泛参与的新型社区管理体系，真正把城市社区打造成政府社会管理的平台、居民日常生活的依托、社会和谐稳定的基础。①

（一）完善社区组织体系，为加强城市社区建设奠定组织基础

1. 加强社区党组织建设，充分发挥党组织在社区建设中的领导核心作用

要适应市场经济发展和社会结构变化的实际，在所有符合条件的楼宇、新经济组织和新社会组织、专业协会、产业链、外出务工经商人员相对集中点等建立不同形式的党组织，加快建立开发区、新建住宅区、城中村社区党组织，明确各种新型党组织与社区党组织的关系，建立"横向到边、纵向到底"的组织领导体系，充分发挥社区党组织在社区管理和服务中的领导核心作用，构建基层党建新格局。

---

① 陈新祥，陈伟东. 城市社区工作理论与实务 [M]. 北京：中国社会出版社，2014：102.

2. 依法加强社区居委会建设，推进城市社区居委会组织全覆盖

社区居委会的设置要充分考虑公共服务资源配置和人口规模、管理幅度等因素，按照便于管理、便于服务、便于居民自治的原则确定管辖范围，按2000—3000户规模设置为宜。要着重加强城乡接合部、城中村、工矿企业所在地、新建住宅区、流动人口聚居地的居委会组建工作。新建住宅区居民入住率达到50%的，应及时成立社区居委会，在此之前应成立居民小组或由相邻的社区居委会代管，实现对社区居民的全员管理和无缝隙管理。对"村改居"社区要坚持先改制后改居的原则，严格掌握"村改居"的标准条件。对符合"村改居"条件的要先对原村民所有的集体资产进行审计、评估，制定改制方案，组建股份制公司或资产管理中心，将经营性资产确权量化到村民个人，在确保原村民的利益不受损失、维护社会稳定的前提下推进村改居工作。对已改建为社区居委会，但集体资产尚未进行改制的，各县（市）区应成立专门的工作机构，制定改制方案，在试点取得经验的基础上，积极稳妥地完成改制工作。建立有效承接社区管理和服务的人民调解、治安保卫、公共卫生、计划生育、群众文化等各类下属委员会，切实增强社区居委会组织居民开展自治活动和协助城市基层人民政府或者他的派出机关加强社会管理、提供公共服务的能力。选齐配强居民小组长、楼院门栋长，积极开展楼院门栋居民自治，逐步形成社区居委会及其下属委员会、居民小组、楼院门栋上下贯通、左右联动的社区居委会组织体系新格局。

3. 加快培育社区社会组织，充实社区管理和服务力量

充分认识社区社会组织在社会管理和服务中的组织引领、协调整合、示范带动和排忧解难功能，坚持鼓励发展和监管引导并重的方针，完善培育扶持社区社会组织的政策措施，推动包括社会团体、行业组织、中介机构、志愿者团体等在内的各种社会组织发展壮大，充分发挥其反映利益诉求、规范社会行为、化解社会矛盾、扩大公众参与、提供公共服务、增强社会活力、促进社会发展等方面的积极作用。

（二）加强社区工作者队伍建设，为加强城市社区建设培育依靠力量

1. 壮大社区居委会工作队伍

广大社区工作者是实现社会管理和服务的最前沿队伍与最基本力量。要按照"精简、高效、务实"的原则，依据每300户配备1人、最低不得少于5人的要求，选齐配强社区居委会干部队伍。同时，以提高素质、优化结构为重点，积极从机关干部、企事业单位、大中专毕业生、复员转业军人中选聘优秀人才，经过法定程序，充实到社区居委会中。制定优惠政策，鼓励吸引更多社会优秀人才、大学生到社区工作,切实解决社区居委会成员及其聘用的工作人员的生活补贴、工资、保险等福利待遇,并使待遇水平随经济发展而适当提高,为他们切实扎根社区创造必要的工作条件。

2. 培育和发展社区志愿者队伍

大力推行社区志愿者注册制度,积极动员党员、团员、公务员、专业技术人员、教师、劳动模范、退役军人、青少年学生以及身体健康的离退休人员等加入社区志愿者服务队伍,壮大社区工作者力量。健全社区志愿服务网络,在有条件的社区建立社区志愿者服务站,加强志愿服务工作的协调和管理。①

3. 提高社区工作队伍的能力素质

定期组织对社区居委会成员、社区专职工作人员、社区志愿服务人员开展理论培训和岗位技能培训。针对社区工作的特殊性和复杂性,对他们进行系统的知识培训,帮助社区工作者改进工作方法,提高工作水平。加强实践锻炼,对新招聘的年轻工作者,要通过横向交流、压担使用、到街道挂职、外出参观考察等培养方式进行多形式、多岗位锻炼,增强他们做好社区管理和服务的本领,提高正确执行政策、善于做群众工作的能力和处理复杂问题的能力。

(三) 完善社区服务,满足居民群众多层次多样化的服务需求

1. 加强社区服务设施建设,搭建社区服务平台

要将社区服务设施建设纳入城市规划、土地利用规划和社区发展相关专项规划,加强社区服务基础设施建设,统筹解决必要的社区办公服务用房和配套设施,确保建筑面积不少于每百户 20 平方米,其中用于服务的面积不低于70%。对于无办公和服务用房的社区或办公服务面积不足的社区,可通过新建、改扩建、购买或租赁等多种途径加以解决,其中租赁时限应不低于 10 年。推动社区综合服务中心建设,提倡"一室多用",提高使用效益。社区综合服务中心必须满足和保证开展社区党建、社区社会保障、社区就业、社区卫生、社区计划生育、社区文化、社区治安等工作的需要,应做到"一厅、一站、两栏、八室、一场所"。其中"一厅"即便民服务大厅;"一站"即社区卫生(计生)服务站;"两栏"即宣传栏、居务公开栏;"八室"分别是社区办公室、会议(党建活动)室、社区警务(综治)室、社区档案室、社区图书阅览室、居民文体活动室、老人日间照料室、社区居民学校教室;"一场所"即室外文体活动场所。各社区根据实际情况和居民的实际需求,可增设残疾人康

---

① 侯玉兰,唐忠新. 社区志愿服务理论与实务 [M]. 北京:中国社会出版社,2009:57.

复训练室、志愿者活动室、心理咨询室、便民服务点等服务设施。①

2. 坚持以人为本，丰富社区服务内容

积极开展面向老年人、儿童、残疾人、低保对象、优抚对象的社区救助和福利服务，帮助社区群众解决生产生活中的实际困难；开展社区就业再就业服务，通过提供就业再就业咨询、再就业培训、就业岗位信息服务和社区公益性岗位开发等，对就业困难人员提供针对性的服务和援助；开展社区精神卫生服务，规范、发展社区专业心理服务机构，提供社会化心理咨询和心理救助服务，及时发现、积极疏导、有效解决精神卫生问题，防范和降低社会风险；开展社区文化、教育、体育服务，营造良好的社区氛围，促进社区精神文明建设；开展社区流动人口管理和服务，为流动人口生活与就业创造条件；开展社区安全服务，加强社区治安综合治理，积极探索化解社区矛盾、维护社区安定的新途径、新方法，在城市社区形成科学有效的利益协调机制、诉求表达机制、矛盾调处机制、权益保障机制，努力从源头上化解各种不安定因素，将矛盾纠纷解决在内部、解决在基层、解决在萌芽状态，实现对不稳定因素由事后处置到事前预防的转变，维护基层稳定。发扬和睦友爱、邻里互助的优良传统，积极组织社区居民开展各种自助、互助服务。努力在党政关注、群众急需、志愿者所能的结合点上寻找工作突破口，开展以困难群众为对象的"一助一"长期结对服务、"志愿者扶贫济困行动"、低保户回报社会志愿服务、志愿者集中服务月活动，广泛开展社区文化教育、医疗卫生、便民服务、心理咨询、法律援助等志愿服务活动，逐步将志愿服务推广到社区公共安全、环境保护、应急救援等公共服务领域，丰富社区服务内涵，提升社区服务品质，实现社区服务功能由单一福利型向综合型、粗放型向集约型、被动应付型向主动开拓型的转变，推进社区建设全面提升，使城市社区真正成为管理有序、服务完善、文明祥和的社会生活共同体。

3. 加强社区信息化建设，提高社区服务手段

梳理、优化、整合各类社区服务热线、呼叫热线、服务网站等信息资源，规范新建系统、调整在建系统、改进已建系统，规范社区信息的采集、开发和应用，建设覆盖社区全部服务管理功能的社区综合信息平台，做到数据一次收集、资源多方共享，实现省、市、区（市、县）、街（乡、镇）、社区连通互动的社区信息网络。完善社区信息数据库，建立社区居民、家庭、社会组织、社区活动电子档案，推动社区服务队伍、服务人员、服务对象信息数字化，为城市社区管理和服务无缝隙全覆盖提供有力支撑。加快整合社区各种服务资

---

① 刘元勇. 全科社区工作者必读［M］. 北京：中国社会出版社，2017：75.

源，通过社区网站、呼叫热线、短信平台及有线数字电视平台、家政服务网络中心、公共电子阅览室、信息服务自助终端等形式和手段，为社区居民提供全方位、全天候、零距离的社区服务，逐步形成快捷有序、方便灵动的社区服务网络，真正把社区服务塑造成为一个渗入到千家万户寻常百姓日常生活中的、一个为民办好事办实事的服务品牌，增强社区凝聚力和归属感，形成健康向上、文明和谐的社区氛围。[①]

（四）加强城市社区民主制度建设，强化社区自治功能

1. 扩大党内基层民主

按照"两推一选"（群众和党员推荐，党员大会选举）的原则，逐步扩大社区党组织领导班子直接选举范围，尤其要选齐配强社区党组织负责人。全面推进社区党务公开，健全社区党员代表议事制度。动员和组织广大党员积极参与基层事务的民主管理和志愿服务，发挥党员的模范带头作用，带动和促进社区居民民主健康发展。

2. 完善民主选举制度

加强以直接选举、公正有序为基本要求的民主选举制度建设，保障居民群众的选举权。切实做好社区居委会的换届选举工作，稳步扩大居委会直接选举的覆盖面。进一步规范民主选举程序，依法开展换届选举工作。在设区市范围内，要统一届期，以便统一部署、统一组织、统一指导、统一检查，提高工作效率。在符合相关法律法规规定的前提下，各地应对居委会成员候选人的资格条件做出规定，引导居民把办事公道、廉洁奉公、遵纪守法、热心为居民服务的人提名为候选人。要重点关注城乡接合部、村改居、工矿企业所在地、流动人口聚居地、新建住宅区等"难点"社区的选举，鼓励流动人口参选、社区干部交叉任职、候选人竞争演讲等。尚未完成农村集体资产改制的"村改居"社区，选举时应适用村委会组织法的有关规定；已完成农村集体资产改制的，可适用居委会组织法有关规定。[②]

3. 完善民主决策制度

加强以居民会议、居民代表会议、居民议事为主要形式的民主决策制度建设，保障居民群众的决策权。建立健全社区党组织和社区居委会联席会议制度、居民会议制度、社区事务议事制度，涉及居民利益的重大决策要及时听取

---

① 刘祥富. 新常态 新思考 新定位 山东省民政政策理论研究成果选编 2015［M］. 济南：山东大学出版社，2016：141.

② 陈新祥，陈伟东. 城市社区工作理论与实务［M］. 北京：中国社会出版社，2014：124.

居民群众意见，确保决策事项符合居民意愿。探索通过网上论坛、民情恳谈、社区对话、居民公决等有效形式，鼓励社区居民和驻区单位参与社区重大决策。

4. 完善民主管理制度

加强以居民自治章程、居民公约为主要内容的民主管理制度建设，保障居民群众的参与权。指导各社区居委会依据党的方针政策和国家法律法规，结合本地实际，讨论制定居民自治章程或居民公约，进行自我管理、自我教育、自我服务。

5. 完善民主监督制度

加强以居务公开、财务监督、群众评议为主要内容的民主监督制度建设，保障居民群众的知情权和监督权。完善居务公开制度、财务公开制度、民主评议制度、监督检查制度等相关民主监督制度，按照制度要求将社区事务、财务和居民群众普遍关心的热点、难点、重点问题及涉及群众切身利益的事情，通过居务公开栏、居民听证会、明白纸、网上公告等形式向社区居民公开，接受居民的监督。组织居民有序开展与其日常生活紧密相关的公共服务监督评价活动，协助政府完善公共服务事项。

（五）创新社区社会管理，提高社区治理水平

1. 推广部门工作进社区准入制度

明确社区居委会职责，理顺政府及其职能部门与社区的关系。充分发挥社区服务中心（站）的作用，大力整合政府部门在城市社区的办事机构，实现行政放权、重心下移，积极推进"一站式"受理，"一条龙"服务。根据城市社区发展情况，在城市社区广泛推广部门工作进社区准入制度，除法律法规或政策规定应由有关职能部门履行的职责外，对确需社区协助完成的工作，要通过政府"购买服务"等形式，按照"权随责走、费随事转"的原则，将有关工作和经费一并交给社区，保障社区事务管理责、权、利统一，实现政府行政管理与基层群众自治有效衔接和良性互动。社区服务站是社区居委会的专业服务机构，在社区服务站人员配备上建议与社区党组织、居委会实行交叉任职，站长由社区党组织或居委会主要领导担任，保证社区党组织的核心地位和社区居委会的主体地位，其他工作人员可由居委会成员、各职能部门派驻人员、面向社会招聘人员构成，形成社区党组织领导，社区居民会议决策、社区居委会

执行、社区服务站承担、相关部门协调配合、社会各界广泛参与的良好工作格局。①

2. 实行社区网格化管理

按照便于服务管理、便于资源整合、群众认同满意的原则，将城市社区统一划分为若干网格。在科学划定网格的基础上，把人、房、地、事、情和服务管理任务全部沉入网格，实行分片包干、责任到人、设岗定责、服务到户，把信息采集、矛盾化解、教育宣传、服务救助等各类事务，全部落实到网格，在网格内进行梳理整合，依托网格抓好落实。每个网格配备一名专职网格管理员，主要是组织和动员网格内各类力量，当好社区管理信息采集员、教育宣传员、民意联络员、矛盾调解员、群众帮扶员、社区监督员。依托网格整合社区居民、社区党员、志愿者、公益岗位、楼长、信息员和辖区单位、物业公司、社会组织等各类力量，协助网格管理员开展工作，逐步形成由社区居委会牵头负责、网格管理员具体负责，社会力量积极参与的网格队伍，减少服务"盲点"和管理"真空"，使群众求助有渠道、办事更便捷，使社区管理有抓手，服务更精细。②

3. 完善社区共驻共建机制

居民群众是城市社区建设的主体，要通过多种方式，寻找吸引居民群众广泛参与的途径，培育居民的社区意识，培养居民参与精神，增强社区的凝聚力。当前，可充分利用各种行业协会、群众性健身娱乐团队、志愿者组织以及群团组织等载体，发动和组织居民群众开展丰富多彩、健康有益的社区活动，引导和带领居民共建美好家园。市、县（市、区）、乡镇（街道）三级社区建设协调领导机构要认真履行协调指导职能，制定社区建设长远目标和年度计划，定期研究社区建设工作，协调解决重大问题，确保社区工作的各项任务目标落实到位；各社区成立社区共建联席会或协调委员会，由街道、社区居委会、物业管理机构、业主委员会、驻社区单位主要负责同志和部分居民代表参加，建立例会工作制度，定期召开会议，共同商议研究社区建设工作。驻社区的机关、团体、部队和企事业单位应按照互惠互利、资源共享原则，积极支持和参与社区建设，主动将单位内部的科教、卫生、文体和生活服务设施等向社区居民开放，充分利用社区内的学校、培训机构、幼儿园、文物古迹等开展社区教育活动，实现社区资源的共有、共建、共享，营造"共商社区事务，共

① 民政部办公厅，民政部政策研究中心. 民政政策理论研究优秀论文集 2010（上）[M]. 北京：中国社会出版社，2011：63.
② 李善峰，侯小伏，毕伟玉. 山东社会蓝皮书 2012 年：加强与创新社会管理 [M]. 济南：山东人民出版社，2011：137.

享社区资源，共建社区家园"的良好氛围。①

3. 探索建立"社区、社团、社工"三社联动机制

积极探索建立以社区为平台、社会组织为载体、社会工作专业人才队伍为支撑的社区服务管理新机制，增强社会组织承载功能，加快社会工作专业人才培养，发挥好公益项目的纽带作用，努力形成资源共享、优势互补、相互促进、有机联动的良好局面。一是依托社区建立"三社联动"平台，为社会组织和社会工作专业人才依托社区开展专业化和社会化服务提供必要的场所和条件；二是培育多种类型社区社会组织，推进社会组织承接政府转移职能，参与社区管理和开展多种形式社区服务活动，满足居民多层次、多样化、个性化需求，提高专业化、社会化服务水平；三是强化社会工作专业人才培养和使用，促进社会工作专业人才与社会组织依托社区融合发展。社会工作者可通过引入个案辅导、小组活动、社区工作等专业社会工作方法，为社区里的青少年、老年人、残疾人、失业人群、问题家庭等特殊群体、困难群体提供综合性、专业性的社会工作服务，推进基层社会服务管理的社会化，弥补基层政府、社区组织在社会专业服务方面的不足，提升基层社会服务管理水平。②

---

① 王明美，程宇航. 社区建设：中国和江西的实践 [M]. 南昌：江西人民出版社，2008：82.
② 马福云. 城市基层社会管理的挑战与应对 [J]. 中央社会主义学院学报，2011 (6).

城市社区服务群众满意度的实证分析

在工作中践行党的群众路线，要求我们必须"从群众中来，到群众中去"，大兴调研之风，深入了解群众主体愿望和需求，做到从群众最需要的地方做起，从群众最不满意的地方改起，切实满足群众需求，真正让老百姓得到实惠。最近，笔者结合党的群众路线教育实践活动，开展了"社区服务满意度调查"，了解群众在社区服务方面的需求和现状，研究推进社区服务发展的政策措施。

一、调研概况

本次调查主要采取留置、现场拦截、网络、电话等方式进行，留置调查主要从济南市市中区和历城区两个区选择调查对象，网络、电话和现场拦截还覆盖了历下区、天桥区和槐荫区。调查历经一个月，发放调查问卷 1000 份，最终获得成功样本 786 份。

在进行问卷调查的同时，还进行了无结构式的访谈，共访谈 73 人，主要围绕调查问卷部分问题进行深度访谈。

在被调查的居民中，18—25 岁的 70 人，占 8.91%；25—30 岁的 168 人，占 21.37%；30—40 岁的 259 人，占 32.95%；40 岁以上的 289 人，占 36.77%。这个年龄段的居民是社区各项工作的主要参与者，说明本调查的年龄群分布基本合理。

接受调查的居民中，公务员 54 人，占 6.87%；事业单位人员 173 人，占 22.01%；企业职工 249 人，占 31.68%；个体经营者 137 人，占 17.43%；社区工作者 32 人，占 4.07%；其他人员 141 人，占 17.94%。接受调查的受访者的职业基本显示了整个济南市民职业的分配情况，但从事社区工作的受访者比例稍高，主要考虑到他们是社区服务的具体实施者。此外，90% 的受访者在本社区居住时间均达到 3 年以上，对社区服务情况具有发言权。

二、城市社区服务的现状分析

调查发现，近年来，城市社区服务逐步发展并取得了明显成效。主要表现在以下几个方面：

（一）社区居民对目前已经提供的各项社区公共服务和便民服务基本满意

表1反映了社区居民对社区分项服务的满意程度。

表1　社区分项服务满意度汇总

项目	满意	较满意	一般	较不满意	不满意
医疗卫生	28. 24%	44. 53%	22. 27%	4. 45%	0. 51%
公共安全	30. 53%	48. 6%	18. 19%	2. 04%	0. 64%
环境卫生	24. 81%	49. 36%	22. 39%	2. 17%	1. 27%
困难家庭救助	31. 3%	47. 97%	18. 19%	2. 16%	0. 38%
养老服务	33. 46%	45. 56%	18. 19%	2. 54%	0. 25%
青少年教育	28. 75%	48. 47%	19. 85%	2. 29%	0. 64%
残疾人帮扶	32. 19%	48. 47%	17. 18%	2. 16%	0
就业帮扶	30. 79%	48. 98%	17. 56%	2. 42%	0. 25%
便民服务	32. 12%	51. 32%	15. 46%	0. 97%	0. 13%
物业服务	21. 12%	34. 48%	31. 93%	8. 78%	3. 69%

社区公共服务和便民利民服务是社区服务体系的重要组成部分，是保障和改善民生的重要依托，对提高居民生活水平、密切党和政府同人民群众的联系、为群众创造安居乐业的良好环境等方面具有重要作用。调查反映，社区居民对所调查的医疗卫生、公共安全、环境卫生、困难家庭救助、养老服务、青少年教育、残疾人帮扶、就业帮扶、便民服务以及物业服务等各项服务都基本满意。就每一个服务项目来分析，社区居民对残疾人帮扶满意度最高，达到97.84%，对困难家庭救助、养老服务、青少年教育、就业帮扶等工作满意度也较高，反映了社区中社会福利和社会保障工作得到群众的认可；对物业服务满意度最低，不满意程度为12.47%。[①]

---

① 黄松涛. 推动社会主义文化大发展大繁荣与各地实践探索（上）[M]. 北京：经济日报出版社，2012：71.

(二) 社区居民对社区邻里间的自助互助服务评价较高

随着社会的发展，城市社区内部原来由血缘、业缘等因素结合而成的邻里关系被打破，众多陌生且无任何联系和关系的人住到一起，异质性所带来的交往隔阂大大加强，社区内的人际关系出现了较严重的社会疏离现象。为改善这种现象，提高社区的归属感和凝聚力，我省广泛开展了社区志愿服务和社区居民自助互助服务，加强社区人际交往，营造和谐社区氛围。经调查，71.76%的居民愿意参与社区组织的志愿活动和自助互助服务，这就为社区组织开展活动提供了有力保障。[①]

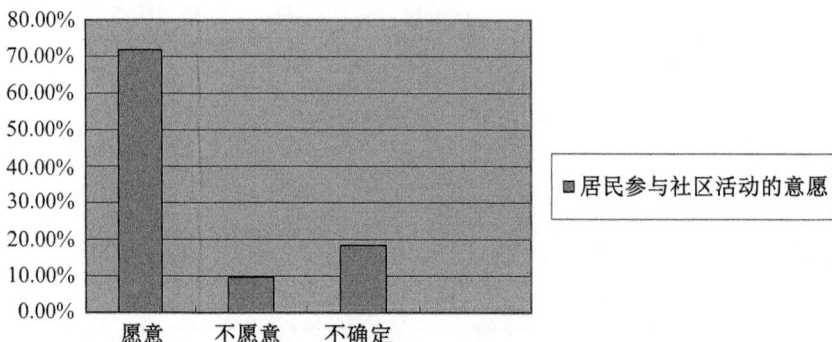

图1　居民参与社区活动意愿汇总表

社区志愿服务和社区居民自助互助服务的开展使邻里关系发生改善，社区氛围更加和谐。据统计，居民对邻里关系的满意度达到83.84%，处于一个较高水平。同时被调查者中对邻里关系不满意的为0。

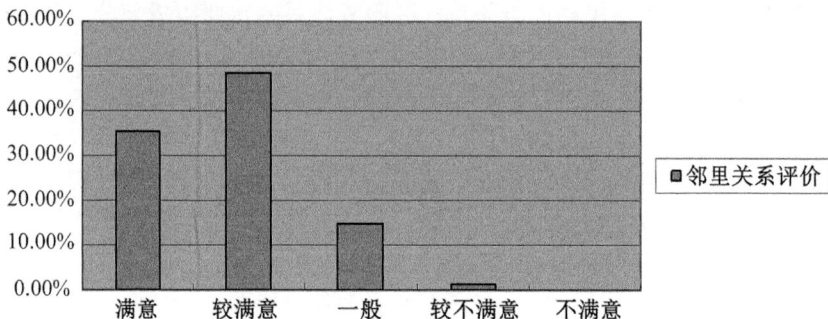

图2　居民对邻里关系的评价汇总表

---

① 白友涛，陈赟畅. 城市更新社会成本研究 [M]. 南京：东南大学出版社，2008：153.

(三) 社区公共服务设施得到有效利用

社区公共服务设施是服务群众、造福群众的基础平台和有效载体，近几年来我省加大社区公共服务设施建设力度，逐步扩大社区服务设施网络覆盖，社区综合服务设施覆盖率达到 94.59%。为了解社区公共服务设施的使用情况，我们对社区部分服务设施的状况进行了调查，结果表明，虽然有少数社区居民不清楚社区中各项服务设施的设置情况，但知情居民都表示社区服务设施均得到了有效利用，特别是社区健身设施使用率最高，为 79.67%。另外，社区安全设施的满意度达到 76.59%，表明社区范围内的警务室、安全监控系统等的设置、社区安全防护的力度都得到了居民的相对认可。社区服务站的满意度为74.30%，位居第三位。此次测评，居民对社区规划停车场的满意度最低，仅为 65.14%，且有 20% 的受访者表示，所在小区内根本没有规划停车场。

社区服务设施满意度如表 2 所示。

表 2　社区服务设施满意度汇总

项目	满意度
社区服务站	74.30%
卫生机构	73.89%
文体活动室	72.34%
安全设施	76.89%
健身设施	79.67%
规划停车场	65.14%

三、居民群众的需求分析

结合调查问卷和深度访谈，对社区居民的需求进行了认真分析，主要有以下几个方面：

(一) 社区服务内容方面

在回答"您认为当前社区最迫切的服务需求是哪些"的问题时，文化娱乐服务、环境卫生服务、青少年服务、老年人服务和公共安全服务成为首选。不少人认为社区应加强社区文化建设，开展经常性的文化体育活动，促进人与人之间的交流。对于环境卫生方面，居民反映最多的是家庭养狗、社区内遛狗的卫生管理问题。① 对于青少年服务，多集中在双职工家庭孩子托管、代接送以及假期青少年照顾等方面。在老旧社区反映较多的是公共安全和停车管理问题。表3反映了居民最迫切需求的一些社区服务的调查情况。

表3　居民最迫切需求社区服务调查

项目	比例
文化娱乐	61. 80%
环境卫生	55. 45%
青少年服务	52. 71%
老年人服务	51. 34%
公共安全服务	43. 23%
医疗保健	42. 74%
家政服务	40. 35%
停车管理	35. 21%
便利缴费	32. 17%
困难群体帮扶	31. 37%
劳动就业服务	29. 54%
残疾人服务	16. 72%
法律援助服务	6. 51%
育龄妇女服务	4. 29%

　　调查发现，社区居民的一些服务需求，特别是最迫切需求的一些公共服务，如社区文化建设、文体活动需求、环境卫生、青少年教育等还没有得到很好的满足，有待进一步完善。

（二）社区服务方式和手段方面

　　通过图3可以看出，超过52%的居民认为应该开通社区网站，以便交流和沟通。这说明，网络普及的前提下，网站沟通已经是方便快捷的方式。有24.81%和9.16%的居民认为社区居委会和社区服务站应实行错时办公和无假日办公，以方便为群众服务，提高服务效率。

_____

① 李丽忠. 加强城市社区文化建设的重要性及其途径［J］. 大东方，2017（8）.

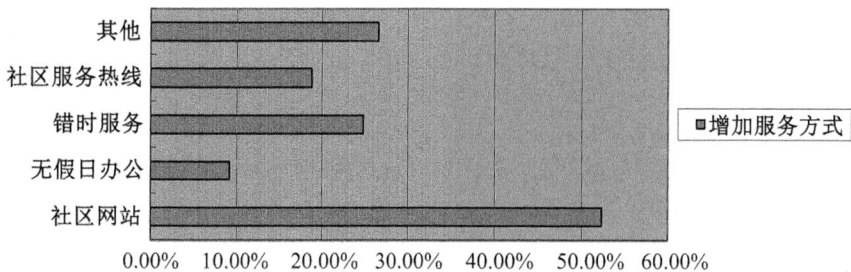

图3　改进社区服务方式汇总表

（三）社区服务设施方面

调查过程中，受访者对卫生机构的设置不满意，多数是因为社区内的医院看病程序烦琐且收费较高，小诊所的医疗和服务水平又不能得到保障，认为应该按照社区规模合理设置卫生机构，同时对社区内私人小诊所进行登记，实施统一管理模式，改善小诊所的医疗环境，以方便群众就近就医。受访者普遍对文化活动需求较高，但是由于居民活动场所较小、文体活动设施较少，导致活动开展不经常、不普及；另外，一些社区迎接检查、考察比较多，占用本来就小的活动场地，影响居民活动，认为应该加强社区文体活动场所的建设。对于社区基础设施方面的诉求，更大程度上反映了市政管理问题。调查人员在拦截访问的过程中了解到，某社区一条道路修好不到两年，先后已经有电信、污水排放和供热三个部门施工，用受访者的话说，"一条好路，被扒路军扒得不像样"。施工过程中不仅环境卫生不能保障，出行也受到影响，造成居民不满意。社区是社会的基本构成单元，麻雀虽小，五脏俱全，虽然只是社区内的一条小路，但也反映出社会上普遍存在的反复挖坑、重复修路，招至群众怨言的现象。

（四）社区服务其他方面

在调查中，受访者还提出减轻社区居委会工作负担，使他们可以腾出更多的时间为社区居民服务；落实社区居委会服务设施水、电、暖优惠政策；提高社区工作人员素质，建立淘汰机制；实现社区服务人员年轻化，提高服务效率；社区活动要多听取民意，期盼民主治理；加强物业服务意识；社区服务主体单一，多加强企业与社区的合作等方面的诉求，反映出居民对社区服务的关注与期盼。①

---

① 刘伟娜.共产党员应保持求真务实的优良作风［N］.定州日报，2017-10-25.

四、完善城市社区服务的对策

如图 4 所示。完善社区服务，应从社区服务的需求和供给角度分别入手，在了解、尊重群众意愿和需求的基础上，确定服务项目，丰富服务内容，提高服务水平，实现供给与需求的有效衔接。

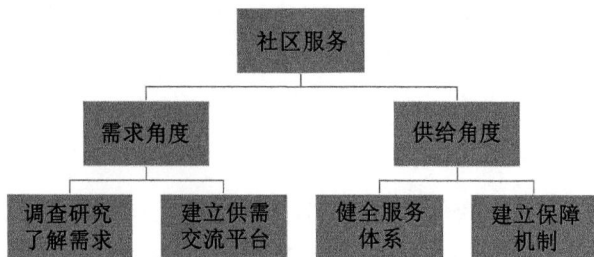

图 4　完善社区服务分解图

（一）从需求角度来看，要建立社区服务诉求表达机制

1. 注重调查研究，了解群众需求

习近平总书记指出，调查研究"不仅是一种工作方法，而且是关系党和人民事业得失成败的大问题"①。要深入基层、深入群众，通过访谈、座谈、调查问卷等多种形式了解群众诉求，真正把社区服务的实际情况和问题的全貌调查清楚，把解决问题的思路和对策研究透彻。

2. 畅通需求表达渠道，建立诉求表达机制

现在我省部分地方推行社区网格化管理，这是畅通诉求表达渠道的有效途径。按照便于服务管理、便于资源整合、群众认同满意的原则，将城市社区统一划分为若干网格。在科学划定网格的基础上，把人、房、地、事、情和服务管理任务全部沉入网格，实行分片包干、责任到人、设岗定责、服务到户，把信息采集、矛盾化解、教育宣传、服务救助等各类事务，全部落实到网格，在网格内进行梳理整合。每个网格配备一名专职网格管理员，主要是组织和动员网格内各类力量，当好社区管理信息采集员、教育宣传员、民意联络员、矛盾调解员、群众帮扶员、社区监督员。依托网格整合社区居民、社区党员、志愿者、公益岗位、楼长、信息员和辖区单位、物业公司、社会组织等各类力量，协助网格管理员开展工作，逐步形成由社区居委会牵头负责、网格管理员具体

---

① 潘余芳. 坚持"四个"导向做好调研工作 [N]. 天门日报, 2018-10-29.

负责，社会力量积极参与的网格队伍。[①] 通过推行社区网格化管理或者建立"社区责任专员""民情调查员"等方式，以居民需求为中心，构建"上""下"通达的社区服务供需交流平台，可以有效解决"上""下"交流不畅的问题，实现社区服务信息的对称和有效，便于群众需求与社区服务实现对接。

(二) 从供给角度来看，要进一步健全社区服务体系

1. 坚持以人为本，丰富社区服务内容

积极开展面向老年人、儿童、残疾人、低保对象、优抚对象的社区救助和福利服务，帮助社区群众解决生产生活中的实际困难；开展社区就业再就业服务，通过提供就业再就业咨询、再就业培训、就业岗位信息服务和社区公益性岗位开发等，对就业困难人员提供针对性的服务和援助；开展社区精神卫生服务，规范、发展社区专业心理服务机构，提供社会化心理咨询和心理救助服务，及时发现、积极疏导、有效解决精神卫生问题，防范和降低社会风险；开展社区文化、教育、体育服务，组织积极向上、丰富多彩的社区群众性文体活动，丰富居民群众的精神生活，营造良好的社区氛围；开展社区流动人口管理和服务，为流动人口生活与就业创造条件；开展社区安全服务，加强社区治安综合治理，维护基层稳定。发扬和睦友爱、邻里互助的优良传统，积极组织社区居民开展各种自助、互助服务。努力在党政关注、群众急需、志愿者所能的结合点上寻找工作突破口，开展以困难群众为对象的"一助一"长期结对服务、"志愿者扶贫济困行动"、低保户回报社会志愿服务、志愿者集中服务月活动，广泛开展社区文化教育、医疗卫生、便民服务、心理咨询、法律援助等志愿服务活动，逐步将志愿服务推广到社区公共安全、环境保护、应急救援等公共服务领域，丰富社区服务内涵，提升社区服务品质，实现社区服务功能由单一福利型向综合型、粗放型向集约型、被动应付型向主动开拓型的转变，推进社区建设全面提升，使城市社区真正成为管理有序、服务完善、文明祥和的社会生活共同体。

2. 加强社区服务设施建设，搭建社区服务平台

推动社区综合服务站 (中心) 建设，提倡"一室多用"，提高使用效益。社区综合服务站 (中心) 必须满足和保证开展社区党建、社区社会保障、社区就业、社区卫生、社区计划生育、社区文化、社区治安等工作的需要，至少应具备"一厅、一站、两栏、八室、一场所"。其中"一厅"即便民服务大

---

① 张华，郑贵斌，王志东. 2011 年山东发展重大课题研究报告 [M]. 济南：山东人民出版社，2011：132.

厅;"一站"即社区卫生(计生)服务站;"两栏"即宣传栏、居务公开栏;"八室"分别是社区办公室、会议(党建活动)室、社区警务(综治)室、社区档案室、社区图书阅览室、居民文体活动室、老人日间照料室、社区居民学校教室;"一场所"即室外文体活动场所。还可以根据实际情况和居民的实际需求,增设残疾人康复训练室、志愿者活动室、心理咨询室、便民服务点等服务设施。结合社区共驻共建,挖掘、利用社区单位的闲置房屋、场地和服务设施等资源,推动社区资源共享,解决社区活动场所不足问题。①

3. 加强社区信息化建设,提高社区服务手段

完善社区信息数据库,建立社区居民、家庭、社会组织、社区活动电子档案,推动社区服务队伍、服务人员、服务对象信息数字化,为城市社区服务无缝隙全覆盖提供有力支撑。加快整合社区各种服务资源,通过社区网站、呼叫热线、短信平台、家政服务网络中心、公共电子阅览室等形式和手段,为社区居民提供全方位、全天候、零距离的社区服务,逐步形成快捷有序、方便灵动的社区服务网络。②

(三) 建立社区服务保障机制,使群众需求得到满足

1. 加强社区工作者队伍建设,提高工作人员素质

贯彻落实《关于加强和改进城市社区居委会工作的意见》 (鲁办发 [2012] 22 号),鼓励吸引更多社会优秀人才到社区工作,切实解决社区居委会办公经费、服务和活动经费以及居委会成员和社区服务站工作人员的生活补贴、工作报酬及保险等福利待遇,并使待遇水平随经济发展而适当提高,为他们服务社区居民创造必要的工作条件。积极动员党员、团员、公务员、专业技术人员、教师、劳动模范、退役军人、青少年学生以及身体健康的离退休人员等加入社区志愿者服务队伍,壮大社区服务工作队伍。定期组织对社区居委会成员、社区专职工作人员、社区志愿服务人员开展理论培训和岗位技能培训。针对社区工作的特殊性和复杂性,对他们进行系统的知识培训,帮助社区工作者培养服务意识,改进工作方法,提高工作水平和服务效率。

2. 加大资金投入力度,推动社区服务发展

江苏省去年提出将和谐社区建设省级财政引导资金增加到 1 亿元;黑龙江去年省财政投入 5000 万元、今年投入 8000 万元、明年计划投入 1 亿元用于改善社区服务设施;陕西省财政 2008—2012 年 5 年共投入 1.9 亿元,用于社区

---

① 安徽省社科联课题组.安徽和谐社区百新 [M].合肥:黄山书社,2007:89.

② 张述存.区域发展与改革研究 [M].济南:山东人民出版社,2016:108.

服务体系建设。社区建设工作总体上是一项社会事业，需要政府发挥主导作用，进一步加大投入，为社区建设提供必需的经费保障。我省有必要借鉴兄弟省市的做法，建立省级财政支持社区服务的长效保障机制，为社区基础设施和公共服务设施建设、社区服务组织运转、社区服务开展提供必要的资金支持。同时，要发挥市场机制的作用，用市场的观点、市场的途径、市场的办法，整合社区资源，实现资源共享。鼓励企事业单位及个人以资金、房产、设备、技术、信息、劳务等形式投入社区服务产业，倡导民间捐赠、社会捐助社区建设等，合力推动社区服务发展。

如何打造城市社区平台

　　社区是社会的基本单元,是人们社会生活的共同体和人居的基本平台。当前我国正处在社会结构深刻变动、利益格局深刻调整、思想观念深刻变化的重要时期,社区日益成为各种利益关系的交会点、各种社会矛盾的集聚点,可以说,加强社会治理的重心在社区,改善民生的依托在社区,维护稳定的根基在社区。① 面对新形势新要求,如何进一步加强城市社区建设,不断提高城市社区管理服务水平成为当前亟待解决的重要课题。

　　城市社区是社会协同管理、公众广泛参与的基础。要通过加强城市社区建设,巩固社区自治组织,完善社区管理体制机制,增强基层群众自治能力,逐步建立健全以社区党组织为核心、以社区自治组织为主体、以政府部门派驻社区力量为依托、以物业管理机构和社区社会组织为补充、以社区信息综合管理平台为载体、驻社区单位和社区群团组织密切配合、社区居民广泛参与的新型社区管理体系,真正把城市社区打造成政府社会管理的平台、居民日常生活的依托、社会和谐稳定的基础。

一、完善社区组织体系,为加强城市社区建设奠定组织基础

　　加强社区党组织建设,充分发挥党组织在社区建设中的领导核心作用。要适应市场经济发展和社会结构变化的实际,在所有符合条件的楼宇、新经济组织和新社会组织、专业协会、产业链、外出务工经商人员相对集中点等建立不同形式的党组织,加快建立开发区、新建住宅区、城中村、多村联建社区、合村并建社区党组织,明确各种新型党组织与社区党组织的关系,建立"横向到边、纵向到底"的组织领导体系,充分发挥社区党组织在社区管理和服务中的领导核心作用,构建基层党建新格局。

　　依法加强社区居委会建设,确保基层社会管理不留空白地带。及时调整充实各下属委员会,建立有效承接社区管理和服务的人民调解、治安保卫、公共

---

　　① 陆祖惠. 社会管理创新基础知识 [M]. 兰州:甘肃文化出版社,2012:125.

卫生、计划生育、群众文化等各类下属的委员会，切实增强社区居民委员会组织居民开展自治活动和协助城市基层人民政府或者他的派出机关加强社会管理、提供公共服务的能力。同时选齐配强居民小组长、楼院门栋长、居民代表，形成社区居委会及其下属委员会、居民小组、楼院、门栋上下贯通、左右联动的基层群众自治组织体系。

充分认识社区社会组织在社会管理和服务中的组织引领、协调整合、示范带动和排忧解难功能，坚持鼓励发展和监管引导并重的方针，完善培育扶持社区社会组织的政策措施，推动包括社会团体、行业组织、中介机构、志愿者团体等在内的各种社会组织发展壮大，充分发挥其反映利益诉求、规范社会行为、化解社会矛盾、扩大公众参与、提供公共服务、增强社会活力、促进社会发展等方面的积极作用。支持工会、共青团、妇联等人民团体依照法律和各自章程开展工作，参与社会管理和公共服务，维护群众合法权益。①

二、加强社区工作者队伍建设，为加强城市社区建设培育依靠力量

广大社区工作者是实现社会管理和服务的最前沿队伍与最基本力量。要按照"精简、高效、务实"的原则，依据每300户配备1人、最低不得少于5人的要求，配齐配强社区居委会干部队伍。同时，以提高素质、优化结构为重点，积极从机关干部、企事业单位、大中专毕业生、复员转业军人中选聘优秀人才，经过法定程序，充实到社区居委会中。制定优惠政策，鼓励吸引更多社会优秀人才、大学生到社区工作，切实解决社区居委会成员及其聘用的工作人员的生活补贴、工资、保险等福利待遇，并使待遇水平随经济发展而适当提高，为他们切实扎根社区创造必要的工作条件。②

定期组织对社区居委会成员、社区专职工作人员、社区志愿服务人员开展理论培训和岗位技能培训。针对社区工作的特殊性和复杂性，对他们进行系统的知识培训，帮助社区工作者改进工作方法，提高工作水平。加强实践锻炼，对新招聘的年轻工作者，要通过横向交流、压担使用、到街道挂职、外出参观考察等培养方式进行多形式、多岗位锻炼，增强他们做好社区管理和服务的本领，提高正确执行政策、善于做群众工作的能力和处理复杂问题的能力。

三、加强城市社区民主制度建设，强化社区自治功能

加强以直接选举、公正有序为基本要求的民主选举制度建设，保障居民群

① 李笑.社区建设与管理实务［M］.北京：经济管理出版社，2014：108.
② 赵雁冰.加强社区工作者队伍建设刍议［N］.金昌日报，2007-02-18.

众的选举权。进一步规范社区民主选举程序，细化选举规则，坚持在党的领导下，按照公开、公平、公正的原则，充分尊重群众意愿，严格遵守法律程序，依法推选产生社区居民选举委员会，做好选民登记工作，依法提名候选人，依法组织投票选举工作，保证换届选举依法顺利进行。①

加强以居民会议、居民代表会议、居民议事为主要形式的民主决策制度建设，保障居民群众的决策权。建立健全社区党组织和社区居委会联席会议制度、居民会议制度、社区事务议事制度，涉及居民利益的重大决策要及时听取居民群众意见，确保决策事项符合居民意愿。探索通过网上论坛、居民公决等有效形式，鼓励社区居民和驻区单位参与社区重大决策。

加强以居民自治章程、居民公约为主要内容的民主管理制度建设，保障居民群众的参与权。指导各社区居委会依据党的方针政策和国家法律法规，结合本地实际，讨论制定居民自治章程或居民公约，进行自我管理、自我教育、自我服务。

加强以居务公开、财务监督、群众评议为主要内容的民主监督制度建设，保障居民群众的知情权和监督权。完善居务公开制度、财务公开制度、民主评议制度、监督检查制度等相关民主监督制度，按照制度要求将社区事务、财务和居民群众普遍关心的热点、难点、重点问题及涉及群众切身利益的事情，通过居务公开栏、居民听证会、明白纸、网上公告等形式向社区居民公开，接受居民的监督。组织居民有序开展与其日常生活紧密相关的公共服务监督评价活动，协助政府完善公共服务事项。逐步在社区中形成老帮小、强带弱、富帮贫、我帮你、你帮我的社区文化和社区价值，全面提高广大人民群众的生活质量和文明素质。

四、推广部门工作进社区准入制度，实现政府管理与居民自治有效衔接

充分发挥社区服务中心（站）的作用，大力整合政府部门在城市社区的办事机构，实现行政放权、重心下移，积极推进"一站式"受理，"一条龙"服务。明确社区居委会职责，理顺政府及其职能部门与社区的关系。根据城市社区发展情况，在城市社区广泛推广部门工作进社区准入制度，除法律法规或政策规定应由有关职能部门履行的职责外，对确需社区协助完成的工作，要通过政府"购买服务"等形式，按照"权随责走、费随事转"的原则，将有关工作和经费一并交给社区，保障社区事务管理责、权、利统一，实现政府行政管理与基层群众自治有效衔接和良性互动。社区服务站是社区居委会的专业服

---

① 詹成付.基层政权和社区建设［M］.北京：中国社会出版社，2009：72.

务机构，在社区服务站人员配备上建议与社区党组织、居委会实行交叉任职，站长由社区党组织或居委会主要领导担任，保证社区党组织的核心地位和社区居委会的主体地位，其他工作人员可由居委会成员、各职能部门派驻人员、面向社会招聘人员构成，形成社区党组织领导，社区居民会议决策、社区居委会执行、社区服务站承担、相关部门协调配合、社会各界广泛参与的良好工作格局。①

五、完善社区共驻共建机制，营造"共建社区"的良好氛围

居民群众是城市社区建设的主体，要通过多种方式，寻找吸引居民群众广泛参与的途径，培育居民的社区意识，培养居民参与精神，增强社区的凝聚力。当前，可充分利用各种行业协会、群众性健身娱乐团队、志愿者组织以及群团组织等载体，发动和组织居民群众开展丰富多彩、健康有益的社区活动，引导和带领居民共建美好家园。市、县（市、区）、乡镇（街道）三级社区建设协调领导机构要认真履行协调指导职能，制定社区建设长远目标和年度计划，定期研究社区建设工作，协调解决重大问题，确保社区工作的各项任务目标落实到位；各社区成立社区共建联席会或协调委员会，由街道、社区居委会、物业管理机构、业主委员会、驻社区单位主要负责同志和部分居民代表参加，建立例会工作制度，定期召开会议，共同商议研究社区建设工作。驻社区的机关、团体、部队和企事业单位应按照互惠互利、资源共享原则，积极支持和参与社区建设，主动将单位内部的科教、卫生、文体和生活服务设施等向社区居民开放，充分利用社区内的学校、培训机构、幼儿园、文物古迹等开展社区教育活动，实现社区资源的共有、共建、共享，营造"共商社区事务，共享社区资源，共建社区家园"的良好氛围。

六、探索社区网格化管理，提高社区管理服务水平

按照便于管理服务、便于资源整合、群众认同满意的原则，将城市社区统一划分为若干网格。在科学划定网格的基础上，把人、房、地、事、情和服务管理任务全部沉入网格，实行分片包干、责任到人、设岗定责、服务到户，把信息采集、矛盾化解、教育宣传、服务救助等各类事务，全部落实到网格，在网格内进行梳理整合，依托网格抓好落实。每个网格配备一名专职网格管理

---

① 刘祥富. 新常态 新思考 新定位 山东省民政政策理论研究成果选编 2015［M］. 济南：山东大学出版社，2016：117.

员，主要是组织和动员网格内各类力量，当好社区管理信息采集员、教育宣传员、民意联络员、矛盾调解员、群众帮扶员、社区监督员。依托网格整合社区居民、社区党员、志愿者、公益岗位、楼长、信息员和辖区单位、物业公司、社会组织等各类力量，协助网格管理员开展工作，逐步形成由社区居委会牵头负责、网格管理员具体负责，社会力量积极参与的网格队伍，减少服务"盲点"和管理"真空"，使群众求助有渠道、办事更便捷，使社区管理有抓手，服务更精细。[①]

七、强化社区服务，以服务促管理，寓管理于服务

积极开展面向老年人、儿童、残疾人、低保对象、优抚对象的社区救助和福利服务，帮助社区群众解决生产生活中的实际困难；开展社区就业再就业服务，通过提供就业再就业咨询、再就业培训、就业岗位信息服务和社区公益性岗位开发等，对就业困难人员提供针对性的服务和援助；开展社区精神卫生服务，规范、发展社区专业心理服务机构，提供社会化心理咨询和心理救助服务，及时发现、积极疏导、有效解决精神卫生问题，防范和降低社会风险；开展社区文化、教育、体育服务，营造良好的社区氛围，促进社区精神文明建设；开展社区流动人口管理和服务，为流动人口生活与就业创造条件；开展社区安全服务，加强社区治安综合治理，积极探索化解社区矛盾、维护社区安定的新途径、新方法，在城市社区形成科学有效的利益协调机制、诉求表达机制、矛盾调处机制、权益保障机制，努力从源头上化解各种不安定因素，将矛盾纠纷解决在内部、解决在基层、解决在萌芽状态，实现对不稳定因素由事后处置到事前预防的转变，维护基层稳定。通过服务强化管理，寓管理于服务，有效实现管理与服务的有机结合，推进社区建设全面提升，使城市社区真正成为管理有序、服务完善、文明祥和的社会生活共同体。

[①] 张华，郑贵斌，杨金卫. 科学发展观与强省战略研究［M］. 济南：山东人民出版社，2012：96.

解决城市社区服务管理空白点的对策建议

目前，社区日益成为政府社会管理的平台、居民日常生活的依托、社会和谐稳定的基础。但是不容否认，在城乡接合部、城中村、工矿企业所在地、新建住宅区依然存在为民服务的"盲区"、社区管理的"断层"，需引起重视。

一、社区服务管理空白点的主要类型

（一）城乡接合部的新建住宅区

对于城乡接合部甚至远郊村地带的新建住宅区，因为涉及"村改居"社区居民的资产、利益等问题，出现两种情况。一种是新建住宅区属于村庄改建整体开发的，建立"村改居"社区，不管是原村村民还是买房居住的居民，都属于"村改居"社区居民，接受社区居委会管理，享受社区相应的服务。但大多数"村改居"社区没有进行集体资产改制，社区服务管理没有与城市社区接轨，社区内公共、公益基础设施包括社区办公服务用房、文体活动设施、道路、排水排污、卫生清洁等没有纳入当地财政建设范围，仍由原村集体承担，导致原村村民与社区内常住或暂住居民服务管理方面存在差异。另一种是属于政府征收的土地，已经通过招拍挂卖给开发商开发的小区，甚至一些在远郊村地带集中建设的小产权房，只是占用原村的土地，其他与邻近"村改居"社区或者邻近村没有任何关系，其人口规模、地域规模不足以独自组建社区的，邻近"村改居"社区因担心其分享集体利益等原因不愿将其纳入社区服务管理范围，造成暂时的服务管理空白。

（二）破产改制企业生活区

近几年，各地陆续开展了国有破产改制企业生活区属地化管理移交工作，企业改制、破产前承担的计划生育、治安管理、户籍管理、社会保障、劳动就业、医疗卫生、离退休人员管理等公共服务管理职能、生活区的维修改造和社区环境治理，卫生、水、电管理等物业管理职能、党团关系等逐步进行属地化管理。① 但是破产改制企业生活区水电暖、路、物业管理等遗留问题严重，企业退休人员多，相关管理工作十分复杂，并且社会职能移交地方后产生的刚性支出缺乏资金支持，导致地方社区不愿意接收，很有可能造成管理真空。

（三）单位宿舍区

单位体制下中国的城市人口，多数情况下是"本单位人"聚集居住在单位宿舍或是单位大院里，几乎各种事务都可以由单位包揽，与居住地之间几乎没有共同利益可言。改革开放以来，大量"单位人"变成了"社会人"，但是长期的单位体制给人们留下的"单位依赖"在短时期内还很难消除，一些单位宿舍大院的住户因为原有的体制惯性，还很不习惯把自己看成社区居民，还是以单位人自居，没有"社区"概念。加之作为单位人，很多问题都可以通过单位解决，与社区缺乏直接的利益相关性，所以与社区基本保持"不相往来"的格局，社区居委会人员在这类单位宿舍区敲不开门、无法介入的情况还很普遍。值得重视的是，这类群体恰恰是目前社会的主流群体，而主流群体对社区的疏远，是目前社区建设中值得特别关注的问题。

（四）弃管小区

弃管小区是指那些无法落实产权单位或产权单位无力履行维修责任或被物业公司弃管的居民居住区。分析弃管的原因主要有几个方面：一是业主与物业公司存在较大分歧，一方面业主认为物业公司服务不到位，拒绝缴纳物业管理费用，另一方面物业公司因为物业管理费用不能全额收缴，并且维修成本较高，致使经营的利润较低不愿再对其管理。这是最主要的原因；二是业主委员会不能有效发挥作用，甚至根本没有业主委员会，更没有规范的业主管理；三是相关职能部门缺乏应有的重视，重建设轻管理，重初期轻后期。

二、对策建议

（一）加快城市社区居民委员会组织全覆盖

社区居民委员会的设置要充分考虑公共服务资源配置和人口规模、管理幅度等因素，按照便于管理、便于服务、便于居民自治的原则确定管辖范围，原

---

① 周治滨，曾礼，李翔宇，刘康 . 合作与发展：川渝党校系统纪念新中国成立 60 周年理论研讨会论文集 [M]. 成都：西南财经大学出版社，2009：112.

则上按 3000 户左右规模设置。应加快城乡接合部、城中村、工矿企业所在地、新建住宅区、流动人口聚居地的社区居民委员会组建工作，确保城市基层社会管理不留空白点，实现社区居民委员会组织全覆盖。新建住宅区居民入住率达到 50%的，应及时成立社区居民委员会，在此之前应成立居民小组或由相邻的社区居民委员会代管，特殊情况下，可暂由街道办事处（乡镇人民政府）代管，实现对社区居民的全员管理和无缝隙管理。①

（二）推进"村改居"社区规范化建设

各地在"村改居"过程中要抓住根源所在，坚持先改制后改居，即先对村集体资产进行股份制改造，产权量化到人，保护好村民的利益，解除村民的后顾之忧，然后再按法定程序改居。对于已改居、但尚未对集体资产进行改制的，应抓紧制定改制方案，交原村民会议讨论通过后组织实施。改居后，要依照《居民委员会组织法》，开展"村改居"社区的民主选举、民主决策、民主管理、民主监督等基层民主自治活动。依法对"村改居"社区的组织设置、人员构成进行调整、充实，加强组织和队伍建设。切实开展社区服务和社区管理工作，使服务管理覆盖社区全体居民。

（三）推行社区"网格化"服务管理模式

以主要干道和街、路、巷、河为界，以区域相对均衡及便于管理为原则，将所在区域内的所有社区划分为多个网格或责任区，进行精细化管理，形成区—街道—社区—网格的网格化管理模式。将市政、房管、城管、工商、食药监、公安等多个职能部门执法工作人员及社区工作人员落实到各个网格责任区，分工承担网格内的社会服务和社会管理各项事务。在每个网格中，根据社区服务管理的具体事项和要求，分别明确公安、城管、工商、卫生、财税、供电、环卫等多部门和社区工作人员的职责，同时，接受居民的监督。从而把服务管理触角延伸到每个小区、每个楼栋、每户居民，逐步形成上下贯通、左右联动、全覆盖、无缝隙的社区服务管理格局。

（四）积极引导社区居民参与社区活动

居民群众是城市社区建设的主体，要通过多种方式，寻找吸引居民群众广泛参与的途径，培育居民的社区意识，培养居民参与精神，增强社区的凝聚

---

① 民政部编写组．中共中央国务院关于加强和完善城乡社区治理的意见（辅导读本）［M］．北京：人民出版社，2017：126.

力。当前，可充分利用各种行业协会、群众性健身娱乐团队、志愿者组织等载体，发动和组织居民群众开展丰富多彩、健康有益的社区活动，引导和带领居民共建美好家园，营造良好的社区氛围。

（五）切实解决弃管小区管理问题

一是可以采取居民自我管理模式。对无法组建物业管理企业的，可以由社区居委会、居民代表、楼院门栋长、社区志愿者组成自己的物业管理委员会，实行自我管理。二是实行物业管理招标模式。对弃管小区实行招标制或者委托管理，打破地区界限，实行市场运作。投资实行多元化，如出让弃管小区路灯广告权等，采取多种方式解决资金短缺问题。三是建立社区联席会议制度。把社区党组织、社区居委会、业主委员会、物业公司、社区社会组织、驻社区机关企事业单位、社区服务中心等社区成员单位纳入联席会议成员，定期不定期召开会议，采取协商议事办法，对社区内涉及的物业管理、公共事务等事项进行协商，开展共建活动。①

---

① 李红兵，曹国英.新时期民政发展研究与探索 2016［M］.北京：中国社会出版社，2017：58.

"小社区、大物业" 单位老旧宿舍区物业服务社会化模式探析

《关于推进驻济省直单位职工住宅物业服务社会化的意见》（事管发〔2014〕33 号）、《关于推进全省老旧住宅小区整治改造和物业管理的意见》（鲁建字〔2015〕5 号）出台后，各省直单位积极推进单位宿舍区物业服务社会化工作，取得成效。但在 5 年来的推进过程中，更多问题不断凸显，如业主委员会成立难、成立后履职难，部分业主拖欠物业费追缴无力，物业服务质量难遂人愿，老旧宿舍区配套设施老化，社区居委会对物业纠纷置之不理等，制约了单位宿舍区物业服务社会化进程。省民政厅机关服务中心将单位老旧宿舍区物业服务社会化工作与"不忘初心、牢记使命"主题教育相结合，深入一线，摸实情、想实策，联合历城区山大路街道建鑫社区居委会以民政厅地名研究所宿舍区为试点，探索打破部门局限，实施规模运营，打造"小社区、大物业"模式，积极推进单位老旧宿舍区物业服务社会化工作高质量发展。①

一、试点背景

山东省民政厅地名研究所宿舍区（以下简称：地名所宿舍），位于济南市历城区闵子骞路 5 号，是一栋建成于 20 世纪 80 年代的 6 层建筑，1 个独立院落，3 个单元、35 户居民，建筑面积 3160 平方米。已全部房改，目前实际使用人主要是租户和二手房主。

2016 年，依据《关于推进驻济省直单位职工住宅物业服务社会化的意见》（事管发〔2014〕33 号）要求，民政厅机关服务中心组织地名所宿舍业主选聘了物业服务企业。但由于物业费低、户数少，导致物业服务企业难以盈利，服务质量无法满足业主需求，最终业主不交或拖欠物业费，形成恶性循环，物业服务企业难以为继，2017 年底物业服务企业因亏损而撤离。

---

① 田志梅，杨文凯，朱余锋. "小社区、大物业"：物业服务社会化模式探析 [J]. 中国民政，2019（15）.

按照《中华人民共和国物权法》《物业管理条例》等相关法律法规和文件要求，代表全体业主选聘物业服务企业的合法主体应当是业主委员会（以下简称业委会），2018年地名所宿舍在尝试业主自治管理失败后，先后进行了两轮业委会的选举工作，均因参会人数不过半数而以失败告终。经过调查和分析，原因有五点：一是多数房屋已转手或出租导致业委会选举工作参与度低。新业主较为分散，时间不统一，无时间和精力投入业委会工作；老业主将房屋出租后，不再关心宿舍管理。二是业委会成员无任何报酬致使成立业委会积极性差。由于老旧宿舍区无创收项目，并且物业费低廉仅够物业人员工资，业委会成员几乎属于纯粹的义务服务，弄不好还会落个"出力不讨好"的下场。三是业主之间缺乏血缘、业缘及其他社会关系的纽带难以建立稳固的信任关系。四是部分业主还习惯于福利制度的惯性思维而对物业服务社会化的理解不到位。一些业主总希望通过原产权单位解决物业问题，对现在的单位宿舍区物业服务社会化工作不理解、不支持，消极对待业委会选举工作，导致工作推进障碍重重。五是公共责任意识不强，自治意愿、自治能力不高。综上种种原因，大家都抱有"多一事不如少一事"的心态，导致小区业委会迟迟难以选出。

面对上述种种困难，民政厅机关服务中心和建鑫社区居委会积极探索，勇于担当，深入研究《关于推进全省老旧住宅小区整治改造和物业管理的意见》（鲁建发〔2015〕5号）、《关于认真做好全省老旧住宅小区专业经营设施设备改造升级及相关工作的通知》（鲁建发〔2016〕4号）等文件精神，灵活掌握和运用一系列惠民政策，着力于破壁垒、补短板，协调住房与城乡建设、自来水、电力、热力、通信等相关部门，完成了供水、供电、供暖、线杆改造、外墙保温、楼顶防水、路面修复等老旧小区改造项目，小区面貌焕然一新。成果来之不易，但保护好成果更难。如继续延续2018年无序管理的状态，不引进专业力量开展物业服务，很可能会使改造成果付之东流。

在业委会无法产生的前提下，如何合法合规引进专业物业服务企业，如何在老旧宿舍区推进专业化、市场化、社会化的物业服务工作，是摆在民政厅机关服务中心和建鑫社区居委会面前的实际问题。2019年春节上班伊始，民政厅机关服务中心和建鑫社区居委会就分别通过政策论证、法律咨询、调查研究、征求意见等多种方式展开一系列密集的磋商、研讨、论证工作，最终决定双方合作，在建鑫社区辖区内探索打破部门界限，以地名所宿舍为试点，通过业主委托方式引进专业物业服务企业，发挥地名所宿舍核心辐射作用，引导周边的老旧宿舍区逐步实现统一物业管理，打造"小社区、大物业"模式，推进社区内所有单位老旧宿舍区物业整合管理、规模运营。

二、具体做法

（一）依法治理、稳步推行，由居委会代行业委会职责选聘物业服务企业

针对无法选举业委会的问题，民政厅机关服务中心与建鑫社区居委会，依据《山东省物业管理条例》第八章第九十二条"业主大会成立前的物业管理，由社区居民委员会组织实施"和《关于减轻社区负担增强社区居民委员会自治功能和服务效能的十项规定》（鲁民〔2014〕83号）、《关于推进全省老旧住宅小区整治改造和物业管理的意见》（鲁建发〔2015〕5号）关于"未成立业主委员会的住宅小区，暂由社区居委会代行业主委员会职责"等有关精神，同时聘请律师进行咨询和论证，决定由建鑫社区居委会依法依规代行业主委员会职责，组织业主选聘物业服务企业。

首先，建鑫社区居委会牵头召开联席会，听取宿舍区党员干部和居民代表的意见，通过民主投票，确定通过委托的方式选聘物业。其次，宿舍区50%以上的居民签订授权委托书，委托建鑫社区居委会代行业委会职责，为地名所宿舍选聘物业服务企业。第三，按照招标程序选聘物业服务企业，秉持"专业的人干专业的事"的原则，着重选择有较强的社会责任感、有较高的专业技术能力、有良好的服务意识和诚实守信的专业队伍。第四，确定诚飞物业公司进驻后，建鑫社区居委会协调物业服务企业与每位业主签订物业服务协议，居民与物业公司建立法律关系。第五，诚飞物业公司入驻时，建鑫社区居委会组织物业、城管、环卫工作人员和小区居民等共同开展宿舍区卫生清理、标识设置等会战开荒工作，为日后的工作开展奠定基础。第六，建立健全物业管理监督考核机制，充分发挥街道办事处物业管理办公室、社区居委会环境和物业管理委员会两级机构的作用，对物业管理工作开展考核监督。上述举措，是一条"法治先导、单位引导、社区主导、业主参与、物业介入"整体做法，在此过程中民政厅机关服务中心和建鑫社区居委会坚持"全程引导、全程协调、全程服务"，使地名所宿舍物业服务企业得以顺利选聘，这为老旧宿舍区物业服务社会化的逐步推开奠定了坚实的基础。①

① 刘湖北，胡万平，王炳荣. 物业管理法规与案例评析［M］. 北京：中国建筑工业出版社，2010：62.

（二）资源引领、强化服务，辐射带动周边老旧宿舍区实现物业服务规模运营

民政厅机关服务中心和建鑫社区居委会深刻认识到激活物业资源就是抓住社区治理的"牛鼻子"，做好物业服务就是推进社区为民服务的"金钥匙"，双方紧密配合，协调解决地名所宿舍有关户表改造、车辆停放、环境整治等物业服务及社区治理的热点难点堵点问题，宿舍区生活环境得到了极大改善，业主满意度大幅提高。地名所宿舍物业服务企业入驻后的良好效果对建鑫社区辖区内的老旧宿舍区起到了示范带动作用，省国土测绘院在建鑫社区辖区内的3个宿舍区全部通过委托社区居委会代行业委会职责的方式选聘了统一的物业服务企业，取得成效之后，省国土测绘院又将位于百花公园社区内的2个宿舍区一并打包移交给诚飞物业公司。洪楼南路13号是破产企业原济南石材设备厂宿舍，自2017年后无人管理，整个小区脏乱差，到处是违章建筑，污水横流、垃圾遍地，看到统一物业管理的良好效果后，220户居民超过90%的联名委托社区居委会为他们引进该物业服务企业，诚飞物业公司进驻后，建鑫社区居委会组织人员与物业一起开展会战开荒工作，院落环境发生了翻天覆地的变化，得到了居民的交口称赞。在社区居委会的协调下，辖区内的老旧宿舍区陆续加入物业服务社会化的队伍中来，一方面，物业服务企业通过规模经营降低了管理成本；另一方面，让更多的老百姓以较低的物业费用（平均每月每平0.6—0.8元）享受到了高标准的物业服务。同时，辖区内的公共区域交由物业服务企业管理，部分经营权让渡给物业服务企业，完成物业服务企业经营的"自我造血"，实现了物业服务的可持续发展。

（三）坚持原则、强化宣传，改变居民依赖思想解决物业费拖欠问题

针对居民历史福利制度的惯性思维导致的拖欠物业费等问题，建鑫社区党支部、居委会充分发挥老党员、退休老干部的模范带头作用，创建了由社区党支部、居委会、物业经理、居民代表组成的"红色物业"协商议事会，由老党员、老干部、老专家、老教师、老劳模组成"五老"智囊团，积极向居民宣传物业管理的价值、社区治理的理念，正确理解国家政策，用发展的眼光看待新时期的自我身份，从思想上彻底做到从单位人向社会人的转变，建立并理解"花钱买服务"的自觉意识。①

---

① 李预兵，黄斌，李鹏，张书兵，陈祥磊. 物业管理与和谐社区建设［M］. 重庆：重庆大学出版社，2015：49.

三、经验启示

(一) 多元主体协调配合是"小社区、大物业"模式取得成效的基础

民政厅机关服务中心和建鑫社区居委会联合打造的"小社区、大物业"模式之所以取得良好成效,与双方的精诚合作密不可分,与社区居委会、物业服务企业的协调配合密不可分,更与居民群众的理解支持密不可分。在物业管理中,出现的居委会与产权单位各自为政、业委会与物业公司相互掣肘、物业公司与居民彼此对立等问题,一方面是由于制度上的先天不足、观念上的陈旧落后和传统上的不良影响造成的,另一方面,就是各方之间关系的不协调、不认同和不配合。因此,多元主体之间各负其责,互相配合,相互支持,才能形成合力,推动发展。

(二) 社区居委会的责任担当是"小社区、大物业"模式取得成效的前提

民政厅机关服务中心为解决全省性的难点堵点问题,推动单位老旧宿舍区物业服务社会化工作高质量发展,先后与单位宿舍区所在的 3 家社区居委会多次协商合作事宜,其中 2 家以"居委会不管单位宿舍的物业""居委会不管有业委会的小区"为由断然拒绝,只有建鑫社区居委会勇于担当、敢于负责。《中共中央、国务院关于加强和完善城乡社区治理的意见》(中发〔2017〕13号)、《中共山东省委、山东省人民政府关于加强和完善城乡社区治理的实施意见》(鲁发〔2018〕30号)强调:"鼓励在社区居民委员会下设环境和物业管理委员会,督促业主委员会和物业服务企业履行职责。探索在无物业管理的老旧小区依托社区居民委员会实行自治管理"。[①] 在中央有号召、政策有规定、形势有需求、群众有期盼、自身有职责的现实条件下,社区居委会作为基层社会治理的重要主体之一,如何通过构筑运行良好的物业管理模式,构建起社区与居民的联系桥梁;如何通过优化物业服务,打通服务居民的"最后一米",是每个社区居委会都需要考虑的问题。这些都需要社区居委会能够不等不靠,不推不拖,勇挑重担,大胆探索,勇于创新,破难前行。

(三) 依法创新、善用政策是"小社区、大物业"模式取得成效的保障

民政厅机关服务中心与建鑫社区居委会合作打造的"小社区、大物业"

---

① 田志梅,杨文凯,朱余锋."小社区、大物业":物业服务社会化模式探析 [J]. 中国民政,2019 (15).

模式，是在没有任何经验借鉴的基础上的探索创新，但是每一项都合理合法，在法律法规允许的范围之内进行。比如居民签订委托书，委托居委会代为选聘物业服务企业的做法，民政厅机关服务中心提前做了政策论证，社区居委会提前进行了法律咨询，确保了程序的合法性、合规性。这也启示我们，大胆的同时要谨慎，创新的同时要合法，善于把政策用活、用好，才能真正正正地推进工作，老百姓才能实实在在得实惠。

（四）物业服务企业的品质是"小社区、大物业"模式取得成效的关键

社区居委会作为全体居民的代表，选聘一家好的物业服务企业至关重要，关系到老百姓的生活质量、关系到房屋的保值增值、关系到社区和谐稳定、关系到社区治理水平的高低。[1] 选聘物业服务企业，不仅要看专业技术能力和服务水平，更要关注企业的社会责任感，看企业是否能够站在居民的角度考虑问题，注重长远利益。居民群众只有得到优质的服务，物业管理和社区工作得到认可，才会积极参与到物业管理和社区治理的各项工作中去，形成良性循环，从而促进物业服务高质量发展，促进社区治理高水平推进。

四、小结

"小社区、大物业"，"小"在社会治理最小单元，"大"在涉及千家万户利益；"小"在日常琐事难题，"大"在民生社会治理。民政厅机关服务中心与历城区山大路街道建鑫社区居委会联合探索推进单位老旧宿舍区物业服务社会化工作，得益于产权单位对干部职工的高度责任心，得益于建鑫社区居委会的担当精神，得益于物业服务企业的专业能力，得益于居民群众的大力支持，可以说在一定程度上形成了"天时、地利、人和"。打造"小社区、大物业"单位老旧宿舍区物业服务社会化模式，应该说为全省单位老旧宿舍区物业服务社会化工作探索出一条可行之路。

---

① 李预兵，黄斌，李鹏，张书兵，陈祥磊. 物业管理与和谐社区建设 [M]. 重庆：重庆大学出版社，2015：56.

城市居民自治法治建设的思考

通过阐述城市居民自治法治建设的历史发展、现状，分析现存问题，提出要健全完善城市居民自治法律法规体系，废除现有《居委会组织法》，制定出台《中华人民共和国城市社区居委会组织法》，并建立健全地方性法规和规章；要健全完善与城市居民自治法律法规相配套的制度体系，完善民主选举、民主决策、民主管理、民主监督制度；要研究制定基层政府及其派出机构指导社区居委会工作规则，明确社区居委会依法开展自治活动和依法协助政府开展社会管理、公共服务项目清单，理顺政府部门、街道与社区居委会的关系，实现政府行政管理与群众依法自治有效衔接和良性互动。

党的十八届四中全会做出全面推进依法治国的战略部署，全面推进依法治国涵盖了党、国家、社会生活等各个领域，实现法治的全领域覆盖。城市居民自治作为中国特色的基层民主政治制度和城市基层社会治理机制，如何加快推进法治化进程，提高社区自治功能，保障居民群众依法有序开展自治活动成为亟待解决的重大问题。

一、城市居民自治法治建设历史发展和现状

居委会的发展经历了曲折的过程，与其相应，居民自治的发展也是不平坦的。到目前大致分为三个阶段，即萌芽阶段、恢复起步阶段和发展阶段。

新中国成立到改革初期，是城市居民自治的萌芽阶段。1949 年至 1950 年初，在浙江省杭州市、天津市、四川省成都市、湖北省武汉市出现了由群众自发组织的居委会、居民代表委员会和居民小组等群众性自治组织，这段时期的居民自治工作处于摸索初期，出现了设置不一、名称各异、性质不清、职责不明、变动频繁的混乱现象。1953 年，为了规范整顿居民群众组织及其工作，彭真委员长在给毛泽东主席的《关于城市街道办事处、居委会组织和经费问题的报告》中强调：城市街道居委会的性质是群众自治组织，不是政权组织

……它不是"基层政权的腿",不应交付很多事情给它办。① 毛主席批准了这个报告。之后,全国各地的城市开始陆陆续续建立起居委会组织,名称逐渐趋向统一,性质定位为群众性自治组织。1954 年颁布了《城市居委会组织条例》,条例共十条,规定了居委会的设立原则、任务、组成和产生方式等,这是第一次用法律的形式肯定了居委会的地位和作用。②《城市居委会组织条例》的颁布,对居委会的建设和发展起到重要作用。但是到人民公社化时期,有些城市将街道办事处与居委会合并为"城市人民公社",主要任务是大办工业和商业,这一时期的居委会的名称被随意改变,工作职责和任务不清楚、不规范,居民自治权消失,使居委会建设和居民自治受到了极大的干扰和破坏。人民公社化结束至"文革"前,居委会的自治性质和自治权有所恢复。进入"文化大革命"期间,居委会改为"革命居委会",居委会成为无产阶级专政的工具,主要任务变成搞"群众专政",其自治性质和自治权又丧失。

20 世纪 80 年代到 2000 年底是城市居民自治恢复和起步阶段。1980 年,涉及居民自治的三部法律重新公布,即《居委会组织条例》《人民调解委员会暂行通则》和《治安保卫委员会暂行组织条例》,《居委会组织条例》进一步重申了居委会的性质、任务和作用。根据法律的规定,各地普遍对居委会进行了规范和整顿,建立健全了居委会及其下属委员会,明确了居委会的职责和人民调解委员会、治安保卫委员会等下属委员会的各项规章制度,居委会的自治性质和居民自治始渐恢复并得到发展。20 世纪 80 年代,居委会自治权写入宪法,1989 年关于居委会自治权的专门法律《中华人民共和国城市居委会组织法》颁布,居民自治终于得到了法律保护。《居委会组织法》共 23 条,同 1987 年《村委会组织法》试行法一样,规定得比较原则,但坚持了宪法关于推进居民自治的宗旨,对居委会的性质、任务、产生方式、居民会议、居民公约等事项都做出了规定,基本确立了居民自治的框架和基本内容,对推进居民自治实践起到了积极作用。为贯彻落实《居委会组织法》,推进居民自治实践,进入 90 年代后,各地加强了《居委会组织法》配套制度建设,陆续出台了《居委会组织法》实施办法、《居民代表会议制度》、《居务公开制度》、《财务公开制度》、《民主议事制度》和居委会及下属委员会工作职责等,使居委会在自治过程中有法可依、有章可循。

2000 年底至今是城市居民自治的发展阶段。为适应城市经济社会发展和

---

① 李秀琴. 居委会简历. [J]. 中国社会导刊, 2000 (7).
② 刘祥富. 新常态 新思考 新定位 山东省民政政策理论研究成果选编 [M]. 济南:山东大学出版社, 2016:126.

城市管理体制变革的要求，20 世纪 90 年代我国开始推进城市社区建设。与国外开展社区建设的初衷不同的是，我国开展社区建设是为了通过加强基层政权建设和社区居民自治，发展基层民主，来促进城市管理转型。这段时期最具有代表性的有两个政策文件，一是中共中央办公厅、国务院办公厅 2000 年 11 月下发的《关于转发〈民政部关于在全国推进城市社区建设的意见〉的通知》。文件指出要按照便于服务管理、便于开发社区资源、有利于社区自治的原则及地域、人口和居民心理上的认同感等社区构成要素，对街道、居委会的辖区规模做适当调整，调整后的社区居委会基本上与居民小区或居民聚居区相吻合，形成社区地域。同时，明确"社区居委会的成员经民主选举产生，负责社区日常事务的管理；社区居委会的根本性质是党领导下的社区居民实行自我管理、自我教育、自我服务、自我监督的群众性自治组织"[①]，指出城市社区建设的基本原则之一是扩大民主、居民自治。意见作为居民自治相关法律的有益补充，对于明确社区建设的发展方向，推进社区居民自治起到了积极的推进作用。二是中共中央办公厅、国务院办公厅 2010 年 8 月下发的《关于加强和改进城市社区居委会建设工作的意见》，这是第一个规范我国居委会建设的纲领性文件。居民自治法律制度相比较农村村民自治法律制度体系来说比较薄弱，难成体系，所以在谈到城市居民自治法律制度的时候，不得不过多地阐述相关政策文件，作为法律欠缺的补充。同时，笔者作为推进基层民主的具体工作人员，也深刻地了解到这些政策文件虽未上升到法律的层面，但在实际工作中却是推进城市居民自治的主要依据，同时，也是有关法律的雏形和现行法律制度的重申和补充。意见除重申了《居委会组织法》关于居委会依法组织居民开展自治活动的主要职责外，还增加了"组织居民有序参与涉及切身利益的公共政策听证活动，组织居民群众参与对城市基层人民政府或者他的派出机关及其工作人员的工作、驻社区单位参与社区建设的情况进行民主评议，对供水、供电、供气、环境卫生、园林绿化等市政服务单位在社区的服务情况进行监督"[②] 等依法依规组织开展有关监督活动的职责，进一步丰富了城市居民自治的内容，拓宽了居民自治的范围，有力推动了城市居民自治的发展。

截至目前，全国 24 个省（区、市）制定了《居委会组织法》实施办法，部分省（区、市）出台了用于规范居委会选举的政府规章和部门文件，城市社区普遍制定了本社区的居民自治章程或居民公约，初步形成了以宪法为依

---

① 中共中央办公厅、国务院办公厅《关于转发〈民政部关于在全国推进城市社区建设的意见〉的通知》（中办发 [2000] 23 号）.

② 中共中央办公厅国务院办公厅《关于加强和改进城市社区居民委员会建设工作的意见》（中办发 [2010] 27 号）.

据、以《居委会组织法》为基础、以地方性规章为支撑、以规范性文件和居民自治章程或居民公约为补充的法律制度体系。

二、城市居民自治法治建设中存在的问题

(一) 现行法律滞后于形势的发展

《居委会组织法》于 1989 年 12 月 26 日由七届全国人大常委会第十一次会议审议通过，并于 1990 年 1 月 1 日起施行，迄今已有 25 年。这期间，为适应城市经济社会发展和城市管理体制变革的要求，全国各地加强了城市社区建设。现在看来，城市社区居民自治实践的深化，范围的扩大，已经超出了传统居委会建设的内容，1989 年《居委会组织法》已经不适应形势的发展和居民自治范围的拓展。主要表现在：

1. 《居委会组织法》规定过于原则，操作性不强

经过 20 多年的发展，在调整社会的关系上，《居委会组织法》有些是空白，有些模棱两可。如在基层政府及其派出机构与居委会的关系上，只是提出"不设区的市、市辖区的人民政府或者他的派出机关对居委会的工作给予指导、支持和帮助；居委会协助不设区的市、市辖区的人民政府或者他的派出机关开展工作"，[①] 但是由于规定过于抽象，没有对基层政府及其派出机构与居委会的职责进行明确界定，二者的职责边界模糊不清，导致如今的居委会行政化严重，背离了居民自治组织的本质属性。

2. 《居委会组织法》有些规定与形势发展脱节

《居委会组织法》规定，居委会一般在 100 户至 700 户的范围内设立。[②] 但是自我国 20 世纪末开始，随着城市管理体制变革，各地已经对街道、居委会的辖区规模做了多次调整，调整后的居委会管辖范围形成社区地域。据山东省民政厅统计，山东省城市社区规模 1000 户以上的占比达到 59%。[③] 另外，《居委会组织法》所规定的自治范围与现今的城市社区居民自治范围相比，过于狭窄。如居委会的职责，按照《居委会组织法》规定，主要包括两部分，即依法组织开展自治活动和依法协助城市基层人民政府或者他的派出机关开展工作；但是现今城市社区居民自治的内容已经远远不止这些，还包括"组织居民有序参与涉及切身利益的公共政策听证活动，并对城市基层人民政府或其

---

① 民政部基层政权和社区建设司．《城市社区建设重要文献选编》（内部资料），2012：181.

② 民政部基层政权和社区建设司．《城市社区建设重要文献选编》（内部资料），2012：181.

③ 数据来源：山东省民政厅 2014 年城市社区数据统计（内部资料）.

派出机关及其工作人员、驻社区单位参与社区建设情况进行民主评议，监督供水、供电、供气、环境卫生、园林绿化等市政服务单位在社区的服务情况；指导监督业主大会、业主委员会依法开展业主自治管理，协助街道办事处或乡镇人民政府开展社区管理、社区服务中与物业管理有关的工作等职责"。①

3. 《居委会组织法》有些规定不细化

如居委会换届选举方面，仅规定"居委会主任、副主任和委员，由本居住地区全体有选举权的居民或者由每户派代表选举产生；根据居民意见，也可以由每个居民小组选举代表二至三人选举产生"②，对于选举机构、选举程序、候选人资格条件和产生方式等等缺乏细则规定，导致各地换届选举无法可依。

（二）城市居民自治法律制度体系不健全

从国家层面来说，《居委会组织法》是目前我国唯一一部规范居民自治的法律，但是有关规定滞后于形势的发展，对居民自治制度的总体框架设计不到位，特别是程序性设计严重不足，有关社区居民自治的基本法律概念相对模糊，居民自治的范围、内容界定不清，导致社区居民自治运行机制没有真正建立起来。虽然，国家层面有几部含金量较高的规范性文件出台，如中办国办《关于在全国推进城市社区建设的意见》和《关于加强和改进城市社区居委会建设工作的意见》，对法律的欠缺进行了适当弥补，但是无法起到决定性作用。

由于上位法规定得过于笼统，且不适应社区发展的需要，导致各地在制定地方性法规和规章中，或者照抄照搬法律条文勉强出台；或者因为缺乏法律依据，在出台过程中阻力重重，甚至无法出台。如居委会换届选举工作，目前已有25个省（区、市）实现了与村委会换届选举同步部署，但是与村委会换届选举不同的是，除北京等寥寥几个地方之外，90%的省都没有出台《居委会选举办法》等地方性法规、规章，其中仅有安徽、山东、浙江等几个省以民政部门规范性文件的形式制定了《社区居委会换届选举指导细则》或《社区居委会换届选举指导规程》等，上海、天津、湖北、福建等大部分省只是制作选举指导手册，仅做工作指导用，内部掌握，不公开发行。与农村村民自治相比，城市居民自治法律制度体系尚不健全。

---

① 《中共中央办公厅国务院办公厅关于加强和改进城市社区居民委员会建设工作的意见》（中办发〔2010〕27号）.

② 詹成付. 加强和改进城市社区居民委员会建设工作读本 [M]. 北京：中国社会出版社，2010：145.

（三）政府管理和居民自治的边界不清、权责不明

我国《宪法》明确规定居委会是基层群众性自治组织。《居委会组织法》规定，居委会协助人民政府或者他的派出机关做好与居民群众有关的公共卫生、计划生育、优抚救济、青少年教育等项工作。① 但是由于国家层面缺乏政府管理和居民自治职能边界的相关法律界定，部分政府职能部门和单位对社区的地位、性质、职责任务不了解，对自治组织的概念模糊不清，把协助政府部门及其派出机关开展工作当作代替政府部门及其派出机关开展工作，导致社区居委会"协助"的角色成了"主力军"，出现了"四多一少"的乱象：

1. 行政事务多

主要是政府及其职能部门下达的行政性事务、临时性工作任务多。据山东省民政厅统计，社区居委会承担的行政性工作占到80%以上。②

2. 机构牌子多

随着社会治理结构的不断变化，政府部门都将服务职能向社区延伸，都要求在社区建立机构，挂上牌子。据青岛市市北区统计，各单位在社区设立的相关组织机构多达91个；淄博市周村区丝绸街道大世界社区，牌子挂到了47块。

3. 台账材料多

据日照东港区统计，社区台账25类，145种。居委会还承担了大量的普查调查和检查工作。普查调查工作方面，包括"人口普查""经济普查""防火消防调查"以及各类数据统计等。检查工作方面，如消防检查、食品安全检查、安全生产检查等，每周、每月、每季度、每年都要有报表、方案、计划、总结、记录等。

4. 考核评比多

目前，大量党务工作、政府行政类工作、临时性工作都延伸或推给了社区，由居委会来协助或负责办理，并且对这些工作各部门都要进行考核。每项考核都要求制度上墙，资料进盒进电脑，有的需要实地查看、组织座谈、问卷调查等。各社区每年都要迎接计划生育检查、卫生检查、文明创建检查、平安建设检查、流动人口暂住证检查、党建检查、违章搭盖检查等各类检查考核。据济宁市统计，社区平均每年接受检查48次、参加会议146次、参加创建评比活动28项，一项迎检准备工作有时长达一个多月时间。过于繁多的考核评

---

① 詹成付. 加强和改进城市社区居民委员会建设工作读本. 北京：中国社会出版社，2010：144.
② 数据来源：山东省民政厅2014年城市社区数据统计（内部资料）.

比活动，分散了社区居委会为居民服务的时间和精力。部门工作进社区的成效本应由居民考核评价政府部门和街道，但现实却变成了各部门考核社区，本末倒置。

5. 自治活动少

据山东省民政厅统计社区居委会为居民服务占工作总量的 15% 以下，带领居民群众开展自治活动仅为 0—5%[①]，严重偏离了居民自治的本质属性。政府管理和居民自治的边界不清、权责不明严重阻碍了城市居民自治的发展。

三、加强城市居民自治法治建设的对策建议

(一) 健全完善城市居民自治法律法规体系

1. 制定出台《中华人民共和国城市社区居委会组织法》

根据形势发展，废除现有《居委会组织法》，重新制定《城市社区居委会组织法》。

首先，明确社区的界定和规模。对于"社区"的概念，在《共同体与社会——纯粹社会学的基本概念》一书中，滕尼斯指出社区是"建立在血缘、地缘、情感和自然意志之上的富有人情味和认同感的传统社会生活共同体"[②]。到目前为止，有关社区的定义多达 140 多种。其中，中央两办《关于转发〈民政部关于在全国推进城市社区建设的意见〉的通知》中指出，"社区是指聚居在一定地域范围内的人们所组成的社会生活共同体"[③]，这是我国关于"社区"概念的权威定义，也是目前我国使用"社区"概念的基本含义。个人认为可作为其法律概念。对于社区规模，从聚居人口适度、服务半径合理的原则出发，应以 2000 户—3000 户为宜。

其次，明确社区居委会的性质和职责。社区居委会是社区居民自我管理、自我教育、自我服务、自我监督的基层群众性自治组织。社区居委会职责除《居委会组织法》规定的依法组织开展自治活动和依法协助城市基层人民政府或者他的派出机关开展工作之外，应增加依法组织居民开展有关监督活动的具体内容。另外，对于社区居委会选举问题应作为单独一章进行规定。社区居委会换届选举实行社区居民直接选举、户代表选举和居民代表选举三种方式。倡

---

① 数据来源：山东省民政厅 2014 年城市社区数据统计（内部资料）.

② 李学举. 认知民主 [M]. 北京：中国社会出版社，2011：157—158.

③《中共中央办公厅、国务院办公厅关于转发〈民政部关于在全国推进城市社区建设的意见〉的通知》（中办发 [2000] 23 号）.

导推行社区居民直接选举，逐步提高社区直选的覆盖率。明确各级换届选举领导机构的职责、社区居民选举委员会构成和产生方式、社区居民选举委员会的职责以及讨论决定选举事项应遵守的原则等，并对选民资格、登记参加选举的选民、选民登记方式等做出具体规定，特别要对候选人的产生、选举投票方式、计票方式、另行选举、选举结果认定以及辞职、罢免、职务终止和补选等做出详细规定。在研制《城市社区居委会组织法》中，可尊重基层的创新精神，丰富民主决策形式，将居民代表会议、民主协商议事会议等有效形式进行合理吸收。

适应加强社会治理创新的要求，明确社区治理多元主体的关系，特别是社区居委会与基层政府及其派出机构、与物业服务企业、与业主委员会的关系，需要在法律中进一步明确。物业服务企业主要是对房屋及配套的设施设备和相关场地进行维修、养护、管理，维护相关区域内的环境卫生和秩序的活动，物业服务企业可以参与社区及驻社区单位的物业管理工作，可以支持社区居委会开展居民自治活动，但是不能取代社区居委会的职责。业主委员会是在一定的物业管理区域内代表全体业主对物业实施自治管理的自治组织，它与社区居委会在管理领域、范围、职责上是有差异的。法律应明确社区居委会对物业服务企业、业主委员会、业主大会的监督和指导关系。

2. 建立健全地方性法规和规章

各省（区、市）除制定出台了《〈城市居委会组织法〉实施办法》外，在居民自治地方性法规、规章配套完善上还有很长的路要走。就目前而言，急需完善以下法规规章。

一是制定《城市社区居委会选举办法》。城市居民自治法律法规制度建设相对滞后，阻碍了民主进程。特别是选举工作，为确保社区居委会换届选举工作有法可依、依法进行，地方应尽快制定《城市社区居委会选举办法》，明确城市社区居委会的选举形式、途径、程序和监督。

二是制定《城市社区自治工作规范》。社区自治与居民自治相比内涵和外延更加宽泛、更加丰富。社区自治除包含了居民自治之外，还包括社区内各类组织、驻区单位等多元主体自治和共治。特别是适应社区治理体制创新的需要，加强基层政府、社区各类组织、市场主体和社会力量在社区治理过程中的平等协作；着力培育发展社区社会组织，发挥社区社会组织参与社区自治的积极性、主动性和创造性；鼓励和支持社会各方面积极参与社会治理，增强社会治理合力，实现多元主体合作共治；发挥基层各类组织协同作用，将协商民主贯穿基层群众自治的全过程，推进基层民主协商制度化等，这些都是社区自治的范围和内容。通过制定《城市社区自治工作规范》，明确社区自治各类主体的性质、职责和任务，完善居民会议、居民代表会议、社区民主协商议事会议、社区共驻共建等制度，引导社区居民和各类社区组织参与社区公共事务管理，推行决策、执行、监督三位一体的管理体制，辅之以议事、听证、公示、舆情反馈等相关制度，使社区自治工作更加规范，从而为推进国家治理体系和治理能力现代化奠定良好的基础。

通过制定一系列法规、规章和制度，使地方从民主选举、民主决策到民主管理、民主监督，从省、市、区到街道、社区都形成完整配套的法律法规制度体系，为保证居民自治工作健康有序开展提供可靠的法律保障和明确的行为规范。

(二) 健全完善与城市居民自治法律法规相配套的制度体系

1. 完善民主选举制度

首先，规范民主选举程序，细化选举规则。对推选选举委员会、选民登记、委托投票、提名候选人，投票选举、计票等各个环节，都要设计好相关程序，保证换届选举依法有序进行。在符合相关法律法规的前提下，对居委会成员候选人的资格条件做出规定，引导居民把办事公道、廉洁奉公、遵纪守法、热心为居民服务的人提名为候选人。

其次，完善竞选规则。着重做好对候选人竞职承诺的审核把关工作，杜绝候选人变公开竞选为乱许诺、乱拉票。可以采取签订竞职承诺书的方式，将候选人的个人简介、社区发展规划等写进承诺书，经选举委员会审核后张榜公布。如果候选人当选，可作为其任期内的一种约束和政绩考核、群众满意度测评以及罢免的依据。杜绝少数人选前乱许愿、选后不作为或乱作为的现象。

再次，建立选举观察员制度。目前，对选举和选民公决进行观察逐渐成为支持全球民主化的一项重要活动。可吸收民政部门工作人员、研究人员、媒体工作者、人大代表等作为选举观察员，对选举过程的所有环节，从选民登记、候选人推选，到竞选、投票、计票，直到公布选举结果的各个阶段进行全面了解，记录非常规事件或行为，发现不足并提出改进建议。更好地完善选举程序和选举制度。

另外，对重点地方，特别是城乡接合部、村改居、工矿企业所在地、流动人口聚居地、新建住宅区等社区的选举，应充分考虑法律的依据、选民的界定、流动人口的参选、入住率不足情况的选举等情况。对于尚未完成农村集体资产改制的村改居社区，应明确选举时适用村委会组织法的有关规定；已完成农村集体资产改制的，适用居委会组织法有关规定。

2. 完善民主决策制度

民主决策两大基本形式是居民会议和居民代表会议，完善民主决策制度首先应规范居民会议、居民代表会议决策的内容和程序。

第一，规范民主决策内容。所有事项，只要关系到居民群众的切身利益，办理之前都必须经过居民会议、居民代表会议讨论通过。

第二，规范民主决策程序。居民会议每年至少应召开一次；按照《居委会组织法》，有五分之一以上的居民、五分之一以上的户或者三分之一以上的居民小组提议，应当召集居民会议；特殊情况和遇到重大事项时应及时召开居民会议。居民代表会议至少每季度召开一次；经五分之一以上居民代表提议，居委会应及时召开居民代表会议。由社区党组织、居委会、十分之一以上居民联名或五分之一以上居民代表联名提出的议案才能作为提交居民会议或居民代表会议讨论的事项，议案由社区党组织受理后，应及时召开社区党组织和居委会联席会议，共同研究提出意见建议；居委会视情召开居民会议或居民代表会议对所提议案进行讨论表决；会后及时公布表决结果；对决议的实施情况进行事前、事中、事后全程公示，接受群众监督。通过居民会议、居民代表会议等各种有效形式，将基层民主协商贯穿于民主决策的全过程中，做到"众人的事情由众人商量，找到全社会意愿和要求的最大公约数"①，让"决策和工作更加顺乎民意、合乎实际"②，切实保障人民当家做主。

3. 完善民主管理制度

（1）通过居民自治章程或居民公约进行居务民主管理

民主管理是指对社区内的经济建设、社会事务、个人行为等进行的管理。主要形式是由居民会议讨论制定居民自治章程或居民公约，把居民的权利与义务，社区内各类组织之间的关系和工作程序以及经济管理、社会治安、婚姻家庭、计划生育、精神文明建设、反对邪教和封建迷信等规定清楚，并根据这些规定进行管理。可以说，居民自治章程、居民公约是实现居务民主管理的重要途径和手段。居民自治章程、居民公约的制定应遵循以下程序：

第一，社区居委会必须召开各种会议，如居民会议、居民代表会议、户代表会议、居民小组会等组织居民和代表结合本社区实际进行广泛的讨论，发表自己的意见和见解，提出本社区居民最关心、最迫切、最需要解决的问题。

第二，社区居委会组织专门人员对提出的各种问题和意见进行集中、梳

---

① 习近平. 在庆祝中国人民政治协商会议成立65周年大会上的重要讲话. http：//news. xinhuanet. com/local/2014-09/21/c_ 1112564804. htm. 2014年9月21日.

② 习近平. 在庆祝中国人民政治协商会议成立65周年大会上的重要讲话. http：//news. xinhuanet. com/local/2014-09/21/c_ 1112564804. htm. 2014年9月21日.

理。在此基础上，根据群众意愿，经会议讨论后制定草案。

第三，再次征求居民意见，通过研究形成初步方案。

第四，召开居民会议，表决通过。表决通过居民自治章程、居民公约要召开本社区 18 周岁以上居民参加的居民会议，而且要邀请驻社区单位的职工和家属列席。会议要有本社区 18 周岁以上居民过半数参加，才符合法律规定，才能举行，通过的居民自治章程、居民公约才有法律效力。

第五，将章程或规约印发到各家各户，或在社区醒目位置张贴章程、规约，接受居民质询。

(2) 探索"一约三会"机制进行居务民主管理

"一约三会"机制在潍坊市坊子区已经推行了多年。主要是通过合同、承诺、责任书等书面的形式，对涉及社区经济发展、公共事务、社会稳定等关系到群众利益的各项工作进行约定。"约定"主要通过民情征询会、民主协商会和监督评议会"三会"来进行签订、执行、监督和纠纷调解。① 主要做法是：

社区"两委"定期召开民情征询会，对通过民情意见箱、民情信息员等渠道征询来的意见和建议进行分析梳理，提取出可以"约定"的工作事项，交由民主协商会研究；在法律工作人员、司法行政人员等的指导下，通过召开民主协商会，起草"约定"草案，在反复征求群众意见后签订约定；监督评议会主要对履约情况进行监督评议，对出现的违约行为进行说服教育、协调引导和督促落实，同时对社区"两委"成员、居民履约情况进行公示，实现干群双向管理、双向约束、双向监督。

4. 完善民主监督制度

有力的监督是保证决策事项得到顺利执行的保证。为保证民主议事制度不走过场，收到实实在在的效果，有必要在强化监督方面进行一些探索和研究。

(1) 实行会议签到和备案制度。社区居委会依照法律规定定期召开居民会议或居民代表会议，实行会议签到制度，会议研究事项要有会议记录、会议纪要等，杜绝决策过程中的形式主义。

(2) 定期抽查与不定期抽查相结合。居民会议、居民代表会议的原始资料必须长期保存，县（市、区）乡（镇、街）两级定期检查，或者根据居民的疑义，不定期抽查。

(3) 决策事项公开制度。对于居民会议、居民代表会议通过的事项，要通过公开栏、黑板报、明白纸或广播等形式进行公开，增强居务的透明度。

(4) 财务管理制度，这是保证财务公开的重要措施。健全的财务制度应

---

① 田志梅. "一约三会"：潍坊尝试社区治理新机制 [J]. 社区，2011 (11).

该包括以下几个方面：首先是日常财务管理制度。这是最基本的财务管理制度。该制度需要明确的主要是签字权和报账程序。其次是民主理财制度。建立民主理财制度可以增强社区财务管理的透明度，为社区财务的合理安排创造一个更为民主的环境。另外，社区居委会应建立会计独立制度。在具体的操作过程中，会计要根据居民会议或居民代表会议所制定的规则行事，保持相对的独立性。

（5）建立居务参议监督网络制度。可以选举建立居务监督委员会，开通监督电话，设立举报箱，多渠道征求群众对居民会议、居民代表会议落实和执行情况意见，形成一个上下左右、干部群众共同参与的监督网络。六是建立民主评议制度。民主议事决定的事项办得怎么样，干部执行得如何，最终都应该交给群众来评议，由群众下结论。可以每年年底由社区组织党员和居民代表对干部执行居民会议或居民代表会议决策情况、工作情况、德廉情况等进行评议，监督民主决策事项的落实。

（三）实现政府行政管理与群众依法自治有效衔接和良性互动

1. 明确基层政府及其派出机构与社区居委会的职责权限

研究制定基层政府及其派出机构指导社区居委会工作规则，明确社区居委会依法开展自治活动和依法协助政府开展社会管理、公共服务项目清单，厘清基层政府与社区居委会的权力边界和职责范围，理顺政府部门、街道与社区居委会的关系，科学界定社区居委会依法履职事项，清理和规范基层政府及部门委托社区居委会协助工作的事项，切实减轻社区居委会工作负担，实现政府依法行政与群众依法自治有效衔接。

2. 建立部门工作进社区准入制度

根据《居委会组织法》有关"市、市辖区的人民政府有关部门，需要居委会或者他的下属委员会协助进行的工作，应当经市、市辖区的人民政府或者他的派出机关同意并统一安排"① 要求，建立部门工作进社区准入制度。凡在社区职责范围外，要求在社区建立组织机构、布置工作任务、出具证明、进行检查评比、举办各类培训、新设各类台账、开展调查活动和在社区挂牌的，均需准入审批。对确需由社区居委会协办或委托居委会办理的工作事项，要按照"权随责走、费随事转"的原则，将需协办或委托办理的工作、相关经费、相应权利同时交给社区居委会，保障社区居委会服务管理工作的责、权、利统

---

① 詹成付. 加强和改进城市社区居民委员会建设工作读本 [M]. 北京：中国社会出版社，2010：139.

一，实现政府行政管理与基层群众自治有效衔接和良性互动。① 经上级党委、政府决定的需要社区协管协办的其他临时性工作，应采取一事一议的办法，由财政安排专项经费。通过建立部门工作进社区准入制度，让社区居委会有充足的时间为居民服务和开展社区居民自治活动，增强社区认同感和凝聚力。

3. 增强社区自治和服务功能

在着力减轻社区居委会负担，改善社区治理环境的同时，应进一步增强社区自治和服务功能，健全社区党组织领导的充满活力的居民自治机制，完善基层自治制度，全面推进基层民主自治的制度化和规范化，使社区居民真正实现自我管理、自我服务、自我教育、自我监督。加强社区居委会工作制度建设，建立社区居委会成员分片包块、联系驻区单位、代理服务、服务承诺、入户走访、错时上下班、全日值班、节假日轮休等制度，加强与居民群众和驻区单位的联系，及时了解、反映和协调居民群众各方面各层次利益诉求，夯实基层服务管理平台。

---

① 田志梅. 怎样让社区成为社会管理的平台 百姓生活的依托 [J]. 中国社会报, 2011, 27 (3).

农村社区建设的思考

通过 6 年的农村社区建设实践，山东省的农村社区建设速度、建设规模、建设模式都有了新的突破和提高。但是随着工作的不断深入，农村社区建设也出现了一些新情况、新问题，通过对农村社区建设中的土地权属调整和利益分配问题日益突出、管理体制机制不畅、农村社区建设催生出新的组织形态和新的经济形态亟待在法律和制度层面加以规范和完善等问题的认识和剖析，对进一步推进农村社区建设进行深层次思考，提出在合并型社区中探索推广成熟的管理体制、在通过建设用地增减挂钩推进集中居住型社区建设中完善配套政策、多措并举积极稳妥推进集中居住型社区建设、引导农村社区发展生态高效农村经济等政策性建议。

农村社区是指聚居在一定地域范围内的农村居民在农业生产方式基础上所组成的社会生活共同体。从 2006 年提出农村社区建设这一重大课题到现在，已有 6 年的时间。这期间，山东省认真贯彻党中央、国务院和省委、省政府的决策部署，将社区建设与社会主义新农村建设相结合，与全省生态文明乡村建设相结合，与城乡建设用地增减挂钩政策相结合，与农村住房建设和危房改造相结合，统筹规划，全面推进，社区基础设施明显改善，社区管理服务功能逐步增强，为加快形成城乡经济社会一体化新格局奠定了良好基础。同时，农村社区建设在多年的建设实践中暴露出一些新情况、新问题，需要引起重视，进行深层次研究思考。

一、山东省农村社区建设的模式和特点

农村社区的设置模式，包括设置的地域范围、组织形式、管理体制和运行机制等，是农村社区建设面临的首要问题。[①] 社区设置的范围和规模，直接关

---

① 聂炳华. 山东社会发展改革研究 [M]. 济南：山东人民出版社，2015：33.

系到农村居民群众的认可度、管理和服务的有效性、设施和资源的合理配置等多方面的问题。经过多年的摸索运行，各地根据自然文化资源、经济社会发展水平、居民生产生活习惯、交通便利条件等不同情况，按照统筹城乡发展、聚居人口适度、服务半径合理、资源配置有效、功能相对齐全等原则，合理规划农村社区布局，因地制宜确定了不同的农村社区建设模式。

（一）"多村一社区"模式

我省村庄数量多、规模小，各地在规划和建设农村社区时，大多采取多村一社区模式。从规划情况看，截至 2012 年底，全省实有 71436 个建制村，其中 64155 个村采取多村一社区模式，这些村共规划建设 11388 个社区，平均5.08 个村一个社区。这种建设模式，普遍适用于村庄相对密集，交通便利，文化风俗同质性强，具有联合组建农村社区基础条件的村庄，有利于充分发挥有限公共资源效能最大化和有效整合社会各类服务资源、最大限度地满足农村居民需求。以潍坊诸城市为例，按照地域相近、规模适度的原则，把相邻的几个村庄和相关单位规划建设为一个农村社区；选择一个交通便利、班子基础好、发展潜力大的村庄设立社区服务中心。每个农村社区服务中心的服务半径一般掌握在 2 公里，涵盖 5 个左右村庄、1500 户左右，全市 1249 个村庄共规划建设了 208 个农村社区。他们依托社区服务中心为农民提供基本公共服务和生产生活性服务，形成了面向农民的"两公里服务圈"。诸城市的农村社区，已从早期的农村社区化服务与建设，进入到以社区为单元，统筹推进公共服务、经济、文化、政治、组织、居住形态等全面发展，加快统筹城乡一体化进程的新阶段，创造了新的"诸城模式"。

（二）"村庄合并社区"模式

过去一些自然村落中各建制村之间村村相邻，但村与村之间互不沟通，在道路、水渠建设等生产方面互不协调，造成生产成本增加，甚至产生纠纷，影响经济发展和社会稳定。针对这种情况，以农村社区建设为契机，通过法定程序，一些地方实施村庄合并建社区，以社区为单位成立党组织和社区居民自治组织。① 以临沂市莒南县为例，通过管理体制改革，打破原有村建制模式，实行村庄合并，对原建制村的土地、债权、债务、资产、制度等进行重新清理、登记，按照有关政策进行重新调整分配，对相关集体经济项目进行重新公开分包，对闲置、剩余资产进行公开发包、拍卖，集中管理、统一使用可用财力。

---

① 张成伟. 关于社区管理创新的若干思考 [J]. 中国管理信息化, 2015, 18 (17).

把原来的行政村村民自治改为社区村民自治，成立社区村民委员会，配备专门负责人，具体负责社区的社会治安、环境卫生、计划生育、优抚救济、矛盾调解等社会管理工作。同时，打破传统村民小组设置模式，依法建立若干行业协会及各类专业合作组织，把农村各项工作纳入行业化、产业化和群体化管理，村民的生产经营活动均以协会和合作社为单位进行，改变原来以村民小组为单位的活动方式。

（三）"一村一社区"模式

"一村一社区"模式是在一些经济状况比较好、人口比较多的村，以现有建制村为基础，一个建制村建立一个社区服务中心的做法。从规划情况看，有6281个建制村实行一村一社区模式，占规划社区的35.5%。[①] 这种模式主要适用于集体经济较为雄厚，村级自治组织基础稳固，具有较强的社区认同感、归属感和责任感的村庄。以青岛市为例，他们在一村一社区的基础上，把村委会和农村社区合二而一，将原"村民委员会"改为"社区村民委员会"或"社区居民委员会"。同时，在村"两委"的基础上，吸收社区内有威望人员及驻社区单位代表成立社区协调委员会，负责社区建设的组织协调工作。所辖各市（区）均建立了市（区）行政服务大厅、镇便民服务大厅、村便民服务站三级便民服务网络。各农村社区以本社区干部和骨干群众为主体，组织开展为民服务，代替农民"跑腿"，实现群众办事"小事不出村，大事不出镇"。黄岛区在每个农村社区建设一处社区"邻里中心"，在"邻里中心"设立便民服务站、村民议事厅、卫生服务站、图书阅览室、文体娱乐室、科普宣传栏、健身场地、便民超市等，集党建、文明创建、村民自治、便民服务、文化教育、健身娱乐等功能于一体。莱西市自建立为民服务代理制以来，共为群众办理各类事项50多万件，服务满意率99.8%。

（四）"企业社区"模式

"企业社区"模式本质上仍属"一村一社区"模式，在我省所占比例较少，但又具有较强的特殊性、代表性和一定的发展前景。这一模式主要由企业出资建设住房，群众无偿或低价入住，置换出的土地由投资企业优先使用，既解决了农村社区建设所需资金的问题，也缓解了企业用地紧张的问题，同时企业位于本村地域范围之内，村民即企业职工，村企合一，便于管理和服务，实现了企业发展与农村社区建设的互利共赢。以滨州市邹平县为例，该县韩店镇

---

① 刘险峰，赵昌军．山东特色城镇化问题研究［M］．济南：山东人民出版社，2014：69.

的西王社区、长山镇的东尉社区和长星社区等采取的这种模式。他们按照谁投资谁受益的原则，充分发挥企业的资金优势，依托企业建社区，实现社区建设和企业发展的优势互补。东尉社区是该县东尉集团与周边六村联合建设的一个社区，集团对入住社区的农户给予就业扶持，如农户选择自主经营，集团给予资金支持，如果没有能力自主就业，集团优先安排进入企业工作。在企业的扶持下，东尉村个体经营户达到 30 多个、企业 20 家，80% 以上的劳动力在企业上班，天天有收入，月月有工资。企业按国家相关政策为工人办理养老、医疗等各类社会保险，有效解决了农村社区社会保障问题。

二、对我省农村社区建设发展的新认识

我省农村社区建设正处在快速发展的关键时期，特别是与城乡建设用地增减挂钩政策相结合以来，建设速度、建设规模、建设模式都有了新的突破和提高。随着农村社区建设的不断深入，我省农村社区建设也出现了一些新情况、新问题，需要引起我们的高度重视，确保农村社区建设扎实稳步推进。

(一) 加强土地权属管理

农村社区建设中的土地权属调整和利益分配问题日益突出，必须加强土地权属管理，切实维护农民权益。在实施城乡建设用地增减挂钩（城镇建设用地增加与农村建设用地减少相挂钩）工作中，土地权属复杂、土地调整形式多样、集体土地用益物权的种类发生变化，特别是土地所有权、使用权、承包经营权等权属调整和利益分配问题越来越突出。[①] 这几年的实践证明，增减挂钩工作为推动我省农村社区建设，加快推进城乡一体化进程提供了坚强保证，而增减挂钩工作能否长久持续开展下去，正取决于农民的合法权益能否得到切实保障。增减挂钩工作涉及广大农民的切身利益，关系农村稳定大局，必须立足实际，坚持以人为本、充分尊重农民意愿，把从实际出发、为农民群众谋福祉作为出发点和落脚点，把加强公共服务作为工作重点，充分考虑群众承受能力，量力而行，有序推进，保障农民的知情权、决策权、管理权和监督权，切实把好事办好。

(二) 亟须法律和制度的规范与完善

农村社区建设催生出新的组织形态和新的经济形态，亟须在法律和制度层面加以规范和完善。随着农村社区建设的不断发展，过去依托自然村设置行政

---

① 陈祖煌，冯胜平．广东农村发展蓝皮书 [M]．广州：广东经济出版社，2015：83．

村、以行政村为单元设置基层组织的状况，一定程度上制约了资源要素的流动，阻碍了生产力的发展。一些县（市）在充分尊重群众意愿的基础上，严格依法按程序撤销社区内各村民委员会，建立起以党组织为核心、自治组织为主体、群团组织为纽带、各类经济社会组织为补充的组织体系，实现了农村基层组织结构新的变革。一些县（市）在农村社区建设中，提出探索推行农村土地股份制和社区股份制，通过引导农民以土地入股的形式，参入土地经营，将农村集体资产处置和农民的个人利益保障有机结合起来，把集体资产变成股份量化到村民，使农民"持股进社区，按股分红"。新形势下产生的新的组织形态和新的经济形态，是我省农村社区建设过程中出现的新问题，也面临许多疑问，需要在实践中继续深入探讨，在法律和制度层面加以引导、规范和完善。

（三）加强管理体制机制建设

农村社区管理体制机制仍然不顺畅，一部分农村社区建设客观上形成了社区夹层化现象。在一些多村一社区的农村社区中，不涉及建制的变化，而是成立社区党组织和社区发展协调委员会，社区内各村庄依然保留原来的村"两委"班子，形成了"乡镇（街道）—农村社区—村委会"的架构。设立社区管理委员会的服务在社区层面，管理主要在社区内各个村委会层面上，整个社区层面的管理协调不够顺畅。形式上，农村社区类似于曾经的乡镇管区或片区，乡镇街道的"七站八所"如今集中到了农村社区的服务中心，在一个乡镇街道层面下，设置了多个类似派出机构的"农村社区"，在一定程度上弱化了村委会的功能。社区建设发展过程中，应注意在基层组织的建制上实现村委会组织与农村社区组织的有机统一。① 村委会是我国宪法和法律规定的农村基层群众性自治组织，是任何机构或组织都无法替代的，不能为搞农村社区而削弱村委会的职能，须考虑从体制上实现创新，最终达到管理与服务的有机统一。

（四）提高农民生活质量

农村社区建设使农民的生产生活条件发生了深刻变化，但在根本上必须依靠农村产业发展和农民持续增收提高农民的生活水平和质量。经过多年的建设发展，我省农村社区已成为公共服务向农村基层延伸、推进城乡一体化的有效

---

① 刘新成，梁京和，田国秀. 北京农村社区建设与管理创新研究［M］. 北京：首都师范大学出版社，2014：112.

途径，为缩小城乡差别、改善人民群众生产生活条件发挥了重要作用。特别是与增减挂钩等各项政策相结合，各地在农村社区建设过程中普遍加大了集中居住型社区的建设力度，农民的居住条件得到突飞猛进的改变。但是，城乡一体化不能只表现在居住形式的一体化，而应当切切实实提高农民的生活水平，这使农村产业发展和农民持续增收问题比以往更迫切、更重要。一些地方提出，以"产业下乡"为抓手，强化社区特色产业在城乡产业发展中的生力军作用，推动城区骨干企业向镇街、社区延伸产业链条，构建起以镇域经济为龙头、社区特色产业为主体、合作经济组织为纽带的社区产业发展格局。当前的农村社区建设必须促进城乡产业发展，推动资源要素在城乡间有序流动、合理配置，加快三次产业内涵式增长，以促进农民增收为根本，以产业发展助推城乡一体化。

（五）建立长效的财政保障机制

农村社区建设发展的瓶颈在资金制约，应在省级层面建立长效的财政保障机制。农村社区建设是在工业反哺农业、城市支持农村的基础上进行的，其重大内容和手段是从上到下的财政支出和支持。以农村社区服务中心建设为例，目前，我省农村社区服务中心建设资金构成比例为市级 0.9%、县（市、区）19.1%、乡镇 23.8%、社区自筹 51.7%、其他 4.5%，省级财政没有专项投入。① 与兄弟省相比，我省省级财政投入缺失，也没有操作性强的部门联动政策。目前，重庆、陕西等省（市）的组织部、发改委、财政厅、民政厅等部门都联合发文，制定了一些操作性强的政策，加大财政投入。我省虽然出台了推进农村社区建设的意见，但比较宏观，缺乏可操作性强的政策，在政府支持农村公益性基础设施建设方面仍然是部门系统各自为战，没有形成合力。特别是省级财政一直没有专项投入，一定程度影响市、县财政投入的积极性，反映出我省农村社区建设资金投入机制亟待健全，需建立支持农村社区建设的长效保障机制。

三、关于进一步加强农村社区建设的建议

（一）在合并型社区中探索推广成熟的管理体制

农村情况千差万别，每一个市、每一个县、每一个乡镇，甚至每一个村都

---

① 中共中央组织部，全国党的建设研究会. 纪念中国共产党成立 90 周年党建研讨会论文选编（下）[M]. 北京：党建读物出版社，2011：68.

有自己的具体情况，农村社区建设不可能是一种模式，对一些好的经验，也不能生搬硬套，必须从当地的实际出发，根据自己的实际情况，采取适合自己的模式。从规划情况看，全省六成的社区是采取"多村一社区"的模式。这就需要研究、探索、创新，逐步建立健全适应社区发展要求的管理体制，实现农村管理体制由村向社区的转化。从我省的情况看，在社区层面的组织建设上，多采取党组织领导下的管理协调委员会的办法。随着农村社区工作的不断深入，各地又在社区组织机构设置等方面进行了探索和创新。德州市在全省率先实行建制村合并，按照合村子、选班子、建社区的"三步走"计划，全市由原来的 8319 个行政村合并为 3339 个农村社区，并严格按照《中华人民共和国村民委员会组织法》等相关法律法规选举产生社区村委会。① 德州合并村庄建设农村社区的这种做法可以借鉴，可以尝试撤销以原行政村为单位的党组织，打破村庄界限，以社区为单位，对党员进行重新组合，实行社区党总支领导下的产业、专业协会或系统党支部设置模式，把支部直接建在协会（合作社）或系统上，把社区党员全部纳入各协会、系统党支部中，逐步建立健全党的组织、自治组织、社会组织，实现社区的统一管理和服务。

（二）在通过建设用地增减挂钩推进集中居住型社区建设中完善配套政策

在通过建设用地增减挂钩办法推进农村社区建设，特别是推进集中居住型社区建设中，需抓紧研究制定《城乡建设用地增减挂钩工作中加强土地权属管理切实维护农民权益的意见》，凡涉及土地所有权、使用权、承包经营权等权属调整和利益分配的，项目所在地必须编制土地权属调整方案，取得相关权益人认可后，经县级人民政府批准实施，做到产权清晰、界址清楚、面积准确。村庄整合建设区，涉及占用国有土地的，依法向产权人颁发国有土地使用证；涉及占用集体土地的，依法向产权人颁发集体土地使用证。在权属调整中，坚持社区居民的原集体经济组织成员身份不变、原集体经济组织的债权债务不变，土地承包经营关系不变。此外，还应制定土地复耕补助具体标准、建设用地指标出让金使用管理办法、农民原住房用地与新建房用地转换补偿办法，坚决纠正那种在农村社区建设中，把眼光只盯在用地指标上倾向，切实维护好保障好农民群众的切身利益。

---

① 赵昌军．山东省人民政府研究室调研成果·经济观察与思考 [M]．北京：中国经济出版社，2016：138.

（三）多措并举积极稳妥推进集中居住型社区建设

在一些城郊接合部，可通过市场化运作的办法，利用土地价差，把群众原有房屋和新建住房分别作价，实行多退少补的办法；在工业园区用地搬迁村庄、压煤搬迁村庄、大项目用地搬迁村庄，可通过搬迁补助、多退少补的办法；在二三产业发展村庄、经济发达村庄等有条件地区，可通过集体自筹资金；在原村庄占地面积大、空闲地多的地区，可通过建设用地增减挂钩的办法，积极推进集中居住型农村社区建设。采取统一规划、统一标准，统一施工、统一安置的方法，让农民群众不拿钱或少拿钱就住上新房，一步到位建成集中居住型农村社区。稳妥推进集中居住型社区建设，要注意把握两点：一是要充分尊重群众意愿，按民主程序办事；二是要注意切实维护保障好农民群众的切身利益，把好事办好。在集中居住建设新型社区的过程中，要不断完善与之相适应、能够可持续发展的养老、医疗、失业等社会保障机制，解决农民的后顾之忧，使集中居住型社区建设真正成为建设社会主义新农村、推进城乡经济社会发展一体化的一项惠民、利民工程。

（四）引导农村社区发展生态高效的农村经济

农村社区的建设发展，已使农民群众的生产生活方式发生了根本性变化，必须把发展农村经济、富裕农民群众摆在首要位置，处理好人与自然、人与环境的关系，加快农业和农村经济转方式调结构步伐，推动我省农村社区步入可持续发展的轨道。① 农业方面，应积极创建现代农业示范区，走产业生态化、产业高端化的路子，大力发展生态农业、循环农业、节约型农业。大力发展农民专业合作社，发挥农业龙头企业、供销合作社、流通服务企业的带动作用。乡村工业方面，应坚持清洁生产、绿色发展，严格控制高耗能、高污染的项目转向农村。引导农村的加工业、民营企业走园区化、集群化发展的路子，拉长产业链条，壮大特色优势产业，促进农村劳动力就地就近转移，拓宽农民增收渠道，通过发展"一村一品、一乡一业"，实现农村经济的生态化、特色化。

---

① 包心鉴，梁丽霞，李宗华. 社会治理创新与当代中国社会发展［M］. 北京：人民出版社，2014：79.

农村社区建设模式探讨分析

近几年，山东省结合社会主义新农村建设和农村经济社会发展现状，积极开展农村社区建设实践活动，按照"因地制宜、分类指导"的原则进行了不同建设模式的探讨，逐步形成了"一村一社区""多村一社区"等多种模式并存的发展格局。"一村一社区"模式是以现有建制村为基础建立的，主要依托村"两委"来组织运行，其中包括村企合一型社区；"多村一社区"模式，即将多个相邻村庄规划为一个社区，就目前情况看，"多村一社区"模式又分两种，即联建型社区和合并型社区，联建型社区只是一种过渡形式，最终要从体制上实现创新，达到管理与服务的良好统一。

人类历史上最早出现的社区是以农耕文明、自然经济为主要特征的村落社区，随着经济社会发展，出现了以商品生产和交换为主要特征的集镇社区和城市社区。党的十六届六中全会提出"全面开展城市社区建设，积极推进农村社区建设"，这里提到的农村社区是指聚居在一定地域范围内的农村居民在农业生产方式基础上所组成的社会生活共同体，包含人群、地域、生产和生活设施、管理机构和社区成员的认同感等多种构成要素。

一、"一村一社区"模式实践动因、运转情况和特点

"一村一社区"模式就是在一个建制村区域范围内开展农村社区建设的做法，也是山东省所占比例比较大的社区模式。以下以山东省青岛市为例，对"一村一社区"模式进行探讨分析。

（一）"一村一社区"模式实践动因

青岛市大多数村都选择了"一村一社区"模式，究其原因，主要有以下几条：第一，具有历史传承下来的社区认同感、归属感。在同一村居住的村民几代、几十代共处一地，比邻而居，守望相助，世代繁衍相依，逐步形成了相对稳定统一的生产生活习俗和传统，因而有着强烈的社区认同感、归属感和责任感。第二，集体经济较为雄厚。青岛市大部分县市具有较强的经济基础，村

级集体经济雄厚，村民生活富裕，为改造旧村、建设新型农村社区奠定了良好的资金保障。如黄岛区近几年累计投资 6 亿元，全面推进农村"五化"建设，实现了"路通、水通、电通、信息通"，"改水、改厕、改圈"和"垃圾、污水"集中处理，582 个农村社区完成主街道硬化，建成户用沼气池 5000 个。莱西市自 2007 年以来，农村社区村民自愿为"五化"工程出工出资折合人民币 124.2 万元，通过社区村民协调社会各界捐款捐物折合人民币 1573.4 万元，硬化街道 282 万平方米，设置标准地名标志牌 857 个，建设社区文化广场 340 个，全市农村社区全部实现了村村通自来水、村村通数字电视。第三，村级自治组织发挥作用好。自家庭联产承包之后，农村自治组织建设成为制约农村发展的瓶颈，青岛市从 1988 年就开始着手探索以党支部为核心的村级组织建设，创造了"莱西经验"并在全国广为推广。可以说强有力的村级自治组织为青岛市选择"一村一社区"模式奠定了稳固的基层组织基础。

（二）"一村一社区"模式运转情况和特点

1. 建立完善的社区工作组织

在一村一社区的基础上，把村委会和农村社区合二而一，将原"村民委员会"改为"社区村民委员会"或"社区居民委员会"。① 同时，在村"两委"的基础上，吸收社区内有威望人员及驻社区单位代表成立社区协调委员会，负责社区建设的组织协调工作。成立志愿者、老年人、关心下一代、计划生育协会等组织，发挥老党员、老教师、老军人、老干部的作用，通过"党员奉献日"等活动，引导农民成员自觉参与社区建设。青岛部分市区制定了农村社区建设指导员制度，如黄岛区选派 150 名机关干部担任农村社区建设指导员，公开考选 100 名优秀大学生到社区担任"村官"。胶州市选派 120 名机关干部到 100 个农村社区担任指导员，驻村帮扶社区开展工作。

2. 搭建社区服务平台

青岛市各市（区）均建立了市（区）行政服务大厅、镇便民服务大厅、村便民服务站三级便民服务网络。各农村社区以本社区干部和骨干群众为主体，组织开展为民服务，代替农民"跑腿"，实现群众办事"小事不出村，大事不出镇"，既方便了群众，又增强了社区的向心力和凝聚力。② 黄岛区在每个农村社区建设一处社区"邻里中心"，在"邻里中心"设立便民服务站、村

---

① 涂可国. 山东文化蓝皮书 2010 年：山东文化强省建设报告［M］. 济南：山东人民出版社，2010：134.

② 杨新欣. 山东省城镇化进程中的新型农村社区建设研究［J］. 山东省农业管理干部学院学报，2013，30（6）.

民议事厅、卫生服务站、图书阅览室、文体娱乐室、科普宣传栏、健身场地、便民超市等，集党建、文明创建、村民自治、便民服务、文化教育、健身娱乐等功能于一体。莱西市自建立为民服务代理制以来，共为群众办理各类事项50多万件，服务满意率99.8%。

3. 着力提高社区居民素质

建设农村社区文化站（室）、农村大学堂、农村书屋，文化健身广场等场所，组建农民文艺团体，通过开展"农民教育月"、"农民教育日"、"和谐社区"创建、"十星级文明户"评比等活动，加强社区居民劳动技能培训、文化知识教育、文明风尚培养，逐步提高社区居民素质。如莱西市指导农村社区通过道德评议会、老年协会等社会组织，开展了"党员示范户""十星级文明户""五好家庭""好邻居""好婆婆、好媳妇""卫生模范户"等评比活动，全市涌现文明社区312个，文明家庭15万户。其中大河头社区位置偏僻，由于成立了一支老年人自发自愿组织成立的社区文明管护队，坚持每月检查一次社区卫生，每年开展一次"十星级文明户"评选活动，连续10年无重大刑事案件和上访事件，社区文明祥和，吸引了许多企业到该社区落户。目前，大河头社区引进韩国独资项目1个，内资项目6个，总投资达850万元人民币，安置就业人员400多名。内外资项目每年为农民增加收入150万元，为集体增加收入50万元。

"一村一社区"模式中还包括了一种特殊的类型，即村企合一型社区，这在山东省比例很少，但是具有较强的代表性和发展前途。[①] 村企合一型社区主要由企业出资建设住房，群众无偿或低价入住，置换出的土地由投资企业优先使用，既解决了农村社区建设所需资金的问题，也缓解了企业用地紧张的问题，同时企业位于本村地域范围之内，村民即企业职工，村企合一，便于管理和服务，实现了企业发展与农村社区建设的互利共赢。山东省主要有黄岛区北高家庄社区、邹平县韩店镇的西王社区、长山镇的东尉社区和长星社区等采取的这种模式。

二、"多村一社区"模式实践动因、运转情况和特点

"多村一社区"农村社区建设模式是将多个相邻村庄规划为一个社区的做法。"多村一社区"农村社区建设模式包括联建型社区和合并型社区。联建型社区是以一个中心村为主，周边几个村联合建设农村社区，社区服务中心

---

① 杨林，秦宏. 现代农业视域下农村区域经济发展的路径选择 [M]. 青岛：中国海洋大学出版社，2012：55.

（站）设在中心村，辐射周边几个村，不打破原行政村建制模式的做法，主要以潍坊市为代表。合并型社区是打破原行政村建制模式，将几个邻近的村合并为一个大村建设农村社区的做法，主要以德州市、临沂市为代表。

（一）"多村一社区"模式实践动因

1. 省委省政府的政策支持

《中共山东省委关于认真贯彻落实党的十七届三中全会决定推进我省农村改革发展的意见》（鲁发〔2008〕23号）明确规定"以中心村为载体，兼并邻近村，撤并弱小村，改造空心村，建设新型农村社区，形成以县城为中心、小城镇为骨干、新型农村社区为基础的现代城镇体系，逐步实现农村基础设施城镇化、生活服务社区化、生活方式市民化"，这就为选择多村建设一个农村社区提供了政策依据。

2. 具有联合组建的基础条件

村庄相对密集，交通便利，文化风俗同质性强，具有联合组建农村社区的基础条件。如潍坊市地处平原，人口居住密度较高，村庄联系紧密，生产方式相近，结合这一实际，潍坊市围绕发挥有限公共资源效能最大化和有效整合社会各类服务资源、最大限度地满足农村居民需求的原则，创造性发展了"多村一社区"农村社区建设模式，在全市普遍推开。

3. 避免资源分散与浪费

采取"多村一社区"模式的地方普遍村庄数量多、规模小，管理成本比较高，造成资源分散和浪费。如德州市全市8298个行政村，占全省的10%，村均人口比全省少271人，500人以下的村4756个，占57%，8298个村按每村年均5000元计算，仅全市财政承担的村级工资费用就达到4000多万元。再者，在文化教育、医疗卫生等社会事业和农村道路、自来水、有线电视、电力、通讯等基础设施建设上，由于村庄过于分散及建设缺乏规划，造成重复投入，资源浪费，管护费用居高不下，最终导致农民负担大幅增加。

当然，实现资源整合，减少资金投入，也是选择"多村一社区"模式的客观因素。

（二）联建型社区运转情况及特点

1. 优化空间布局

按照方便服务管理、尊重群众意愿和最大限度集约利用公共资源的原则，兼顾农村地域特点、历史沿革和农民生产生活习惯等因素，综合考虑乡镇合并、迁村并点、集中居住区建设和农业区域化发展等情况，科学设置社区空间布局，合理确定社区服务范围。在社区中心村建社区服务中心，服务半径为2—3公里，一般覆盖4—6个村庄，农民群众步行到社区服务中心不超过30分钟。同时，加大中心村基础设施投入，完善载体功能，吸引周边村庄逐步向中心村聚集发展，提高社区公共资源利用效益，加快构建现代化镇村发展格局。①

2. 明确职能定位

在每个农村社区设立社区服务中心，社区服务中心内设一个办事服务厅和若干个服务站室。社区服务中心的职能定位是服务，不是一级行政管理机构，不能干涉村级内部事务，也不是以生产经营为主的经营性组织。同时，在每个农村社区成立社区党组织和社区发展协调委员会，在乡镇（街道）党（工）委的领导下，围绕社区化服务与建设发挥协调指导作用，与社区内村庄及其他单位不存在上下级隶属关系。村庄对乡镇（街道）的隶属关系不变。这样定位，是为了避免社区服务人员"官僚化"和服务被"异化"现象。

3. 完善服务体系

社区和社区服务中心主要为农民群众搞好四大类服务：一是承接基本公共服务。将乡镇（街道）和政府部门的基本公共服务项目延伸到农村社区服务中心，满足农民群众在医疗卫生、社区警务、劳动保障、社会救助、文化体育、司法调解、人口计生等方面的公共服务需求。② 二是开展生产性的服务。重点是建立健全直接为生产服务的科技信息、生产资料、市场营销服务体系；引导发展农民专业合作组织，提高农民组织化程度；设立社区土地流转服务中心，积极稳妥地推进土地经营权流转。三是发展市场化的便民服务。按照互利双赢的原则，组织引导有关单位和企业到社区服务中心设立便民超市、农资超市、便民食堂，代办代收有关证件费用等，既为农民提供了市场化便民服务，又可获得一部分收入用于社区服务中心运转。四是加强自助互助服务。鼓励和支持驻社区单位、社区居民和社区志愿者开展邻里互助等群众性自我服务活动，倡导社区居民和驻社区单位开展社会捐赠、互帮互助，对社区困难群体实行辅助性生活救助。

（三）合并型社区运转情况及特点

1. 进行管理体制改革

首先，打破原村建制模式。村庄合并后，对原建制村的土地、债权、债

---

① 民政部基层政权和社区建设司. 中国农村社区发展报告 2009 [M]. 西安：西北大学出版社，2011：94.

② 同春芬，党晓虹，王书明. 农村社区管理学 [M]. 北京：知识产权出版社，2010：88.

务、资产、制度等进行重新清理、登记，按照有关政策进行重新调整分配，对相关集体经济项目进行重新公开分包，对闲置、剩余资产进行公开发包、拍卖，及时清收各类债权资金，冲抵返还相关债务，集中管理、统一使用可用财力，共同推进社区建设发展。把原来的行政村村民自治改为社区村民自治，成立社区村民委员会，配备专门负责人，具体负责社区的社会治安、环境卫生、计划生育、优抚救济、矛盾调解等社会管理工作，在社区"两委"的领导下开展工作。其次，打破传统村民小组设置模式。积极引导并充分发挥农村能人和致富带头人的作用，采取商企联建、行业联建等形式，依法建立起计划生育、交通物流、经纪人、商会等若干行业协会及各类专业合作组织，把农村各项工作纳入行业化、产业化和群体化管理，村民的生产经营活动均以协会和合作社为单位进行，改变原来以村民小组为单位的活动方式。德州市、临沂市还尝试撤销以原行政村为单位的党组织，对党员进行重新组合，实行社区党总支领导下的产业、专业协会或系统党支部设置模式，把支部直接建在协会（合作社）或系统上，把社区党员全部纳入各协会、系统党支部中。"支部+协会（系统）"的模式既巩固了党的基层组织，又进一步推动广大党员自觉成为农村致富带头人。

2. 搭建社区服务平台

建立农村社区服务中心，设立警务室、计生卫生室、科普阅览室、文体活动室、社会保障站、村民学校、便民服务超市等，为村民提供各类服务。如莒南县大力加强农村社区服务中心建设，采取利用土地置换一批、旧店改造一批、财政扶持新建一批等办法，建成农村社区服务中心 52 个，辐射村庄 210 个，受益农民 35 万人。莒南县相沟乡大力推行"十个一"工程，即每个社区建设一条商贸大街、一处集贸市场、一处便民超市、一处为民服务中心、一处小学或幼儿园、一处卫生室、一处文化广场和老年、幼儿游乐中心、一处警务室、一处工业及养殖项目区、一处现代农业示范项目区。积极推进农村供销社、农村信用社、农民专业合作组织、农村邮政物流"四个载体"建设，为社区村民生产、生活提供全方位服务。为丰富农村社区服务内容，拓宽服务领域，创新服务手段，各地还组建了各类志愿组织、民间组织，开展社会互助救助、环境卫生监督、社区治安巡逻、文体娱乐活动、生产经营活动、公益事业服务等服务活动。如莒南县相沟乡三义社区成立了平安创建协会，成立流动法庭，从县法院聘请 3 名法官进社区担任调解指导员，为社区居民上门调解，化解矛盾，取得良好效果。

三、各模式存在的问题和建议

（一）"一村一社区"的模式存在的问题与建议

正因为村级自治组织比较稳固，发挥作用好，加上历史遗留下来的村委会的准行政职能，使得村民对村委会形成长期依赖，导致社区内社会团体力量薄弱。[①] 此类社区在建设过程中，应注意培养社会团体力量，根据本社区实际组建相应的专业经济协会，组织村民发展生产，提高社区组织化、专业化程度；针对农民对文化体育和精神生活的追求，成立各类文化团体，活跃农民生活，提高农村社区的吸引力、凝聚力和向心力；引导村民建立志愿组织，开展以自我服务、自我救助和自我管理为主要内容的服务活动，让农民感受到大家庭的温暖，提高对农村社区的归属感，通过加大社会力量的投入和村民的广泛参与，营造"社区是我家，建设靠大家"的良好氛围。

（二）联建型社区存在的问题与建议

联建型社区只是简单的联合，不涉及建制的变化。这类社区成立了社区党组织和社区发展协调委员会，社区内各村庄依然保留原来的村"两委"班子，这样就形成了乡镇（街道）—农村社区—村委会的架构。很明显，这个链条中的农村社区类似于曾经的乡镇管区或片区，乡镇街道的"七站八所"如今集中到了农村社区的服务中心，在一个乡镇街道层面下，设置了多个类似派出机构的"农村社区"，行政化色彩浓重，在一定程度上弱化了村委会的功能。这种模式可以说很大程度上是为当地乡镇机构改革分流工作人员找到一条有效途径，但是如果农村社区只是对原来片区的简单翻牌，只是作为分流乡镇工作人员的权宜之计，那就从本质上失去了农村社区建设的应有之义。此类社区在发展过程中，应注意在基层组织的建制上实现村委会组织与农村社区组织的有机统一，村委会是我国宪法和法律规定的农村基层群众性自治组织，是任何机构或组织都无法替代的，决不能为搞农村社区而削弱村委会的职能。可以说，联建型社区只能作为农村社区建设的一种过渡形式，要考虑从体制上实现创新，最终达到管理与服务的良好统一。[②]

---

① 刘秀玲. 社区管理与品牌建设 [M]. 长春：吉林人民出版社，2009：79.
② 朱国云，李强，李跃华，安建增. 社区管理与服务（第2版）[M]. 南京：南京大学出版社，2014：118.

(三) 合并型社区存在的问题与建议

有的地方提出在"五个不变"的前提下合并村庄，即原行政村、组的土地承包关系不变；原行政村的各项承包、租赁合同及合理优惠政策不变；原村级资产、债权债务不变；原行政村村民的福利待遇不变；原退休干部的生活补贴标准不变，这种"形合而神不合"的做法，笔者不敢苟同。在城市社区建设中曾出现过类似问题，为加快城市化进程，某些区县明确规定，对"村改居"社区实施"四个不变"，即在过渡期内本村辖区面积不变，土地、财产所有权和使用权不变，计划生育政策不变，涉农政策不变，而这个过渡期有多久，却无人过问，这就为以后出现这样那样的问题埋下了隐患，甚至有些八九十年代"村改居"的社区，二三十年来一直沿用村委会的管理模式，至今未融入城市生活，在农村社区建设中应引以为戒。合并村庄涉及基层管理体制的变革，建议不要一蹴而上，应在各方面条件成熟之后谨慎处之。建议在合并型农村社区建设中，推行农村土地股份制和社区股份制，通过引导农民以土地入股的形式，参入土地经营，使农民既有土地入股收入，又有年终社区股份分红和打工所得工资性收入，将农村集体资产处置和农民的个人利益保障有机结合起来，把集体资产变成股份量化到村民，使农民"持股进社区，按股分红"，让农民真正成为集体的主人，从而调动农民参与社区建设的积极性。

(四) 关于农村社区服务中心 (站) 的性质问题

无论是"一村一社区"模式还是"多村一社区"模式都存在农村社区服务中心 (站) 定位模糊的问题，有的农村社区隶属于乡镇 (街道)，有的与村委会平行，有的归村委会管理。[①] 为便于农村社区服务中心 (站) 统一管理，利于农村社区服务中心 (站) 长期运行，建议将农村社区服务中心 (站) 统一注册为民办非企业，职能定位为承接政府部门延伸到农村的基本公共服务，面向本社区居民开展便民利民服务、面向驻社区单位开展社会化服务等，保障农民群众在医疗卫生、社区警务、劳动保障、社会救助、文化体育、司法调解、人口计生等方面的公共服务需求，满足社区内居民生产生活需求。

农村社区的设置模式是农村社区建设面临的首要问题。社区设置的范围和规模的大小，直接关系到农村居民群众的认可度、管理和服务的有效性、设施和资源的合理配置等多方面的问题，各地应从实际出发，根据自然文化资源、经济社会发展水平、居民生产生活习惯、交通便利条件等不同情况，按照统筹

---

① 廖伦建. 职教·城镇·文化之行思 [M]. 北京：经济日报出版社，2015：115.

城乡发展、聚居人口适度、服务半径合理、资源配置有效、功能相对齐全等原则，合理规划农村社区布局，因地制宜确定农村社区建设模式。

经济基础较好，人口规模较大的村，可以在现行的村民委员会范围内，按"一村一社区"模式进行农村社区建设；规模较小、密度较大、生产生活方式相近的村，可以选择"多村一社区"模式，通过兼并邻近村，撤并弱小村，改造空心村，逐步合村并居，集中建设新型农村社区；村民居住分散、人口密度小的村也可以以自然村或中心自然村连带周边零星小自然村为范围，建立村落社区，但是这种模式存在面窄，缺乏发展潜力，无法成为农村社区建设的主导模式。无论哪种模式，在目前形势下，都离不开政府的鼎立推进，这是我国农村社区建设取得突破和成功必不可少的前提条件，也是必经之路，同城市社区建设一样，它也必将经历一个由政府主导到民主参与的漫长过程。

两区同建推进农村社区建设的调研

2012 年，笔者对德州市开展两区同建推进城乡统筹发展的相关情况进行了专题调研，实地考察了德城区、开发区、陵县、武城、齐河的部分农村社区和产业园区，与县、乡、农村社区、农村产业园区的负责人和部分群众进行了座谈交流，随机走访了三十余家农户。总的认为，德州市以新型农村社区建设为基点推进新型城镇化和农村管理服务体制创新，以农村产业园区建设为载体推进工业化、信息化和农业现代化，以两区同建推动农民生产方式与生活方式同步转变，初步探索出了一条传统农区实现城乡一体化发展的新路子，促进了农村公共服务提升、人居环境改善和农村产业集约集聚发展，符合国家"在工业化、城镇化深入发展中同步推进农业现代化"的"三化同步"的重大战略要求，对于促进城镇化、工业化和农业现代化同步发展具有方向意义。

一、调研思路

德州市自 2008 年下半年开始，立足实际，顺应群众意愿，在认真调研、充分研究的基础上，就推进城乡统筹发展进行了积极探索和大胆创新，在实践中逐步形成了两区同建的工作思路。两区同建是指通过新型农村社区和农村产业园区同步规划、同步建设，推动农民集中居住和农村经济集约发展，实现农村管理服务方式、农民生活方式和农村生产方式的三大变革，最终构建起城乡居住、服务、管理、发展等经济社会一体化新格局。德州市开展两区同建，主要基于以下考虑：

（一）贯彻落实中央、省有关精神

加快形成城乡发展一体化新格局是党的十七大做出的重大部署，十八大又将其上升为国家战略，中央和省多次强调加大统筹城乡发展力度、夯实农业农村发展基础，提出推进农业现代化、农村社区化联动发展，实现生产方式和生活方式融合转变。加快农村基础设施建设，推进农村城镇化、农业现代化，将是我国继人民公社、家庭联产承包责任制后的农业农村第三次革命。① 作为农业大市的德州，抓住这次机遇，将是一次历史性的突破，必将为经济社会发展插上腾飞的翅膀。

(二) 解决德州农村发展现实问题

开展两区同建之前，德州市面积占全省总面积的 1/16，人口占全省的 1/17，行政村 8319 个，占全省的 1/10，村均人口比全省少 271 人，500 人以下的村占到 57%。村多、村小带来四大难题：村级组织运转成本高，农民负担重；很难选出有能力的带头人，村级班子弱；村多村散，基础设施建设成本高、效果差。

(三) 发展农村经济、增加农民收入

一家一户分散经营，农民增收难以持续；缺少特色产业支撑，农村经济发展难以持续。② 没有经济基础，生活方式转变更是无源之水。产业园区建设为土地流转提供平台，为农村经济集约集聚发展提供载体，为农民就地转移就业提供空间，更使农村社区建设成为有本之木。

(四) 拓展城乡发展空间

由于土地指标限制，好项目、大项目落地难，城镇发展空间受限，而农村宅基占地过多，空心村现象严重。德州市农村户均宅基用地 1.5 亩，比国家规定的户均最大限多 1.1 亩。若村庄合并、新型农村社区建设与国家土地整治挖潜政策结合，全市可节约土地约 100 万亩，能有效实现城镇得空间、农民得耕地、经济得发展的多赢局面。

(五) 扩大内需、拉动经济增长

德州市场主体在农村，消费主体在农民。全市 570 万人，其中 400 多万农民、100 多万农户。建设新型农村社区，实现农民集中居住，若按每户投入 10 万元左右买一套住房计算，将会产生 1000 亿元左右的消费拉动。

(六) 改善民生问题

改革开放 30 多年，农村只见新房不见新村，农村环境一直较差，白天尘

---

① 李国健，姜凝. 山东农村综合改革热点与对策研究 [M]. 北京：经济科学出版社，2013：66.
② 朱洪祥，雷刚，吴先华，李文茂. 绿色城镇化发展模式研究 [M]. 北京：中国建筑工业出版社，2015：98.

土飞、晚上一摸黑，垃圾靠风刮、污水靠蒸发，圈舍随意搭、人畜不分家，脏乱差现象非常严重。但随着农村经济发展，农民期盼住上新房、用上暖气，像城市人一样享受现代文明的愿望越来越强烈，加强农村社区建设正契合了这种需求。

二、主要做法

（一）健全工作机制。

成立市两区同建战略委员会和两区同建指挥部，从有关部门抽调人员集中办公，县乡两级也都成立专门工作机构，形成市、县、乡镇、社区上下联动、齐抓共管的工作格局。① 各级把两区同建工作列入科学发展重点考核内容，并成立督查组对工作进展情况包括工作计划、推进措施和组织领导等进行全面督查，采取建立督查日志、现场拍照、录像、进度比照、复查复核等多种方法，对社区建设项目立项、规划、建设、质量、搬迁入住、社区管理、旧村拆迁、土地复耕以及群众工作等进行全过程督查，确保按时限要求达到工作进度。严格落实工作责任制、责任追究制和奖惩制度，多数县市区拿出专项资金进行奖补。

（二）推进村庄合并

2009年上半年，在做好充分前期准备的基础上，全市按照"保留自然村，合并行政村"的安排，积极推进村庄合并，把原来的8319个行政村合并为3070个社区（村），行政村数由过去占全省1/10，减少到1/24。2009年下半年，按照"凡合必选"的原则，大规模进行了社区"两委"民主选举。通过好中选优，一批工作能力强、群众威信高的党员群众被选入社区"两委"班子，平均年龄下降了4.6岁，高中以上文化程度占57.5%，社区书记、主任中有企业、有项目的致富能人占到54%。农村基层组织得到有力加强，群众满意度不断提高。

（三）进行全面规划

2010年上半年，抓住省国土资源厅对农村宅基地规划修编的机会，调整土地利用总体规划，在确保农村社区占地合法的基础上对了农村社区进行了全面规划。2012年，按照"中心城区—县城—中心镇—农村社区"四级现代城

---

① 袁方成，杨灿. 当前农村社区建设的地方模式及发展经验［J］. 青海社会科学，2015（2）.

镇体系规划，优化调整农村社区布局，将原来1184个并建社区调整到710个，今年底完成修建性规划。目前，1个主城区、10个县域驻地、100多个乡镇驻地、500多个纯农村社区的全域城镇化雏形开始形成。

（四）实施两区同建

2010年下半年，本着抓点带面、重点突破的原则，社区建设开始启动。以乡镇驻地为重点，实施两边两区突破战略（即县城乡镇驻地周边、交通干线周边和产业发展聚集区、农村观光旅游区），统筹规划、分步实施、持续推动。在农村社区基础设施配套上，要求达到"五化八通八有"（五化即硬化、绿化、亮化、净化、美化，八通即通水、通电、通暖、通气、通油路、通宽带、通电话、通有线电视，八有即有社区服务中心、幼儿园、小学、敬老院、卫生室、警务室、超市、中心广场）。① 突出生态文明要求，保持和发扬农村传统生态和地域特色，社区绿化率不低于25%。目前，全市建成和在建农村社区378个，15万农户住进了设施配套、生活便利、环境优美的新社区。在大力推进新型农村建设的同时，按照"宜农则农、宜工则工、宜商则商"的原则，整体推进产业园区建设。全市规划农业、工业、商贸产业园区1538个，目前已开工建设876个。通过园区建设，全市近30万农民实现家门口就业，2012年全市农民人均纯收入9600元，比2008年增长69%，连续4年高于城镇居民人均可支配收入增幅，其中，来自各类园区的收入占总收入的40%。② 农民人均现金收入增幅跃居全省首位，广大农民幸福指数明显提升，城乡一体化步伐明显加快。

（五）破解工作难题

两区同建过程中，土地和资金始终是保障这一工作能否顺利推进的关键因素，德州市采取多项措施，切实解决工作难题。一是将社区建设与土地增减挂钩相结合，解决社区占地指标和资金问题。在拆旧村庄选择上，德州市优先将复垦潜力大、复垦后新增耕地可与周围耕地集中连片的村庄作为拆旧地块纳入项目区申报。优质高效、集中连片的耕地，为开展土地流转，发展规模化现代农业创造了条件。二是整合涉农支农资金，集中进行投入。为使有限资金充分发挥作用，在不调整原有管理体制、不改变资金原有性质的前提下，按照

---

① 吕云涛. 德州市"合村并居"建设新型农村社区的经验与启示 [J]. 价值工程，2012 (33).
② 孙秀亭，胡璇璇. 论德州市城镇化建设"两区同建"战略 [J]. 山东行政学院学报，2013 (5).

"渠道不乱、用途不变、财尽其用"的原则,对涉农政策、资金、项目进行捆绑使用,集中投放。三是建立各级"两区同建"投融资中心,加大信贷支持力度,用好政策性贷款资金。2012年上半年落实国家开发银行贷款10亿元,有效破解了两区同建的资金瓶颈问题。四是充分发挥财政资金的引导作用,市财政列支专项资金以奖代补,对土地挖潜拿出62亿专项资金。同时,通过依规启动"一事一议"、动员社会资金帮扶、减免各项规费等途径,最大限度地支持两区同建工作。

(六)营造社会氛围

通过广播、电视、报纸、宣传栏、张贴标语等多种方式积极宣传发动,同时在规划选址、住宅样式、搬迁补偿、拆迁方案等各个环节充分征求群众意见,尊重群众意愿,确保群众满意。在全市开展了为期三年的"百企连百区、百局帮百区、领导干部包社区"工程,组织动员党政机关、企事业单位和市县乡领导干部帮扶农村社区,包点促建,为社区办实事、做好事、解难事,充分发挥典型的带动作用。几年来,全市没有发生一起因两区同建引起的非正常上访案件。

三、工作成效

(一)实现了农民生活方式的变革

通过建设农村社区,建起了新楼房,配套了水、电、路、气、暖、宽带、有线、电话和幼儿园、学校、敬老院、卫生室、警务室、超市、社区服务中心等各种公共服务场所,同时,社区服务水平得到改善,服务功能得到完善,农民切实享受到了与城市居民一样的公共服务,农民的生活质量和精神面貌随之改变,从而在根本上实现了农村生活方式的变革,增强了农民幸福感。

(二)实现了农业生产方式的变革

通过建设产业园区,加快了农村土地流转,为实现农业生产规模化、机械化创造了条件,改善了农业生产条件,提高了农业科技水平和产业化水平,实现了农业的结构升级和高效集约发展,为发展现代农业提供了保障。全市流转土地面积达150万亩,占耕地总面积的16%,在全省最多。其中,经营耕地面积50亩以上的种粮规模户达245个,300亩以上的种粮大户58个。全市农业综合机械化作业水平达到88.6%;发展各类农民专业合作社7500多家,入社社员 20.1 万户，带动农户 30 多万户，农民人均增收 2000 多元。①

（三）实现了农村管理模式的变革

通过推进两区同建，村庄合并后缩小了大家族在村里的比重，扩大了选人用人范围，让能人脱颖而出，破除了家族治村的弊端。社区"两委"班子及配套组织健全，集中办公、工作例会、目标责任、民主管理、考核评议等各项规章制度规范化，建成社区实现信息化管理，社区物业、治安、民政、计生、就业、社会保障等各项社会事务管理不断创新，实现了农村由传统家族式管理向现代民主文明管理的变革。

（四）维护了农村社会和谐稳定

通过两区同建，生活条件好了，就业机会多了，促进了外出农民工返乡创业和农村剩余劳动力就近就业，据德州市人社局调查，2012 年全市农村外出务工人员中，75%的人选择留在家乡生活就业。同时，全市 15.6 万留守儿童、24.5 万留守妇女、42 万留守老人的问题得到了有效解决，农村社会更加和谐稳定。

四、几点启示

（一）两区同建符合社会变迁的发展规律

在现代化过程中，乡村社会不再可能像在传统社会那样处于一种自然状态，而是随着现代国家的建构，逐步演变成为一种国家规划性制度变迁的产物。② 在我国，农村社区建设正是国家实现对乡村社会进行整合的抓手。通过新型农村社区和农村产业园区同步建设，可以有效整合城乡资源，促进资金、技术、人才、信息等各类生产要素在城乡之间的科学配置、合理流动；可以完善和创新农村社会管理服务机制，为农民参与管理、利益诉求开辟渠道；促进基础设施向农村延伸，公共服务向农村覆盖，科学技术向农村传播，现代文明向农村辐射，改变城乡居民权益享受不对等状况；可以促进农业发展的集约高效，为推动农村农业的发展找到突破口。

---

① 金德钧，蔡义鸿，顾晴. 城市化典型案例 [M]. 北京：中国城市出版社，2018：67.
② 张晶. 城乡统筹背景下德州市合村并建模式分析 [J]. 德州学院学报，2011 (1).

（二）两区同建符合经济社会发展的必然规律

从发达国家发展历程来看，工业化和城镇化是相辅相成、相互促进的。经济和社会发展的经验表明，城镇化是工业化的必然要求，是经济和社会发展的必然趋势；工业化是城镇化的基础，是推动城镇化水平的根本动力。德州市根据国家"三化同步"的重大战略要求，结合自身实际，提出同步建设新型农村社区和产业园区的"两区同建"发展战略，以新型农村社区建设为切入点推进新型城镇化，以农村产业园区建设为载体推进农业现代化和工业化，"两区同建"推动着工业化、城镇化和农业现代化同步发展，统筹城乡发展的基础不断夯实。

（三）两区同建符合生产方式和生活方式矛盾运动的社会基本规律

马克思主义哲学告诉我们，生产方式的形成与发展，是生产力和生产关系之间相互作用的结果，而物质资料的生产方式的变迁正决定了生活方式的转变。两区同建，为农村社区的建设和运营打好经济基础，同时也为农民收入的可持续增长提供有力保障，有利于推进农民生活方式的彻底转变，最终实现农民生产方式、生活方式的同步转化。

五、存在问题

（一）个别地方困难群众无力迁入新居的问题

一些地方的困难群众由于旧房评估价值低、家庭经济基础薄，无力购买新房，尤其是那些老弱病残等弱势人群存在无力迁入新居的问题，需要给予特殊照顾，防止因搬新居而陷入贫困，或无法迁入新居而产生新的不平等。

（二）资金短缺问题

当前政府投入不足，吸引社会资金有限，渠道多元化、主体多元化的农村社区建设投融资机制尚未形成，资金短缺的问题比较突出。

（三）社区管理问题

部分社区服务管理比较粗放，管理方式和管理手段无法适应形势的发展。一些社区缺少基本的社区物业管理，新社区出现脏乱差现象。

六、意见建议

（一）维护和保障农民合法权益

在"两区同建"特别是土地流转过程中，要尊重农民的意愿和选择，切实维护和保障农民合法权益。[①] 对确实无力迁入新居的困难农民要给予特殊照顾，尤其要关注那些没有条件就业的老弱病残等弱势人群，在没有土地且无法进入园区工作的情况下如何维持原有的生活水平，保障他们既"上得了楼"，又"住得起楼"。

（二）完善扶持政策

在资金、用地、考核、奖惩等方面制定一些约束性规定和更加有效的扶持措施，推动全省新型农村社区建设健康发展。特别是对新型农村社区建设过程中涉及的各种税费，应予以免除或从低收取；各项涉农资金应集中使用，向新型农村社区建设倾斜。进一步完善城乡建设用地增减挂钩政策，加大对中西部地区的扶持力度，科学划定全省增减挂钩土地增殖收益返还比例和不同区域最低补偿标准。

（三）加强社区服务管理体制创新

强化社区组织的协调管理职能和社区服务功能，探索由多个村委会各自为政的管理体制机制向社区管理体制机制的转变和创新，促进政府服务职能和村民自治功能向社区转化。积极引导涉农部门、结对帮扶单位、经济实体、社会组织等各种社会资源向基层倾斜、向农村倾斜、向困难群体倾斜，将救助低保、计生医疗、文体教育、治安环保、便民服务等政府公共服务、市场化服务、志愿互助服务延伸到农村社区，使农村社区真正成为化解基层矛盾、解决群众实际问题的基础平台。

---

① 吕云涛. 德州市"两区同建"推进新型城镇化的经验与启示 [J]. 江西农业学报，2013 (11).

集中居住型农村社区建设的建议

集中居住型农村社区是指打破原有的村庄界限，经统一规划，把两个或两个以上的建制村或自然村进行搬迁合并，组建成新的农民生产生活聚居点。目前，这种建设模式在山东、河南等省推进力度较大。集中居住型农村社区建设是一项复杂的系统工程，事关农村当前和长远发展，事关群众切身利益。笔者认为各地应从实际出发，量力而行，稳妥推进，切忌一拥而上，盲目建设，搞"政绩工程"。在推进集中居住型农村社区建设中要注意把握以下几个问题。

一、科学编制农村社区建设布局规划

要根据各地自然文化资源、经济社会发展水平、居民生产生活习惯、交通便利条件、区位优势等不同情况，按照统筹城乡发展、聚居人口适度、服务半径合理、资源配置有效、功能相对齐全等原则，科学合理编制农村社区建设布局规划。在编制规划过程中，要注意与经济社会发展规划、城乡规划、土地利用规划、县域村镇体系规划、生态环境保护规划、人口发展规划、综合交通规划、文物保护规划、矿产资源规划等进行衔接。

二、维护和保障农民的合法权益

在集中居住型农村社区建设中，维护和保障农民合法权益是需要坚持的重要原则。特别是在进行土地腾挪置换的过程中应当注意以下几个方面：一是要根据《中华人民共和国村民委员会组织法》规定，对于社区规划、住宅设计、农田整理方案等涉及群众利益的问题，由村民会议或村民代表会议进行民主决策，要充分听取村民的意见，确保村民有序参与。[①] 二是在优先满足农村各种发展建设用地后，经批准将节约的指标调剂给城镇使用的，其土地增值收益必须及时全部返还农村，最大限度地保护农民利益，支持农村社区建设。三是保

---

① 张莎莎，冯垠都. 农村社区建设创新路径 [J]. 合作经济与科技，2019（22）.

障失地农民基本权益，按照依法、自愿、有偿的原则，鼓励村民参与土地入股、经营权租让，要求使用土地的企业优先雇佣本地失地农民，以保障其土地流转后的稳定收入与合法权益。

三、完善社区管理和服务

集中居住型农村社区多是由若干村整合迁并建设而成，打破了原来农村传统的管理模式，需要由多个村委会各自为政的管理体制向社区管理体制转变，促进政府管理服务职能和村民自治功能向社区转化，逐步实现政府行政管理与社区自我管理有效衔接、与村民自治良性互动。[①] 要以农村社区服务中心（站）为平台，为社区居民提供医疗卫生、计划生育、文化教育、社会福利、社会救助、生活照料和技术技能培训、科技信息咨询等"一站式"服务，将公共服务延伸到农村，推进城乡公共服务均等化。要大力发展社区购物、餐饮、维修、洗浴、农资供应等服务，推行物业管理服务，开展邻里互助等群众性自助互助服务活动，满足群众多方面需求。

四、引导农村社区发展生态高效农村经济

集中居住型农村社区的建设，已使农民群众的生产生活方式发生了根本性变化，必须把发展农村经济、富裕农民群众摆在首要位置，加快农业和农村经济转方式调结构步伐。农业方面，应积极创建现代农业示范区，走产业生态化、产业高端化的路子，大力发展生态农业、循环农业、节约型农业。大力发展农民专业合作社，发挥农业龙头企业、供销合作社、流通服务企业的带动作用。乡村工业方面，应坚持清洁生产、绿色发展，严格控制高耗能、高污染的项目转向农村。引导农村的加工业、民营企业走园区化、集群化发展的路子，拉长产业链条，壮大特色优势产业，促进农村劳动力就地就近转移，拓宽农民增收渠道，推动我省农村社区步入可持续发展的轨道。

五、注重对乡土文化的保留和传承

《中共中央、国务院关于推进社会主义新农村建设的若干意见》提出，要"保护和发展有地方和民族特色的优秀传统文化"，"村庄治理要突出乡村特色、地方特色和民族特色，保护有历史文化价值的古村落和古民宅"。[②] 在推

---

① 田志梅. 以基层民主和城乡社区建设引领社会治理改革创新 [J]. 中国民政, 2015 (9).
② 蒋大国. 城乡一体化建设及改革创新研究 [M]. 北京：人民日报出版社, 2017: 116.

进集中居住型农村社区建设过程中要注意对乡土建筑集中、传统文化生态保存比较完整的村落实行保护，不宜规划整合迁并的，应就地改造，避免千篇一律，搞"一刀切"。农村社区建设不是乡村对于城市的简单复制，更不意味着从乡村到城市的直线过渡而实现化村为城。乡土文化有着城市文化不可比拟的优点和特性。在集中居住型农村社区建设中，要深入挖掘传统和地方特色文化，把地方的人文特征充分融入社区建设之中，并与时代元素相结合，形成具有本土特色的农村社区文化，使社区真正成为管理有序、服务完善、文明祥和的社会生活共同体。

"村改居"社区存在的问题及对策研究

截至 2011 年底，山东省 5276 个社区居委会，其中 2612 个"村改居"社区，占 49.5%。为全面掌握"村改居"社区的真实情况，笔者对全省"村改居"社区的现状和存在的问题进行了专题调研，并对今后应采取的对策进行了客观分析。

一、"村改居"社区基本情况

全省 2612 个"村改居"社区，辖区居民 1779532 户。"村改居"社区居委会成员 15302 人，平均年龄 42.6 岁，其中党员 11000 名，占 71.9%，专科以上学历的 4415 人，占 28.8%，女性 3551 人，占 23.2%。"村改居"社区居委会办公和服务用房面积平均 348.4 平方米，高于纯城区平均水平 230 平方米；社区服务点 5985 个，平均一个居委会仅 2.3 个，低于纯城区平均水平 5.3 个；社区服务项目 11539 个，平均一个居委会仅 4.4 个，低于纯城区平均水平 4.8 个；社区登记志愿者人数 63673 人，平均每居 24.4 人，低于纯城区平均水平 65.1 人。社区自主兴办的公益性服务项目主要有社区老年活动室、社区卫生室、卫生保洁、社区幼儿园、社区服务站等，普遍规模较小，服务内容比较单一，辐射范围较窄。

二、"村改居"社区存在的问题及原因

（一）社区"表""里"不一

近几年，随着城市化进程的加快，我省大量近郊村实施"村改居"。但是由于地方对"村改居"条件、程序把握不严，出现了大量的"翻牌"社区，只是摘下村委会的牌子，换成居委会的牌子，居民的生产生活方式、集体的管理模式等等依然与改前无异。① 有的区县为加快城市化进程，一哄而上，搞形式主义，明确规定，对"村改居"社区的居民中的原村民实施"四个不变"，即在过渡期内本村辖区面积不变，土地、财产所有权和使用权不变，计划生育政策不变，涉农政策不变。而这个过渡期有多久，却无人过问，这就为以后出现这样那样的问题埋下了隐患。甚至有些 20 世纪八九十年代"村改居"的社区，二三十年来一直沿用村委会的管理模式，至今未融入城市生活。

（二）社区人、居不协调

"村改居"社区一般都是高起点规划、高标准建设，社区的"硬件"建设质量较高，居住环境达到了一定水平。其居民结构主要有三类人群：一是中老年人群体。有知识、有文化、有技能的青年大多流向城市，留在村的中老年人集中表现为文化程度低、生活技能差、新生事物接受慢的特点；二是未成年人群体。这类群体求知欲和好奇心强，但如果缺少必要的教育和引导，很容易出问题；三是外来居民和外来务工者群体。因"村改居"社区距市区不是很远、交通相对便利，租金相对低廉，吸引了大量外来居民和外来务工者租房，租房者流动性大、人员杂乱，存在寄居客地的思想，难以融入当地居民的生活，缺乏主人翁责任感。这种居民的居住结构，决定了社区居民总体素质低下，城市生活观念薄弱，对社区缺乏认同感。"村改居"社区居民素质与硬件建设存在不协调发展。②

（三）"村改居"社区管理适用法律不确定

"村改居"后的社区居民，是遵循居民委员会组织法规定进行居民自治，还是按照村民委员会组织法规定实行村民自治，目前法律还没有专门的规定。常理来说，村民身份改为居民后，自然应当按居委会组织法进行管理。但由于与之相配套的管理体制、管理方式没有及时出台，人们的思想观念还没有及时转变，目前绝大多数"村改居"社区依然按照村委会的管理模式进行管理，使得"村改居"后原村民与新居民之间在管理上明显不同。这是我国城市边缘地带"村改居"后的社区治理普遍面临的问题，有的已经成为影响社会和谐稳定的重要因素。

（四）社区干部角色转换不到位

从村委会翻牌成居委会，名字变了，功能也发生了变化。一是居委会没有

---

① 田志梅．"村改居"的新社区，怎样融入城市 [J]．社区，2009（1）．
② 白呈明．农村土地纠纷及其解决机制的多维观察 [M]．北京：中国社会科学出版社，2014：110．

了村委会的经济职能，只剩下社区管理和社区服务功能；二是居委会管理一个大社区的居民，不仅包括原村民，还有外来人员。而"村转居"社区干部大多来自原村民，他们中的大多数文化程度较低，缺乏城市社区管理的知识和经验，工作方法和管理方式仍然停留在农村管理的层面上，无法适应角色的变化。

三、加强"村改居"社区建设的对策分析

一个"村改居"社区脱胎换骨、完全融入城市，至少要进行四个方面变化：一是身份变化，从村民到居民；二是社区管理功能变化，从村委会到居委会；三是土地权属变化，从集体土地到国有土地；四是经济体制功能变化，从村办集体经济组织到社区股份合作组织。这四个转变，一般"村改居"社区实现的只是身份和土地权属的转变，相比较而言，社区管理是漫长的，产权则是最核心的。抓住根源所在，严格村改居条件，改革现行管理体制，逐步建立起真正意义上的城市现代化社区。

（一）严格村改居条件

对于村改居的条件，法律没有明确规定。各地一般遵循《中华人民共和国村民委员会组织法》第八条："村民委员会的设立、撤销、范围调整，由乡、民族乡、镇的人民政府提出，经村民会议讨论同意后，报县级人民政府批准。"的规定进行撤改。① 为适当限制村改居，保护村民的合法权益，应进一步严格村改居条件，规定必须同时具备以下四个条件，才能撤村改居。一是拟撤销的村民委员会，必须位于城市规划确定的城镇建设用地范围之内；二是该村委会农民集体所有的土地，已被依法征收完毕或虽未征收完毕，但人均耕地已无法满足农民生产生活基本需要；三是该村委会所辖区域内，三分之二以上具有劳动能力的适龄农民已经转移到非农业生产领域，不再依靠农业生产作为自己主要生活来源；四是农村集体资产、债权债务得到妥善处置，完成资产改制，产权关系明确。

（二）进行股份制改造

在全面调查摸底的基础上，对社区集体资产实行股份制改造，建立股份制公司，变村民为股民。

---

① 民政部基层政权和社区建设司. 全国和谐社区建设理论与实践　地方创新［M］. 北京：中国社会出版社，2009：89.

1. 审计部门主持清产核资

改制前，各村召开村民代表会议，研究委托有较高资质的审计机构对村集体资产进行清产核资，并推选 3—4 名村民代表全程参与、全程监督，对清产核资过程中遇到的具体问题，召开村民会议或村民代表会议研究解决。审计结束后，对审计机构出具的审计报告通过村务公开栏、发放"明白纸"等多种形式向群众公开，做到家喻户晓。

2. 召开村民大会确定改制形式

在摸清集体资产家底的基础上，召开全体村民大会，经 80% 以上村民同意，确定是否进行集体资产改制。对改制的形式，要"一村一策"、因村制宜。对于村经营性资产数额较大、效益较好的村，可以将经营性资产量化到人，组建股份制公司，实施股份制改革；对于集体经营性资产数量较少、资不抵债的村，暂不具备股份制改制条件的，成立资产管理中心，通过发展商贸、劳务、租赁经济，逐步偿还债务，最终再进行股份制改革。

3. 股益分配方案广泛征求意见

资产划分、利益分配涉及的敏感问题多、群众关注度高，是集体资产改制的关键环节。对于重点问题和特殊群体，采取村民公决方式"零距离"、无缝隙征求意见。一是重点问题征求意见。把"经营性资产中集体公益股、村民个人股比例如何确定"、"谁该享受，谁不该享受"、"股权如何管理"等问题，印在村民公决表上，全体村民人手一份，签名表决意见，意见高度一致（90%以上）方可确定采纳到改制方案里。二是广泛征求特殊群体的意见。重点对外出打工经商人员，采取信函的形式进行公决；对入伍的、上学的、出嫁的，以问卷调查的形式征求意见；同时注重征求原住村民的意见，使征求意见的过程成为统一思想、形成共识的过程，激发群众参与村级管理的积极性。

4. 严格按《公司法》规范运作

建立健全"三会一层"法人治理机构，对资产股份公司（资产管理中心）进行注册登记，召开股东大会，选出董事会、监事会和经理层；依法健全各项公司管理制度，主要包括公司章程、财务管理制度、经营管理目标责任制等；定期召开股东大会，通报公司运营情况，公布收益分配方案，并根据需要随时召开股东会议。同时，参照股份制公司的做法，加强对资产管理中心的监督，设立管理中心成员会议，选举产生理事会和监事会，建立资产管理中心定期向资产享有人员大会报告制度、资产享有人员大会决策制度、资产管理中心经营管理制度等，避免资产流失，促进资产保值增值。

（三）加强"村改居"社区组织和制度建设

"村改居"后，应根据辖区党员的数量和工作需要，按照"一居一支部"的要求组建社区党组织。① 要采取多种形式，公开、公正、公平地向社会招聘社区工作人员，经民主选举到社区任职，逐步改善社区干部的结构，提高工作水平，为城市现代化建设提供组织保障。进一步健全社区居委会工作报告、社区议事会、社区居民公约、居务公开等制度，按照有关规定依法选举居民代表，定期召开居民代表会议，为强化居民自治组织的"民主选举、民主决策、民主管理、民主监督"的功能提供保证。加强对社区干部的培训，使其尽快熟悉城市社区服务和管理的相关知识，转变其思想观念和思维方式，适应城市社区管理的需要。

（四）切实搞好社区服务，以服务暖人心

以不断满足社区居民的物质、文化、生活需要为根本出发点，整合社区资源，健全服务网络，创新服务方式，拓宽服务领域，强化服务功能。② 开展社区就业服务，为就业再就业人员搭建平台、提供援助；开展社区救助服务，帮助社区群众解决生产生活中的实际困难；开展社区卫生和计划生育服务，建立健全以社区卫生服务中心（站）为主体的社区卫生和计划生育服务网络；开展社区文化、体育、教育服务，促进社区社会主义精神文明建设；开展社区流动人口管理和服务，为流动人口的生活与就业创造良好的环境和条件；开展社区安全服务，搞好基层社会治安综合治理。不断充实服务内容，提高服务手段，切切实实为社区居民搞好服务，使"村改居"社区居民享受到同城里人一样的服务。

（五）大力开展社区活动，以活动聚人心

充分利用现有设施、场所和各类服务、人力、文化资源，组织开展社区居民群众喜闻乐见的文体活动，吸引大多数居民投身到社区活动中来，通过活动的开展，起到教育、引导和潜移默化的效果，使社区文化、社区卫生、社区治安、社区环境等社区管理工作得到全面提升，增强社区凝聚力和归属感，形成健康向上、文明和谐的社区氛围。

---

① 孟存鸽，刘敏. 城中村回迁安置社区的产生、法律属性与治理困境探析 [J]. 山西高等学校社会科学学报，2013（10）.

② 郑峰. 构建社会主义和谐社会理论文集 [M]. 北京：中国文史出版社，2005：45.

如何规范"村改居"工作

随着新农村建设的快速发展,"村改居"工作任务繁重,也出现了很多问题。为了更好地规范"村改居"工作,需要加强相关的认识与理解,进一步明确规范要求。

一、正确认识"村改居"工作

"村改居"工作,是指按照国家法定程序,撤销符合一定条件的村委会,设立城市社区居委会并按《中华人民共和国城市居民委员会组织法》开展相关工作的过程。

(一)实施"村改居"是服务群众和推进城镇化的需要

2011年我省城镇化率略超50%,大致是全国的平均水平。从国内发达省市和发达国家情况看,随着城镇化建设和城市化水平的提高,将有相当数量的村委会改为城市居委会,这是经济社会发展和服务群众的必然趋势。

(二)实施"村改居"是民政部门的一项职责

"村改居"工作与城市社区建设密切相连。农村村委会改为城市居委会,涉及农村村委会的撤销和城市居委会的设立,必须按一定程序由县级政府机关批准,才能依法生效。民政部门作为指导农村村委会建设和城市居委会建设的部门,应当履行职责,为政府当好参谋助手,推动工作稳妥、有序进行。

(三)实施"村改居"应当依法办事

在目前城乡二元结构体制下开展"村改居"工作,将农村村委会改为城市居委会,要严格遵循村委会组织法和居委会组织法等法规,落实法律规定及相关政策，维护法律的严肃性，维护城乡居民权益和社会和谐稳定。①

二、科学把握"村改居"工作的思路原则、条件程序

（一）明确指导思想

"村改居"工作的指导思想和总体思路是，以邓小平理论和"三个代表"重要思想为指导，认真贯彻落实科学发展观，围绕加强创新基层社会管理和城乡一体化发展建设目标，遵循城镇化发展规律，求真务实、开拓创新，加强教育引导，在尊重民意的基础上按法定程序稳妥实施，不断提升城市社区建设管理服务水平，促进基层科学发展与社会和谐。

（二）把握工作原则

实施"村改居"工作应当着重把握三条原则：

1. 以人为本、尊重群众意愿的原则

在实施"村改居"工作过程中，要把以人为本、服务群众、改善民生作为"村改居"工作的出发点和落脚点，广泛听取群众意见，落实基层自治民主决策程序，实现、维护、发展好广大群众的根本利益。

2. 依法办事、规范操作程序的原则

工作中严格落实村委会组织法、居委会组织法等法律规定的工作环节、程序要求，市（区、县）政府、乡镇（街道）、村（居）委会、村（居）民认真行使相关权力和履行相关责任，推进"村改居"工作规范进行。

3. 因地制宜、稳妥扎实推进的原则

要紧密联系本地实际，实事求是，区分不同情况，加强分类指导。根据原村委会不同情况，采取不同的具体措施，不搞"一刀切"，防止形式主义和工作方法简单化。坚持认真对照标准条件，成熟一个村改一个村。② 既要积极引导"村改居"工作，又要慎重稳妥，杜绝相互攀比、急躁冒进。

（三）严格坚持条件

"村改居"工作应当严格坚持的基本条件主要有四项：

一是拟撤销的村民委员会，位于城市规划确定的城镇建设用地范围内；二

---

① 魏建，李少星. 黄河三角洲高效生态经济区发展报告2014 [M]. 北京：中国人民大学出版社，2015：98.

② 曹传柳，粘凌燕. 怎样才能实现真正意义上的"村改居"？ [J]. 中国民政，2014 (2).

是该村民委员会农民集体所有的土地，已被依法征收完毕，或虽未征收完毕但人均耕地已无法满足群众生产生活基本需要；三是该村民委员会所辖区域内，有三分之二以上的劳动力已转移到非农业生产领域，不再依靠农业生产作为主要生活来源；四是该村集体资产、债权债务得到妥善处置，完成资产改制，产权关系明确。

（四）规范运作程序

根据村委会组织法、居委会组织法等法律有关规定，工作中应重点把握如下程序：

1. 提出意向

由乡镇人民政府（街道办事处）根据当地经济社会发展情况，对符合"村改居"基本条件的村民委员会，提出改为居民委员会的意向。

2. 讨论表决

由拟实施"村改居"的村民委员会召开原建制村村民会议，对"村改居"议题进行认真讨论，形成意见，并报乡镇人民政府（街道办事处）。

3. 研究上报

由乡镇人民政府（街道办事处）经过会议研究，将相关材料和村民会议讨论形成的意见，以正式文件形式报县（市、区）人民政府。

4. 验收审批

县（市、区）人民政府接到报告后，在适当时间内组织有关部门进行评估验收，经审核，条件成熟、符合法律规定的予以批准。

5. 建立组织

划分居民小组，选举产生社区居委会，配齐下属委员会，健全社区居委会组织体系。

在实施"村改居"工作过程中，应当重点把握好三个环节：一是严格把握条件；二是坚持民主决策；三是依法规范审批。

三、加强对"村改居"工作的指导协调

在"村改居"工作中，民政部门既要给政府当参谋，及时提出工作建议，又要对"村改居"的具体实施给予有力指导，加强协调，创造条件，推动"村改居"扎实开展。[①] 特别是对目前一些地方"村改居"后集体资产尚未改

---

① 石绍斌．城市化进程中的农村社区变化：基于宁波市城区"村改居"的实证分析 [J]．宁波经济，2012（9）．

制、城区待遇没有落实的社区，更应借鉴先进单位经验，认真加以引导和规范，扎实做好相关工作。

（一）协调做好原村集体资产改制工作

民政部门应在党委政府领导下，协调相关部门和有关方面，组织开展好"村改居"原村集体资产改制工作。要坚持公平、合理，切实维护村民合法权益。要区分资产类型，对经营性资产、非经营性资产和资源性资产进行清产核资，分别登记造册并进行公示。通过召开村民会议或村民代表会议等民主程序进行决策，因村制宜，制定切实可行的改制方案。对村集体资产实施股份制改革，可将资产量化到人，组建股份制公司。要实行社区自治组织和经济组织分离，互不隶属。通过改制，实现"经社分离""居企分开"，努力把社区建设成为管理有序、服务完善、文明祥和的社会生活共同体。①

（二）推动社区管理体制转变

要把"村改居"社区及时纳入城市社区建设规划和城市社区管理。"村改居"社区的工作适用法律要及时转换到居委会组织法等法律范畴。按照居委会组织法开展"村改居"社区的民主选举、民主决策、民主管理、民主监督等基层民主自治活动。

（三）稳妥推进同城同待遇政策落实

在完成村级集体资产改制基础上，积极协调有关部门，将"村改居"社区在地域上统一纳入城市整体建设发展规划。要把"村改居"社区办公服务场所、工作经费、人员报酬和居民养老保险、医疗保险、住房保障、社会救助、社会就业、优待抚恤等保障政策，纳入城市社区建设管理服务范围，由市、县（市、区）两级政府统筹解决和落实，享受当地城市社区的相关待遇。

（四）指导工作方式转变

要指导"村改居"社区转变工作方式，把社区管理服务摆在突出位置。加强社区服务体系建设，构建以政府公共服务为主体、以社会化市场化便民服务和志愿互助服务为两翼的三位一体的社区服务体系。开展日常性、经常性社区服务，方便社区居民生活。

---

① 于建伟，黄观鸿，唐鸣，祁中山. 中国基层群众自治制度［M］. 北京：中国民主法制出版社，2017：79.

农村村民自治法治建设研究

通过阐述农村村民自治法治建设的历史发展、现状，分析存在的问题，提出要健全完善农村村民自治法律法规体系，特别是明确贿选的界定、执法机关和处罚措施，将村委会换届选举纳入刑法的打击范围，使打击破坏村委会换届选举的工作能够有法可依；要健全完善与村民自治法律法规相配套的制度体系，完善民主选举、民主决策、民主管理、民主监督制度；要加强法律宣传和教育培训力度，提高基层群众民主意识，提高基层干部法治素质，推进农村村民自治法治化进程。

党的十八届四中全会做出全面推进依法治国的战略部署，全面推进依法治国涵盖了党、国家、社会生活等各个领域，实现法治的全领域覆盖。农村村民自治作为中国特色的基层民主政治制度和农村基层社会治理机制，如何加快推进法治化进程，保障村民群众依法有序开展自治活动成为亟待解决的重大问题。

一、农村村民自治法治建设历史发展和现状

农村村民自治是伴随着新时期农村经济体制改革而产生的，它发端于 20 世纪 80 年代初期，试验于 90 年代，90 年代末开始普及，经历了萌芽、试验、普及三个递进式的发展阶段。

（一）萌芽阶段

随着农村经济体制改革的推行，人民公社体制从基层开始解体，广大农民迫切需要建立与农村经济体制改革相适应的基层管理体制。在这种背景下，广西宜州市屏南乡果作村村民自发行动起来，选举产生了全国第一个村委会。同时，广西罗城、宜州市其他村庄也自发选举产生了具有自治性质的组织。这一新生事物得到了党中央的认可。1982 年修改宪法时，第一次将村民委员会写

进宪法，确立了村委会的法律地位。①

(二) 试验阶段

1987 年 11 月 24 日，第六届全国人大常委会第二十三次会议审议通过了《中华人民共和国村民委员会组织法（试行）。② 试行法是第一部以宪法为依据制定的保障农民民主权利的基本法律，虽然只有 21 条，规定得比较原则，但坚持了宪法关于推进村民自治的宗旨，对村委会的职责、选举、村民会议、村规民约、民主监督等事项都做出了规定，较为完整地确立了村民自治的基本框架和主要内容，应该说对推进村民自治实践起到了积极的作用。

(三) 普及阶段

试行法试行了 11 年之后，1998 年 11 月 4 日，第九届全国人大常委会第五次会议审议通过了《中华人民共和国村民委员会组织法》。与试行法相比，这部法律充实了许多新的内容，特别是吸收了试行十余年的经验，完善了"四个民主"的基本内容，如在民主选举上，对推选村民选举委员会、直接提名、差额选举、另行选举、罢免等都做出原则规定；在民主决策上，尊重了基层首创精神，明确了村民代表会议的合法地位；在民主管理上，将基层群众创造的"小宪法"——村民自治章程写进了组织法；在民主监督上，突出强调和规范了村务公开制度。组织法的实施给村民自治注入了新的活力，把村民自治推向了新的发展阶段。在这段时间，国家政策突出了权利导向，先后出台了《关于进一步做好村委会换届选举工作的通知》和《关于健全和完善村务公开和民主管理制度的意见》，首次提出了由选举权、知情权、决策权、参与权、监督权构成的村民自治权利体系。地方法规立法速度加快，全国有 31 个省（区、市）制定出台了村委会选举办法，28 个省（区、市）出台了村委会组织法实施办法，山东等 8 个省出台了《村务公开条例》。2010 年 10 月 28 日第十一届全国人民代表大会常务委员会第十七次会议对现行《村委会组织法》进行了修订，在总结村民自治实践经验的基础上，进一步规范了村委会选举和罢免程序，充实了选民登记有关内容，完善了村民会议、村民代表会议议事程序、民主议事制度等内容，明确了设立村务监督委员会或其他形式村务监督机构的要求，并且根据形势的发展，增加了农村社区建设的相关内容，进一步推

---

① 刘本荣，孟东方，闫亚宁，吴大兵，任波. 社会管理创新研究 [M]. 重庆：重庆出版社，2012：98.
② 刘祥富. 新常态 新思考 新定位 山东省民政政策理论研究成果选编 [M]. 济南：山东大学出版社，2016：82.

动我国村民自治健康发展。

截至目前，有关村民自治的法律法规得到极大的丰富，逐渐由单一变为形式多样，由缺失变为配套完善，全国已初步形成国家法律、地方法规和制度、村级规约相配套的村民自治法律制度体系。村委会组织法修订后，绝大多数省份都进一步修订了实施办法和选举办法，有些省市还制定了《村务公开条例》《村民会议和村民代表会议议事规则》《村级规范化管理实施细则》等地方性规章。全国绝大多数村都制定了村民自治章程或村规民约，广大农民群众依托民主制定的村民自治章程或村规民约进行自我管理、自我教育，极大地丰富了民主管理的具体措施和手段。全国各地还将村务公开监督小组和村级民主理财小组整合，建立村务监督委员会，完善村委会工作报告制度、村务监督制度、民主理财制度、村务公开制度等，民主监督得到了进一步完善和充分发挥。

二、农村村民自治法治建设中存在的问题

（一）现行法律法规存在缺陷

1. 乡镇政府和村委会之间的关系规定得过于原则、笼统

法律只是规定了乡镇政府与村委会之间是指导被指导、协助和被协助的关系，但是对于指导、帮助、支持的方式方法和协助的范围、内容、程序、责任等都没有相应的法律规定，在具体实践中无法可依，导致了不作为、乱作为现象。

2. 贿选的界定不明确

根据《〈中华人民共和国村民委员会组织法〉条文释义》的解释，贿选是指"以获取选票为目的，用财务或者其他利益贿赂选民、选举人或选举工作人员，使其违反自己的意愿参加选举，或者在选举中进行舞弊，并对正常的选举工作产生影响的活动"。[①] 但是在实践中，拉票贿选的方式五花八门，呈现多样化、隐蔽化的趋势。特别是多数地方为了保证选民参选率和实现"两个过半"，一般都将村委会换届选举安排在春节前后，返乡比较集中的时间段内进行，使得贿选与逢年过节的礼尚往来难以区分，贿选难以界定。

3. 责任追究难度大

对于"以暴力、威胁、欺骗、贿赂、伪造选票、虚报选举票数等不正当手段"[②] 破坏选举的，法律仅规定由乡级或者县级人民政府负责调查并依法处

---

① 詹成付. 村民委员会组织法学习读本［M］. 北京：中国社会出版社，2010：60-61.
② 詹成付. 村民委员会组织法学习读本［M］. 北京：中国社会出版社，2010：5.

理，如查证属实则当选无效。对于如何查处没有明确具体的法律规定，查证属实后的处罚措施也仅仅是当选资格无效，缺乏必要的处罚手段。另外，我国《刑法》第 256 条有关破坏选举罪的规定，也仅适用于各级人大代表和国家机关领导人员的选举，不适用于村委会换届选举，造成查处此类换届问题时无法可依，无法追究法律责任。

4. 在地方立法层面上存在不均衡、不规范的现象

相比较而言，沿海地方的政府制定的实施办法和选举办法较为具体和完善，而不少西部地区，贯彻《村委会组织法》比较晚，村民自治立法相对缓慢。

（二）村民自治相关制度不完善不配套

村民自治的核心内容概括起来是民主选举、民主决策、民主管理、民主监督，其中民主选举是村民自治的基础，民主决策是村民自治的关键，民主管理是村民自治的根本，民主监督是村民自治的保证，四者不可偏废。但是，当前各地存在重民主选举，轻民主决策、民主管理、民主监督的普遍现象，一些地方的村民自治仅侧重于村委会选举，民主决策、民主管理、民主监督疏于规范导致流于形式，许多村务监督委员会、理财小组等形同虚设。

1. 间接民主取代直接民主

在民主决策方面，间接民主取代直接民主。村中的重大事务由村民决策，这是群众性自治组织的重要标志。作为基层直接民主的主要形式，村民会议制度的发展现状堪忧。据华中师范大学中国农村研究院调查咨询中心于 2010 年对全国 31 个省（区市）246 个村庄 3538 个农户进行的民主决策问题的问卷调查和深度访谈，207 份有效村庄问卷中，有 85 个村庄没有召开过村民会议，占有效样本的 41.1%；一年只召开过 1 次村民会议的村庄 52 个，占比为25.1%。在 238 份有效数据中，有 231 个村庄召开过村民代表会议，占比为97.1%。① 可见，不少地方用代议的间接民主方式取代了直接民主方式。

2. 村民自治章程和村规民约不规范

在民主管理方面，村民自治章程和村规民约不规范。党的十八届四中全会指出"发挥市民公约、乡规民约、行业规章、团体章程等社会规范在社会治理中的积极作用"②。应该说，村民自治章程和村规民约的产生对于实现村民

① 徐勇. 中国乡村政治与秩序 [M]. 北京：中国社会科学出版社，2012：84—85.
② 习近平. 中共中央关于全面推进依法治国若干重大问题的决定 [M]. 北京：人民出版社，2014：51.

自我管理、推进村民自治深入发展起到了重大的作用。但是不容忽视的是，部分农村的村民自治章程和村规民约在制定、内容、执行上还存在不规范甚至与法律法规相悖的地方。如《村委会组织法》规定村民会议负责制定、修改村民自治章程和村规民约。但是据 2010 年华中师范大学中国农村研究院对全国 31 个省（区市）246 个村 3656 户农民的问卷调查数据显示，1631 位农民表示村里制定了村民自治章程或村规民约，其中表示由村干部制定的，占比 16.4%；由村民代表会议制定的占比 56.1%，① 可见大部分村没有按照法律规定由村民会议担当制定主体。

3. 民主监管缺乏机制保障

在民主监督方面，制度不健全。民主监督使民主决策、民主管理上合法律，下合民意，是村民自治活动的保证，随着村民自治的发展，民主监督在实践中也取得积极进展。但是依然存在制度不健全、落实不到位等问题。如中央层面缺乏村民民主监督的专门法律，《村委会组织法》规定过于宽泛，地方也仅有三成多的省份出台了《村务公开条例》等法规、规章，使得村民在进行民主监督的过程中往往陷入无法可依的困境。

三、加强农村村民自治法治建设的对策建议

（一）健全完善农村村民自治法律法规体系

1. 明确贿选的界定、执法机关和处罚措施

对于贿选的界定，民政部《关于做好 2004 年村委会换届选举工作的通知》中规定"凡在选举村委会主任、副主任、委员过程中，候选人及其亲友直接或指使他人用金钱、财物或者其他利益收买本村选民、选举人员或者其他候选人，影响或左右选民意愿的，都是贿选。"② 民政部《关于做好 2005 年村委会换届选举工作的通知》，也明确提出："要坚决制止候选人及其亲友直接或指使他人用金钱、财物或其他利益收买本村选民、选举工作人员或其他候选人的贿选行为；同时也要认真研究和区分一般人情往来、候选人捐助公益事业以及承诺经济担保等法律未明确禁止的行为，与直接买卖选票行为的不同。"③ 这些规定需上升到法律的层面。

对于群众对贿选的举报，《村委会组织法》仅规定由"乡级或者县级人民

---

① 徐勇. 中国乡村政治与秩序 [M]. 北京：中国社会科学出版社，2012：105.
② 《民政部关于做好 2004 年村民委员会换届选举工作的通知》.
③ 《民政部关于做好 2005 年村民委员会换届选举工作的通知》.

政府负责调查并依法处理"①，规定比较含糊，应明确贿选的查处和认定机关，为解决贿选调查难、取证难、缺乏技术手段等难题，可将贿选的查处、认定职能赋予具有查案经验和技术力量的县级公安机关。同时，参照刑法有关破坏选举罪的规定，在刑法中增设"破坏基层自治组织选举罪"，明确规定"在村委会和居委会选举时，以暴力、威胁、欺骗、贿赂、伪造选举文件、虚报选举票数等手段破坏选举或者妨害选民和代表自由行使选举权和被选举权，情节严重的，处三年以下有期徒刑、拘役或者剥夺政治权利"。将村委会换届选举纳入刑法的打击范围，使打击破坏村委会换届选举的工作能够有法可依。

2. 建立健全地方性法规和规章

各省（区、市）除制定出台了《〈村委会组织法〉实施办法》《村委会选举办法》外，在村民自治地方性法规、规章配套完善上还有很长的路要走。就目前而言，急需完善以下法规规章。

（1）制定或修订《村务公开条例》。《村委会组织法》2010 年进行修订后，对村务公开工作有了新的规定，但是这些规定依然过于泛化，难以解决基层在村务公开方面出现的许多新问题。需要地方制定实施细则，对村务公开的内容、时间、形式、途径等做出具体规定。特别是对村务监督委员会的产生、职责、监督方式方法以及与村委会的关系等能够在法律法规层面上予以界定和阐述

（2）制定《村民会议和村民代表会议议事办法》或《村民会议和村民代表会议议事规则》。2011 年 9 月份的乌坎事件曾引起社会各界广泛关注。乌坎村委会干部不依法履行民主决策程序，未经村民同意擅自将集体土地转让给开发商，损害了群众利益，是引发乌坎事件的导火索。实际上，这并不是个例，在广大农村类似事件一直在重复上演。可见，依据《村委会组织法》，制定民主决策的细则规定是非常必要的。制定《村民会议和村民代表会议议事办法》或《村民会议和村民代表会议议事规则》，明确村民会议和村民代表会议的法律地位、职责任务，严格时间、内容、程序、监督等规定，特别是加大对不经村民表决，擅自而为侵犯农民利益的行为的打击力度，"切实防止出现人民形式上有权、实际上无权的现象"②，使广大农村形成不敢不民主、不能不民主的政策环境，杜绝乌坎事件等类似事件的再次发生。通过制定一系列法规、规

---

① 詹成付，李建，王建军，许安标. 村民委员会组织法学习读本 [M]. 北京：中国社会出版社，2010：5.

② 习近平：在庆祝全国人民代表大会成立 60 周年大会上的讲话，http：//news. 163. com/14/0905/20/A5DIO9J600014SEH. html，2014 年 9 月 5 日.

章和制度，使地方从民主选举、民主决策到民主管理、民主监督，从省、市、县到乡、村、组都形成完整配套的法律法规制度体系，为保证村民自治工作健康有序开展提供可靠的法律保障和明确的行为规范。

（二）健全完善与农村村民自治法律法规相配套的制度体系

1. 完善民主选举制度

（1）规范民主选举程序，细化选举规则。对推选选举委员会、选民登记、委托投票、提名候选人，投票选举、计票等各个环节，都要设计好相关程序，保证换届选举依法有序进行。在符合相关法律法规的前提下，对村委会成员候选人的资格条件做出规定，引导村民把办事公道、廉洁奉公、遵纪守法、热心为村民服务的人提名为候选人。

（2）完善竞选规则。着重做好对候选人治村设想或竞职承诺的审核把关工作，杜绝候选人变公开竞选为乱许诺、乱拉票。可以采取签订竞职承诺书的方式，将候选人的个人简介、治村设想或社区发展规划等写进承诺书，经选举委员会审核后张榜公布。如果候选人当选，可作为其任期内的一种约束和政绩考核、群众满意度测评以及罢免的依据。杜绝少数人选前乱许愿、选后不作为或乱作为的现象。

（3）建立选举观察员制度。目前，对选举和公决进行观察逐渐成为支持全球民主化的一项重要活动。可吸收民政部门工作人员、研究人员、媒体工作者、人大代表等作为选举观察员，对选举过程的所有环节，从选民登记、候选人推选，到竞选、投票、计票，直到公布选举结果的各个阶段进行全面了解，记录非常规事件或行为，发现不足并提出改进建议，更好地完善选举程序和选举制度。

（4）完善选举前的村财审计制度。在换届选举前对村级财务收支、集体资产、专业生产项目、债权债务和村委会任期内经济指标的完成情况及村民要求审计的事项进行审计，并编制《审计结果报告》，在村务公开栏进行公示，在一定程度上杜绝村干部经济犯罪行为的发生。

2. 完善民主决策制度

除进一步规范村民会议、村民代表会议决策的内容和程序外，积极推行村务公决，实现直接民主决策形式的创新。村务公决是以户为单位，通过村民直接投票决定村务大事的一种方法。村务公决的内容主要包括村干部误工补贴人数及标准，计划生育落实方案，集体收益使用，集体经济项目立项、承包方案，土地承包经营，宅基地使用，人畜饮水设施、村庄道路建设等公益事业项目和经费筹集，经济发展规划和年度计划，评议监督村委会及成员工作，撤销或改变村委会或村民代表会议不适当的决定以及其他需要村民投票做出决定的事项等。但是像组织选举，制定、修改村民自治章程或村规民约，审议村委会年度工作报告、财务收支报告等过程比较复杂、需要当面交流的工作，仍然要使用村民会议或村民代表会议的形式，让村民充分发表意见和建议。需要提交村民投票表决的议题或议案，可以由村委会、党支部、村集体经济组织或其他群众组织提出，也可以由十分之一以上的村民联名提出，不得公决违法违规或违背政策的事项，不得公决村务之外的事项，确保公决内容的合法性。通过村民会议、村民代表会议、村务大事村民公决各种有效形式，将基层民主协商贯穿于民主决策的全过程中，做到"众人的事情由众人商量，找到全社会意愿和要求的最大公约数"①，让"决策和工作更加顺乎民意、合乎实际"②，切实保障人民当家做主。

3. 完善民主管理制度

在进一步规范村民自治章程、村规民约的基础上，积极探索推行"一约三会"机制。通过合同、承诺、责任书等书面的形式，对涉及村经济发展、公共事务、社会稳定等关系到群众利益的各项工作进行约定。"约定"主要通过民情征询会、民主协商会和监督评议会"三会"来进行签订、执行、监督和纠纷调解。③ 村"两委"定期召开民情征询会，对通过民情意见箱、民情信息员等渠道征询来的意见和建议进行分析梳理，提取出可以"约定"的工作事项，交由民主协商会研究；在法律工作人员、司法行政人员等的指导下，通过召开民主协商会，起草"约定"草案，在反复征求群众意见后签订约定；监督评议会主要对履约情况进行监督评议，对出现的违约行为进行说服教育、协调引导和督促落实，同时对村"两委"成员、村民履约情况进行公示，实现干群双向管理、双向约束、双向监督。

4. 完善民主监督制度

有力的监督是保证决策事项得到顺利执行的保证。为保证民主议事制度不走过场，收到实实在在的效果，有必要在强化监督方面进行一些探索和研究。

（1）决策事项公开制度。对于村民会议、村民代表会议或村民公决通过的事项，要通过公开栏、黑板报、明白纸或广播等形式进行公开，增强村务的透明度。

---

① 习近平：在庆祝中国人民政治协商会议成立65周年大会上的重要讲话，http://news.xinhuanet.com/local/2014-09/21/c_ 1112564804. htm，2014年9月21日.
② 习近平：在庆祝中国人民政治协商会议成立65周年大会上的重要讲话，http://news.xinhuanet.com/local/2014-09/21/c_ 1112564804. htm，2014年9月21日.
③ 田志梅."一约三会"：潍坊尝试社区治理新机制 [J]. 社区，2011 (11).

（2）民主理财制度。建立民主理财制度可以增强村级财务管理的透明度。其目的是通过民主理财，让广大村民通过自己选举的委托人介入村级财务管理的过程，从而杜绝干部的乱开支行为，为村级财务的合理安排创造一个更为民主的环境。

（3）建立村务参议监督网络制度。可以选举建立村务监督委员会，开通监督电话，设立举报箱，多渠道征求群众对村民会议、村民代表会议、村务公决落实和执行情况意见，形成一个上下左右、干部群众共同参与的监督网络。

（4）建立民主评议制度。民主议事决定的事项办得怎么样，干部执行得如何，最终都应该交给群众来评议，由群众下结论。可以每年年底各村组织党员和村民代表对干部执行村民会议或村民代表会议决策情况、工作情况、德廉情况等进行评议，监督民主决策事项的落实。

（三）提高基层干部群众民主法治素质

胡荣指出，一种只是由立法机关通过和颁布的法律、一种仅由行政机关发布的命令还只是一种尚未实施的制度，是一种仅停留在纸上的制度；只有当这些法律、法令被相关的行动者所接受，在实际中起到约束相关行动者行为的时候，这些法律、法令才成为现实的制度。[①] 而这些相关行动者，胡荣认为，主要包括选民、候选人及指导选举的乡镇干部和主持选举的党支部、选举委员会人员[②]。简而概之，即基层群众和基层干部。干部群众学法、懂法、守法是基层民主法制建设的基础，应加大宣传、加强教育，着力提高基层干部群众民主法治素质。

1. 加强法律宣传，提高基层群众民主意识

要加强普法宣传和教育，采取多种形式拓宽居民群众了解和参与的渠道。如通过印发小册子、村务公开栏、明白纸等形式向村民宣传村民自治章程、村规民约，让群众广泛了解自己的民主权利和义务；每月或每周设立一天为"民主宣传日"，集中进行与之生活工作息息相关的法律法规的学习，提高法律素质，增强依法办事和参与村务管理和监督的能力；通过短信、社区论坛、微信、社区QQ群等现代信息传递渠道，宣传民主自治知识等。在选举阶段通过电视、报纸、广播等普及和宣传《村委会组织法》，使群众明确和认识自己的权利，尤其是选举权和被选举权；编写和发放《选举知识问答》，指导群众

---

① 胡荣. 中国大陆村委会选举的制度实施［M］. 北京：中华发展基金管理委员会，洪叶文化事业有限公司，2004：53.

② 胡荣. 中国大陆村委会选举的制度实施［M］. 北京：中华发展基金管理委员会，洪叶文化事业有限公司，2004：55.

正确行使自己的权利，理性选举，真正将办事公道、遵纪守法、廉洁清正、热心为村民服务的人选进班子。

2. 加大教育力度，提高基层干部法治素质

要进一步加大法制宣传和教育力度，建立和完善干部培训机制，特别是要加强村"两委"干部的法治培训工作。一方面，通过多种形式促使基层干部掌握法律知识，"增强基层干部法治观念、法治为民的意识，提高依法办事能力"①，强化他们服务群众的观念，提高他们运用法律知识指导和管理村务，推动城乡基层民主法治建设进程的能力。另一方面，通过警示教育，使他们吸取教训，提高自我约束能力，树立正确的世界观、人生观、价值观，提高自身法治素质。

---

① 习近平. 中共中央关于全面推进依法治国若干重大问题的决定 [M]. 人民出版社，2014：62.